레비스트로스의 『슬픈 열대』 읽기

세창명저산책_099

레비스트로스의 『슬픈 열대』 읽기

초판 1쇄 인쇄 2023년 7월 7일
초판 1쇄 발행 2023년 7월 14일

–

지은이 김성도
펴낸이 이방원
기획위원 원당희
책임편집 정조연 **책임디자인** 손경화
마케팅 최성수 · 김 준 **경영지원** 이병은

–

펴낸곳 세창미디어
신고번호 제2013-000003호 **주소** 03736 서울시 서대문구 경기대로 58 경기빌딩 602호
전화 723-8660 **팩스** 720-4579 **이메일** edit@sechangpub.co.kr **홈페이지** http://www.sechangpub.co.kr
블로그 blog.naver.com/scpc1992 **페이스북** fb.me/Sechangofficial **인스타그램** @sechang_official

–

ISBN 978-89-5586-761-9 02380

이미지 출처: The New York Public Library Digital Collections

Claude
LEVI-STRAUSS

세창명저산책_099

김성도 지음

레비스트로스의 『슬픈 열대』 읽기

세창미디어
MEDIA

| 서문 |

이 책은 레비스트로스가 1950년대 중반에 발표한 20세기 인문 고전의 최고 명저 가운데 하나로 인정받고 있는 『슬픈 열대 *Tristes Tropiques*』의 해설서이다. 20세기 인문학사에서 이 책이 갖고 있는 학문적 의의와 가치에 대해서는 본문에서 상론할 것이므로, 서문에서는 다소 주관적일 수도 있겠으나, 이 책을 준비하기 위해 프랑스어 원서를 독파하며 느꼈던 몇 가지 소회를 토로하는 데 그치고자 한다. 물론, 그 같은 토로가 좁게는 필자의 개인적 소회 표현으로 비춰질 수 있겠으나, 넓게는 한국 인문학에서 번역이라는 궁극적 난제, 그리고 현대 서양 인문학의 정확하고 심층적인 수용 등, 거시적 문제와 겹쳐 있다는 점에 대해 굳이 사족을 달 필요는 없을 것이다.

무엇보다, 문학 작품과 고전 작품의 해설서가 갖는 역설적 상황, 즉 난해한 고전에 대한 이해를 쉽게 하기 위한 길잡이라는 중요한 역할과 동시에, 그 같은 해설을 통해 독자는 그 원서의 내용을 모두 또는 대략적이나마 파악했다는 성취감 또는 일종의 착각 현상에 빠져, 정작 이 같은 해설의 궁극적 목적인, 원서의 전체적이며 세밀한 독서의 수고를 생략하게 만들 수 있는 역효과를 낼 수 있다는 우려는 짐작되고도 남는다.

거두절미하고, 필자는 독자 제현이 이 해설서를 모두 숙독하지 않아도 무방하니, 당장 프랑스어 원전을 읽을 수 있다면 이상적이겠으나, 한국어 번역본, 영어 번역본 또는 각자가 해독할 수 있는 외국어 번역본을 구해, 직접 한 장 또는 몇 개의 장을, 완만하게 읽어 가며 완독하기 바란다. 특히 낭독을 해 본다면 금상첨화일 것이다. 20세기의 한 획을 그은 이 고전 명작에서 독자가 얻을 수 있는 문학적 영감과 사유의 통찰은 참으로 풍요롭기 때문이다. 총 40개의 장 가운데 개별 장을 골라 한 편의 단편 소설이나 한 편의 연극 작품으로 만드는 것이 가능할 정도로, 이 책은 그 내용의 이해에 앞서, 언어 그 자체가 수려하다. 바로 그 문체적 수려함과 심미적 세련됨이 최고의 경지를 보여 주고 있어, 번역자는 곳곳에서 넘기 힘든 난관들에 봉착한다. 여기서 필자는 저간의 여러 이유로 인해 스스로에게도 그 답을 내놓을 수 없는 물음을 던져 본다. 그렇다면 이 책의 현재 한국어 번역본은 이 심오한 텍스트의 메시지를 얼마나 정확히 파악했으며, 일정한 가독성과 전달성을 확보하고, 더 나아가 프랑스어 원문의 언어 수준에 버금가는 번역 텍스트를 제공함으로써 한 단계 높아진 한국어 번역 담론을 창출하는 데 성공했는가?

이 물음에 대한 답은 독자가 스스로 한국어본과 영어본, 또 더 이상적인 것은 프랑스어 원본을 대조하며 꼼꼼히 읽어 가며 판단해 볼 사안이다. 필자가 이 해설서를 준비하기 위해 원문을 다시 읽으며 느꼈던, 개인적 역량의 한계를 체감하며 든 좌절감을 고백한다. 특히, 이 책에서 사용되는 수많은 지질학적 은유들, 식물군의 명칭들을 비롯한 생소한 단어와 아마존 원주민들의 생태계의 후각, 미각 표현 등, 처음 보는 단어들이 쏟아졌고, 이 같은 생경한 표현들에다 레비스트로스의 고어체는 물론, 다섯 줄에서 길게는 열 줄까지의 만연체 표현까지, 번역하기가 힘에 벅찼음을 실토한다. 레비스트로스가 쏟아 내는 프랑스 단어들의 정원에서 그 화려한 색채와 향기, 풍경을 음미한 것은 큰 소득이었으나, 한 구절의 원문 번역에 반나절을 투자하며 혈투를 벌인 시련도 함께 있었음을 고백한다.

복잡한 번역 이론과 번역 비평을 들먹일 필요도 없이, 필자가 최근에 두 권의 번역서를 읽으며 체감한, 너무나도 극단적인 독서 경험 사례를 소개한다. 하나는 현대 그리스의 대문호 카잔차키스의 명저, 『오디세이아』의 한국어 번역본이며, 다른 하나는 몽테뉴의 『에세』의 한 한국어 번역본이다. 전자의 경우, 필자는 두 번 경탄했는데, 첫 번째는, 시 언어로 자연과 인간 심리에 대한 치밀하고 심오한 묘사의 최고 수준을 보여 준 카잔차키스의 문학적 능력이고, 또다시 찬탄을 자아내게 만든 것은, 현대 한국 번역사의 위대한 자산이라 할 수 있는 안정효 선생의 천부성이 보여 준 한국어 번역 언어의 높이와 깊이다. 언어학자로서, 필자는 이 번역본을 읽으며 한국어 번역의 잠재력을 실감할 수 있었다. 후자의 경우는 이와 극명하게 대비된다는 말로 축약한다. 몽테뉴의 『에세』는 프랑스 문학과 사상의 평범한 일개 고전이 아니다. 그것은 프랑스 1천 년의 문학과 사상에서 생산된 모든 사상가와 그들의 텍스트 가운데 으뜸으로 손꼽히는 고전일 뿐만 아니라, 시공을 초월해 인간이 던질 수 있는 가장 근원적이고 본질적인 모든 문제를 응축해 놓은 인간학과 문화학의 결정체이며 보배이다. 이런 위대한 고전을 한국어로 번역하는 것은 단순한 언어적 전환이나 또 다른 외국어 서적 번역물의 첨가로 국한되지 않는다. 제대로 번역될 경우, 한국어의 질적 도약과 한국 문화와 사상의 비약을 가능케 할 수 있는 씨앗을 파종하는 중차대한 작업이다. 몽테뉴의 『에세』는 그것의 사상적 심오함과 언어적 난해함으로 인해, 한국 인문학자들과 번역가들에게 완결된 번역이라는 과제를 남겨 놓는다.

이제, 다시 본론으로 돌아와, 그렇다면 『슬픈 열대』는 어떤 주제를 다루는가라고 물었을 때, 답은 몇 개의 단락이나 장이라도 좋으니 직접 읽고 느껴 보는 편이 훨씬 효율적이라고 답하고 싶다. 만약, 독자가, 왜 그렇게 티를 내고 불친절한가라고 따져 묻는다면, 필자는 이렇게 답하고자 한다. 필자를 포함해, 상당수의 프랑스 인문학 전공자들조차, 이 책의 몇 구절이나 몇 장을 읽거나, 기존 주석들의 판에 박힌 줄거리와 논점을 뇌리에 새겨, 마치 이 책의 전체를 일목요연하게 정리할 수 있다는 자신감 또는 이 책을 모두 읽었다는 그릇된 의식에 빠져 있기 때문이다.

본론에서 해설서라는 과제를 수행하기 위해 필자 역시 몇 개의 핵심적 주제를 선별해 이 책의 전체적 내용 구성을 파악하는 것을 도와주려 했으나, 이 같은 작업은 이 책의 소소하거나 다소 시시콜콜한 묘사와 너무나도 인간적인 내밀한 속내 이야기를 모두 읽었을 때 향유할 수 있는 감동과 상상력을 복원하기에는 역부족이다.

이 책에서는 서구 문명의 부도덕성과 원죄, 불교와 기독교의 만남을 가로막았다는 다소 의아한 이유에서 이슬람교에 대해 가해지는 냉혹한 비판과 같은 일종의 비교종교문명론이라 할 수 있는 거대 서사가 담대하게 펼쳐지는가 하면, 쇼팽의 교향곡 감상평과 브뤼헐의 회화와 같은 서양 예술에 대한 미학적 품평도 소묘되어 있다. 또한 아마존 숲의 향기와, 그곳에서 시식했던 일반인들이라면 상상도 할 수 없는 이국적인 음식들(구운 악어 꼬리 또는 앵무새)의 시식 묘사를 비롯해, 우리가 매일 볼 수 있는 석양과 천둥을 동반한 소나기 등의 기상 변화에 대한 수려한 문학적 필치의 묘사를 접할 수 있다. 이 점에서, 이 책은 생태인문학과 풍경 미학의 전범이라고 할 수 있다. 그뿐만 아니라, 이 책에는 아메리카 원주민들에의 현장 탐사와 관찰로부터 가족제도, 친족관계, 동성애, 인간의 권력 추구, 이상 사회 등의 인류학, 사회학, 정치학의 근본적 문제를 비롯해, 문자의 본질, 안면 회화와 문신을 비롯한 그래피즘의 특징과 건축 구조의 원리와 공간 구성 방식, 도시 계획과 도시 미학 등, 수백 개의 주제를 때로는 간략한 스케치로, 또 때로는 심층적 분석을 통한 해석과 통찰을 통해 제시하고 있다. 이 책의 본원적인 주제적 다양성과 다차원성에도 불구하고, 필자는 위에서 언급한 다수의 주제를 끌어당기고 수렴시키는 두 개의 동선을 이 책의 핵심적 모티브로 설정했는데, 그것은 여행의 인간학과 민족지학의 체험이다. 그 이유는 무엇보다 이 책은 레비스트로스가 자신의 청년기 때 행했던 여행을 20년 가까이 경과한 시점에서 기록과 회상에 기초해 그야말로 일필휘지로 써 내려간 여행 서사이기 때문이며, 또 다른 이유는 그가 행한 여행은 민족학자라는 자격으로 구체적 목적과 동기에서 완수되었기 때문이다. 어쨌거나 이 책의 주요 동기가 여행이라는 점에서, 이 책은 여행을 새롭게 경험하고 여행에 대해 보다 깊은 사유를 하고자 하는 누구에게라도 호소할 수 있는 보편적 매력을 갖고 있다.

자, 이제 독자 제현에게 상상의 나래를 펼치며, 레비스트로스가 들려주는 여행의 세계로 떠날 것을 권한다. 브라질의 아마존, 중남미, 뉴욕, 파리, 인도, 미얀마 등 세계일주를 하며, 레비스트로스와 마찬가지로 결국 세계의 끝에서 여러분이 묻고자 하는 것 또는 찾고자 하는 것은 다름 아닌 자기 자신의 세계, 즉 자아의 정체성이라는 궁극적 화두라는 점을 깨닫게 될 것이다.

| 차례 |

1장
저자의 삶과 저술: 『슬픈 열대』의 배경과 개요

1. 저자의 삶[1]

레비스트로스Claude Lévi-Strauss(1908년 11월 28일-2009년 10월 30일)는 현대 구조인류학과 구조주의 사상의 창립자로서, 남아메리카 원주민들의 친족, 신화, 토템, 원시 미술 등의 분야에서 독보적 성취를 이룬 현대 사상의 거장으로 추앙받고 있다. 선생은

1 레비스트로스의 전기에 대한 연구서와 대담록은 10여 종에 이른다(본서 말미의 참고문헌 참조). 이 가운데 가장 완결된 전기는 단연, 유럽 문화사를 전공한 르와예 교수의 910쪽에 이르는 성과라 할 수 있다. Emmanuelle Loyer, *Lévi-Strauss*, Paris: Flammarion, 2015.

1908년 11월 28일, 브뤼셀에서 태어났다. 그의 조상은 프랑스 알자스 지방의 유대인 가문에 속하고, 그의 부친 레몽 레비는 초상화 전문 화가로서 활동하고 있었다.[2] 1927년, 레비스트로스는 파리 소르본대학에서 법학 학사 학위와 동시에, 철학 학부과정 수료증을 취득했다. 그의 학부 지도교수는 뒤르켐 사회학 이론을 전공한 사회학자 부글레Célestin Bouglé였다. 그 이듬해인 1928년, 철학 교수자격시험에 합격해, 철학 교사의 길로 접어들었다. 그의 청년 시절에서 특이한 사실은, 대학에서 수학하는 동안 정치에도 적극적으로 참여하여, 사회주의학생연합회(SFIO)의 총무직 경력을 갖고 있다는 점이다.

레비스트로스는 1928-1934년, 각각 프랑스 남서부와 북부에 소재한 소도시commune 몽드마르상Mont-de-Marsan과 랑Laon에서 고등학교 철학 교사로 이제 한창 교편생활을 하던 중, 1934년의 어느 날, 은사 부글레 교수로부터 당시 신생 대학인 브라질 상파울루대학의 사회학과 전임교수직을 제안받게 된

---

2 그의 성 Lévi-Strauss의 기원 및 가문의 계보에 관한 상세한 내용은 앞의 르와예의 책, pp.23-46 참조.

다. 레비스트로스는 그 제안을 즉시 수락해 브라질로 향했고, 그곳에 약 5년 동안 체류하게 된다. 1935-1936년, 방학을 이용해 그곳의 원주민들인 카두베오족Caduveo, 보로로족Bororo의 마을 공동체에 머무르며 첫 번째 탐사를 수행했으며, 1938년에 진행된 2차 탐사에서는 원주민 남비콰라족Nambikwara, 문데족Mundé, 투피카와이브족Tupi-Kawahib에 대한 인류학적 관찰을 수행하게 된다. 두 번째 탐사의 어려운 물리적 환경 여건들 속에서도 레비스트로스를 비롯한 일군의 민족학자들은 남비콰라족을 만날 수 있었고, 약 200장의 사진을 촬영하는 등, 학술적 가치가 높은 자료를 확보하는 성과를 낼 수 있었다. 그렇지만 눈 감염병으로 인해, 레비스트로스의 첫 번째 부인인 디나 레비스트로스Dina Lévi-Strauss를 비롯해 탐사 팀의 몇몇 구성원은 탐사를 포기해야 했다. 그 같은 열악한 조건들에도 불구하고, 그는 몇몇 동료와 함께 탐사를 계속했으며, 브라질의 론도니아주Rondônia에 거주하는 문데족과 투피카와이브족의 마을에 체류하며 탐사를 수행했다.

그러나 1939년, 2차 대전이 발발하자, 레비스트로스는 곧바로 징집되었으며, 프랑스가 독일군에 패배하자, 비시 정권에 의한 인종차별의 입법화로 인해 교원 명단에서 배제되는 아픔을 겪는다. 그러던 중 평소 흠모하던 인류학자 알프레드 메트로Alfred Métraux 교수와 로베르트 하인리히 로위Robert Heinrich Lowie 교수의 추천으로 뉴욕의 '사회연구뉴스쿨The New School for Social Research' 교수로 임명되는 행운을 얻는다. 1941년 3월 24일, 레비스트로스는 미국행 화물선(Capitane Paul-Lemerle)에 승선하여 마르세유를 출항해, 서인도제도 마르티니크섬을 경유, 마침내 1941년 5월 28일, 뉴욕에 도착하게 된다. 4천 명의 반나치 난민들을 구조한 미국 언론인 바리안 프라이Varian Fry와 미국 원조단체(Emergency Rescue Committee) 덕분에 레비스트로스는 화물선에 승선한 다른 218명의 피신자 가운데 한 명이 될 수 있었다. 이 해상 여행 동안, 그는 프랑스의 초현실주의 시인 앙드레 브르통André Breton을 만나, 교분을 쌓는다.[3] 그는 뉴욕에 체류하며, 본격적으로 교육과 연구를 수행했으며, 1943년, 자신의 주요 저술이라 할 수 있는 『친족의 기본 구조들*Les Structures élémentaires*

3 이 선박과 여행에 대한 상세한 내용은 다음 문헌 참조. Adrian Bosc & Olivier Assayas (photogr. Germaine Krull), *Un voyage: Marseille-Rio 1941*, Paris: Stock, 2019.

de la parenté』 집필을 개시한다.

뉴욕 체류 당시 있었던 주목할 만한 사실은 이 망명 기간 동안 프랑스의 과학철학자 알렉상드르 쿠아레Alexandre Koyré의 소개로 언어학자 로만 야콥슨Roman Jakobson과의 운명적 만남이 이뤄졌다는 점이다. 언어학과 인류학 등 20세기 현대 인문학에서 거장의 반열에 등극할 두 사람이 나눈 깊이 있는 학문적 대화는 학제적 정신의 귀감이라 할 수 있다.[4] 특히 야콥슨의 언어학 강의를 청강하며 구조언어학과 음운론 모델로부터 결정적 영감을 얻은 레비스트로스는 향후 인류학 및 신화학에 이를 적용하면서 구조주의 탄생의 서막을 알리게 된다.

그가 친족 연구에 적용하게 될 이 같은 결정적 발견으로부터 그는 구조인류학의 원리들을 구축하는데, 그것은 당시의 민족학과 인류학의 지배적 흐름들(진화주의, 확산주의, 문화주의, 기능주의)과 단절하는 것이었다. 그때부터 레비스트로스는 사회와 그

---

4 구조주의를 창시한 두 거장이 40년 동안 서신을 통해 나눈 우정과 사상적 교류에 대해서는 최근에 출간된 다음 문헌 참조. Roman Jakobson, *Claude Lévi-Strauss Correspondance*, préface, édité et annoté par Emmanuelle Loyer et Patrice Maniglier, Paris: Seuil, 2018.

사회의 발현들을, 개인들의 의식에서 벗어나면서 자기 조절 능력과 내재적 수미일관성을 구비한 하나의 전체로서 설명하려는 노력을 경주한다. 뉴욕에서의 체류 기간 동안, 그는 브라질에서 가져온 민족지학 자료들의 기능적 형태화 작업에 착수한다. 이와 나란히, 그는 자유 프랑스 군대Forces françaises libres 편에 참여하여 미국의 프랑스 과학 탐사팀에 배치되었다. 그는 이때, 앙리 포시용Henri Focillon, 자크 마리탱Jacques Maritain, 장 페랭Jean Perrin 등과 함께, 1942년 2월, 뉴욕의 '고등연구자유학교L'Ecole libre des hautes études de New York'를 창립한다.

1944년, 당시 프랑스 외무장관의 부름을 받아 주미 프랑스 대사관에서 문정관으로서 짧은 기간의 외교 공무원 생활을 한 후, 그의 삶은 줄곧 상아탑 내에서의 학술 경력의 축적과 대작 출판의 연속으로 점철되었다. 1948년 초, 그는 가족과 함께 프랑스에 귀국하여 '국립과학연구원'(NRS) 선임연구원으로 발령받았으며 그 이듬해인 1949년, '인간박물관Musée de l'Homme'의 부관장으로 임명되었다. 1950년에는 당시 프랑스 역사학계의 거장이었던 뤼시앵 페브르Lucien Febvre의 천거에 힘입어 '고등실천연구원Ecole pratique des hautes études' 제4섹션의 연구주임직에 발령을 받아 본격적인 연구에 몰두한다. 그는 '고등실천연구원'에서 제 4섹션과 동시에 제5섹션에서 강의를 맡았는데, 이 연구·교육 기관은 그 이후 탄생하게 될 프랑스 인문학의 세계적 연구 및 교육기관인 '사회과학고등연구원'(EHESS)의 전신이다. 1953년, 유네스코의 사회과학국제위원회에 들어갔으며, 하버드대학의 교수직 제안을 사양한다. 1954년, 두 번째 이혼 이후에, 모니크 로망Monique Roman과 세 번째 결혼을 하여, 두 번째 아들 마티유 Matthieu를 얻는다.

1959년, 두 번의 고배 끝에, 레비스트로스는 마침내 프랑스 학문의 최고 전당이라 할 수 있는 '콜레주드프랑스Colleege de France'에서 사회인류학 석좌교수직을 획득하게 된다. 그가 1960년 1월 5일에 행한 취임 연설문은 학문적 의의가 높은 명문으로서의 정평을 얻었다. 그리고 1960년 여름에는 '사회인류학연구실 Laboratoire d'anthropologie sociale'의 기반을 마련하는데, 이 연구실은 '콜레주드프랑스'와 동시에 '고등실천연구원'에 소속되었다. 레비스트로스는 인류학자 이삭 치바Issac Chiva에게 이 연구실을 공동 운영할 것을 제안한다. 그는 역사학자 페르낭 브로델Fernand Braudel로 하여금 미국 예일대학이 제작한 '인간관계 지역 파일

Human Relations Area Files'의 유일한 유럽 사본을 자신이 창립한 이 연구소에 소장하도록 만드는 성과를 얻었다. 이 같은 성취는 이 연구실이 본격적인 연구와 현장 답사를 개시하기 이전에 이미 민족지학 분야에서 반드시 참조해야 할 필수적인 기관으로 인식되는 데 일조했다.

1973년, 레비스트로스는 '아카데미 프랑세즈Academie francaise de accent aigu'(프랑스 학술원) 회원으로 선출되는 최고의 영예를 누리게 된다. '아카데미 프랑세즈' 회원에 선출되면서 그는 학술원 전통에 따라, 자신에 앞서 동일 회원직을 수행한 선배 회원이었던, '앙리 드 몽테르랑Henry de Montherlant'에 대한 찬사 연설을 하고, 이어서 '로제 카유아Roger Caillois'는 레비스트로스의 요청에 따라 '회답' 담론을 하면서, 레비스트로스의 방법과 그것의 과학적 전제조건들에 대한 '일련의 독이 스며 있는 화살들'을 쏘기 위한 기회로 이용한다. 그만큼, 그의 '아카데미 프랑세즈' 입성은 그의 벗들 및 그의 학문 동료들과 협력자들 사이에서 많은 물음들을 촉발시켰다.

1982년, 레비스트로스는 마지막 강연을 마치고 공식 은퇴했으며, '콜레주드프랑스'의 교수직에서도 물러났다. 그렇지만,

그는 자신과 오랜 기간 동안 협업했던, 자신의 애제자이자 페미니즘 및 성의 차별적 가치에 대해 천착했던 문화인류학자 프랑수아즈 에리티에Françoise Héritier가 그의 자리를 승계할 수 있도록 자신의 영향력을 행사했다. 퇴임 이후에도, 최소 일주일에 한 번 정도는 연구소에 출근하여 신진 연구자들을 맞이하면서 학술적 교류를 계속하는 등, 그의 학문적 열정은 식을 줄 몰랐다. 1989년에는 '클로드 레비스트로스의 아메리카들Les Amériques de Claude Lévi-Strauss' 전시회가 파리의 '인간박물관'에서 개최되었다.

2008년 11월 28일, 그의 탄신 100주년을 기념하기 위한 다양한 행사들이 개최되었다. 파리에 소재하는 아프리카와 오세아니아의 예술품을 소장, 전시하고 있는 '케브랑리박물관Musée de Quai Branly'은 특별한 행사를 기획했는데, 작가들, 학자들, 예술가들을 초빙해, 하루 동안 대규모 청중 앞에서 자신이 사랑하는 레비스트로스의 글들을 선택해서 낭독할 것을 주문했다. 프랑스 국립도서관 역시 특별 전시를 마련해, 레비스트로스의 자필 수고, 여행 노트들, 크로키, 노트, 그가 사용한 타자기 등을 대중들에게 공개했다. 당시 프랑스 대통령이었던 니콜라 사르코지Nicolas Sarkozy는 레비스트로스의 파리 자택을 방문해 '우리가 살아가야 할 사회의 미래'에 대해 대담을 나누었다. 또한, 당시 프랑스 교육과학부장관이었던 발레리 페크레스Valérie Pécresse는 그의 탄신 100주년을 기념하기 위한 일환으로서 '클로드 레비스트로스상'의 제정을 발표했는데, 이 상은 역사학, 인류학, 사회과학, 고고학 등의 학술 분야에서 매해 최고의 연구자에게 부여되는 상으로서, 상금으로는 10만 유로가 책정되었다. 2009년 6월 수여된 이 상의 최초 수상자는 아이러니하게도 레비스트로스의 구조주의를 과격하게 비판했던 인지인류학에서 일가를 이룬 스페르베르Dan Sperber 교수였다.

1970년대 동안, 아울러 1982년 퇴임 이후에, 레비스트로스는 그의 과학적 방법을 구조주의적 패러다임을 시간적 차원(통시태, 발생적 구조주의)으로 향하게 만드는 일반적인 진화에 적응시키는 작업에 집중했다. 이 같은 연구 방향의 전환에 있어, 그는 프랑스 아날학파의 역사학자들과 함께 공동 작업을 수행하면서, 가족, 동계 친족, 시스템 등에 대한 주제들에 대해 작업하며 역사인류학의 탄생을 위한 기초 작업을 시도했다. 이와 나란히, 레비스트로스는 그의 학문 경력 동안 사회과학들과 그것들

2005년에 촬영된 레비스트로스의 사진
ⓒ UNESCO/Michel Ravassard

프랑스 중부에 소재한 작은 마을 리녜롤(Lignerolles)의 레비스트로스 선생의 묘비 방문 사진, 2013년 12월 19일 촬영

의 제도적 조직화에 대한 성찰에 참여했으며, 예술, 진보, 인종, 자연과 문화의 관계, 발전과 인간 조건 등과 같은 인문학의 방대한 주제들을 비판적으로 재검토했다.

1970년대 이후 구조주의적 홀리즘적 패러다임의 쇠퇴 이후에, 사회과학에서 그의 영향력은 상당 부분 약화되었으나, 2000년대에 들어와 변형 개념을 중심으로 과학철학과 수학 등의 분야에서 새로운 활력을 얻었다. 그 이후, 레비스트로스의 작품은 인류학과 민족학의 역사에서 결정적 중요성을 갖는 것으로 평가되어, 전 세계에서 찬양을 받고 있다. 레비스트로스 인류학의 학문적 유산을 간략하게 말한다면, 그것은 세계의 상이한 민족들이 서로 다른 방식으로 말하고, 사유하고, 행동하나, 사실상, 그 같은 표면적 차이를 넘어, 공통적인 인지 기구들을 구비하고 있다는 사실을 밝혀낸 것이라 할 수 있다. 레비스트로스의 발견에 힘입어 우리는 다양한 문화들과 민족들의 차이와 동시에 그 보편성을 의식할 수 있게 된 것이다. 모든 인간은 매우 상이하지만, 우리는 서로 이해하고 소통할 수 있는데, 그 이유는 우리의 정신적 구조들이 동일한 방식으로 작동하기 때문이다.

2. 주요 저술[5]

레비스트로스의 최초 저술로는 1947년 집필한 그의 박사 논문인 『친족의 기본 구조들』을 손꼽을 수 있다. 1949년, 레비스트로스는 그의 학위 논문 심사가 통과되자 동일 제목의 학위 논문을 출판한다. 이 저술은 레비스트로스가 사용한 혁신적인 구조주의적 방법을 최초로 적용한 획기적 명저로서 인정받고 있으며, 당시의 상당수 인류학자로부터 일찌감치 그를 저명하게 만들면서 학문적 영예를 선사해 주었다. 1952년에는 문화들의 다양성에 대한 고밀도의 시론이라 할 수 있는 『인종과 역사 *Race et histoire*』를 출판했다.

1955년에는 다소 우연적인 상황에서 서둘러 써 내려간 『슬픈 열대』를 출간해, 전혀 예상치 못했던 세계적 반향을 불러일으키며 대중적 성공과 동시에 비평계로부터 극찬을 받게 된다. 당시 정치학계의 태두, 레몽 아롱Raymond Aron으로부터 문학비평계의 중진 모리스 블랑쇼Maurice Blanchot와 조르주 바타유Georges Bataille를 비롯해, 미셸 레리스Michel Leiris에 이르기까지, 수

5 레비스트로스의 저술과 사상 체계의 전 영역을 아우르는, 2022년에 발간된 1,187쪽 분량의 『레비스트로스 사전』은 기념비적 성과라 할 것이다. *Dictionnaire Lévi-Strauss*, sous la direction de Jean-Claude Monod, Paris: Bouquins éditions, 2022.

많은 당시 지식인이 이 기념비적 작품의 탄생에 찬사를 아끼지 않았다. 1958년, 레비스트로스는 자신의 기존 논문들의 모음집인 『구조인류학*Anthropologie structurale*』을 출간함으로써, 태초의 민족들과 그들의 신화들에 대한 구조적 연구 영역에서 그의 이론적 정초를 위한 주춧돌을 놓았다. 특히, 이 책은 그의 방법론들을 제시한 일련의 저서 가운데 최초의 저서로서, 당시까지 잘못 알려지거나 설명되지 못했던 상당수의 고전적인 인류학적 문제 설정들에 대해 새로운 관점에서 조명했다. 이 책에 수록된 다수의 논문은 곧바로 국제적인 광채를 획득했고 프랑스의 구조주의 사조의 탄생에 참여하면서, 인문학과 사회과학 등의 다른 학술 분야에 영감을 주었다.

1961년, 레비스트로스는 언어학자 에밀 뱅베니스트Emile Benveniste와 피에르 구루Pierre Gourou와 함께 세계적 인류학 학술지로 정평이 있는 『롬므*L'Homme*』(인간)를 창간하는데, 이 학술지는 특히 철저한 학제적 정신에 입각해 민족학과 인류학의 다양한 학문적 성향에 문호를 개방했으며, 장 푸이용Jean Pouillon이 책임편집을 맡았다. 1962년에는 두 권의 명저, 『오늘날의 토템주의*Le Totémisme aujourd'hui*』와 『야생의 사고*La pensée sauvage*』를 출간했다. 이 두 권의 저서 출간과 함께, 레비스트로스는 친족 연구의 영역을 떠나 주요 인류학적 주제들을 다시 검토하는 작업에 매진하는데, 그것은 무엇보다 무문자 사회들에 대한 서구적 시선을 송두리째 흔들어 놓았다.

1960년대 초반부터 1970년대 초반에 이르기까지, 레비스트로스는 신화 연구, 특히 아메리카 원주민들의 신화학에 몰두한다. 이 같은 연구는 『신화지*Mythologiques*』라는 제목의 총서 총 4권의 출간으로 세상의 빛을 본다. 그중 제1권 『날것과 구운 것*Le cru et le cuit*』은 1964년에 출간되자마자 당시 수많은 언론 인터뷰 초청을 받았으며, 그의 신화 이론과 연구 성과를 대중화시키는 데 일조했다. 1967년, 제2권 『꿀에서 재들로*Du miel aux cendres*』가 출간되었으며, 이어서 1969년, 제3권 『식사 예절의 기원*L'Origine des manières de table*』, 1971년, 제4권 『벌거벗은 인간*L'Homme nu*』이 각각 출간되었다. 이 4권의 저서는 레비스트로스 저작 가운데 가장 독창적인 학문적 성과로 인정받고 있으며, 대략 20년 동안의 각고 끝에 완성되어 총 2,000쪽이 넘는 방대한 분량에 이르고 있고, 아메리카 원주민들의 신화들에 적용된 구조 분석의 학문적 입증이라고 말할 수 있다. 특히 주목할 만한 사실은, 생태학이 특정 이데올로기와 특정 정당의 정치적 동기가 되기 이전에 이미, 그는 생태학적 의식을 철저하고도 심오하게 표명한 것으로 인정받고 있다는 점이다. 요컨대, 레비스트로스는 생태학 영역에 있어 독보적인 선구자였던 것이다. 그뿐만 아니라, 그는 서구 중심적 시각에서 평가절하된 원시적 사유의 복권을 위해서도 줄기찬 노력을 경주하였다.

1975년, 그는 미국의 북서 연안의 미술 형태들을, 그것들의 신화들과 연관시켜 해석을 시도한 저술, 『가면들의 길*La Voie des masques*』을 출간한다. 1977년부터 1981년까지 레비스트로스는 일본, 한국, 캐나다 등을 여행한 바 있다. 이후 1983년, 논문과 시론의 모음집인 『동떨어진 시선*Le Regard éloigné*』을 출간한다.

『신화지』 출간 이후에도 레비스트로스는 신화학에 대한 자신의 연구를 계속 수행했으며, 그 결과, 『신화와 의미*Myth and Meaning*』(1978), 『시샘하는 여자 도공*La Potière jalouse*』(1985)이 출판되었으며, 끝으로 『스라소니의 이야기*Histoire de Lynx*』(1991)를 출판하는데, 이 책은 40년 전 시작된 그의 신화학 작업을 마무리하는 저작이라 할 수 있다.

1993년에 그는 미술과 음악에 대한 그의 글 모음집인 『보다, 듣다, 읽다*Regarder, écouter, lire*』를 출간한다. 그리고 1994년에는 그의 브라질 여행 사진들(1936-1938)을 모아 놓은 삽화 책, 『브라질의 추억들*Saudades de Brasil*』을 출간했다. 1994년부터 그의 출판 분량은 드물어졌으나, 학술지 『롬므』에는 정기적인 서평 기고를 계속했다. 1998년, 그의 나이 구순을 기념하기 위해, 프랑스 최고의 문예지인 『크리티크*Critique*』는 인류학자 마르크 오제Marc Augé가 책임 편집을 맡은 특별호를 마련했으며, '콜레주드프랑스'에서는 축하 행사가 열렸다.

2002년, 레비스트로스는 '친족 문제'를 다룬 학술지 『롬므』의 특별호의 후기postface를 발표했는데 여기서 그는, 자신이 밝혀 놓은 친족성의 기능 작동의 법칙들과 규칙들이 '현대 인류학의 저술들의 한복판'에 있다는 점을 목격할 수 있다는 점을 자축하기도 했다. 2005년 초반기, 프랑스 텔레비전에 출현한 그의 마지막 방송 출현 프로그램 가운데 하나에서, 그는 자신이 1972년, 장 조제 마르샹Jean José Marchand과 함께 나눈 대담과 이어서 1984년, 베르나르 피보Bernanrd Pivot와 나눈 또 다른 대담에서 이미 표현했던 견해를, 매우 흡사한 용어들을 사용하면서 다음과 같이 선언한 바 있다.

> "제가 목격하는 것은 이렇습니다. 그것은 우리가 목격하는 작금의 초토화ravages입니다. 그것은 식물이건 동물이건, 생명체 종들의 끔찍한 소멸이며, 인간이라는 종은, 그것의 현재의 인구 밀도라는 그 사실로 인해, 일종의 내재적인 독약 상태empoisonnement 체제 아래서 삶을 영위하고 있습니다. 아울러 나는 현재의 의미를 생각하고 있고, 또한 저의 삶을 마무리하고 있는 중인 작금의 세계를 사유하고 있습니다. 이것은 내가 사랑하는 세계가 아닙니다."

2008년 5월에는 레비스트로스 자신이 손수 선별한 그의 저작물 가운데 일부가 '작품들Œuvres'이라는 저서명으로, 프랑스 인문학과 문학 작품 출판 총서의 최고봉이라 할 수 있는 갈리마르Gallimard사의 '플레야드 서재Bibliothèque de la Pléiade' 총서의 한 권으로 출판되었다. 그의 저술 가운데 일부만을 담을 수밖에 없었던 선별상의 한계로 인해, 일부 비평가들은 이 같은 출판 기획이 저자의 강력한 인류학적 성찰에 대해 제대로 된 자리를 마련하지 못한 것을 비판하기도 했다. 또 다른 일각에서는, 이 같은 플레야드 총서의 참된 취지가 대학자들과 사상가들을 위대한 문학적 인물들로서 표상하는 데 있으며, 결코 그들의 학문적 발견을 단지 축하하고 예찬하는 데 있지 않다는 점을 들어, 아쉬움을 토로하기도 했다.

2장
『슬픈 열대』의 탄생과 주요 특징

1. 작품의 탄생과 주요 성격

『슬픈 열대』라는 약간은 수수께끼 같은 제목의 이 세기적 걸작은, 기존 장르 분류 체계로는 명쾌하게 범주화될 수 없는 자전적 여행기이며, 한 편의 시론이라고 칭할 수 있다. 이 책은 파리에 소재하는 플롱Plon 출판사에서, 당시 인류학자 장 말로리Jean Malaurie가 책임 편집을 맡았던 총서 '인간의 대지Terre Humaine'의 두 번째 저서로 출간되었다. 『슬픈 열대』는 출간 즉시 엄청난 대중적 성공과 동시에 비평계로부터 상찬을 받았으며, 이 같은 폭발적 반응은 총서의 평판에 크게 공헌했다는 평가를 받고 있다. 이 총서를 기획할 때, 말로리의 일차적 목표는 독자들에게 모든 종류의 증언들, 세계의 서사들, 문학의 범주에서 그리고 문학을 벗어난 범주에서 세계에 대한 다양한 서사들을 제공하는 데 있었다. 다양한 글쓰기 방식을 포용하는 이 같은 문호 개방을 통해, 그는 소수자들에게 발언권을 주고 싶었으며, 특히, 구술 문화의 종족들에게 발언권을 부여하려는 의도를 갖고 있었다. 이를테면 상아탑의 제도권에 속할 수 없는 모든 종류의 텍스트들을 제공하려는 깊은 뜻을 품고 있었던 것이다. 『슬픈 열대』는 최초의 번역본인 브라질어본(1958)을 시작으로 독일어본(1959), 영어본(1961) 등을 포함해 2000년대 초반 기준, 26개 국어로 번역되었으며, 수백만 부가 판매되었고, 이 책이 레비스트로스를 일약 세계적 학자이자 저자의 반열에 올려놓는 데 결정적 기여를 했다는 것은 자타가 공인하는 사실이다.

저자는 이 책의 초반부에서 1930년대 중반 자신이 어떻게 민족학자ethnographe(인류학자)가 되었는가에 대한 개인사를 꾸밈없이 들려주고 있다. 특히 그는 브라질에 체류하며, 아마존 유역의 원주민들을 연구하게 된 이야기를 멋진 산문으로 묘사하고 있다. 특히 주목할 점은, 이 책은 개인적 여행 경험담을 들려주는 여행 서사이기는 하나, 여행의 본질에 대한 철학적 사색과 자연과 인류 문명에 대한 심오한 명상을 담고 있는 책이기도 하다는 사실이다. 요컨대, 이 책은 일종의 지적인 자서전을 시도하고 있다고 볼 수 있는데, 그것은 디테일을 포기하지 않으면서도, 그의 개인적 사상 편력과 문화 체험의 궤적을 그려 줄 수 있는 까다로운 시도를 성공적으로 수행하고 있기 때문이다. 브라질 중부의 미지의 땅에서 이루어진 탐험에 대한 그의 세부적 묘사는 생생하고 회화적이며, 그가 이 책에서 최고의 문학적 글쓰기와 수려한 산문을 구사하는 거장의 솜씨를 보여 주고 있다는 점은 모두가 이구동성으로 인정하는 바이다.

이 책이 출판되었을 때, 레비스트로스의 대작들은 아직 출간되지 않았을 무렵이었다. 『야생의 사고』를 비롯해, 그의 기념비적 저술인, 4권의 『신화지』 역시 세상에 모습을 드러내지 않은 시점이었다. 『슬픈 열대』에 선행하는 그의 저술 가운데 학술적 중요성을 갖는 책을 언급하자면, 『친족의 기본 구조들』만을 손꼽을 수 있을 정도이다. 바로 이 책의 이 같은 특수한 연대기적 위치로 인해 그 가치는 보다 돋보이기도 한다.

대부분의 레비스트로스 연구자들의 일치된 견해에 의하면, 『슬픈 열대』는 그의 저술 전체 가운데, 하나의 문학적 수려함과 자서전적 탁월함을 모두 성취한 작품으로 인정받고 있다.[6] 이미, 그 저술의 제목에 사용된 '슬픈'이라는 형용사는 엄밀성과

---

6 『슬픈 열대』의 문학적·자전적 탁월성에 대해 주목한 주요 문헌을 적으면 다음과 같다.

1. Clifford Geertz, *Ici et Là-bas*, Paris: Métailié, 1996.
2. Pierre Campion, *La littérature à la recherche de la vérité*, Paris: Seuil, 1996, section "Littérature et anthropologie: penser l'homme dans la littérature", chap.13. "De l'anthropologie à la littérature: Tristes tropiques de Claude Lévi-Strauss".
3. Daniel-Henri Pageaux, "Discours sur l'altérité, l'écriture de la différence. Éléments pour une lecture de Tristes tropiques de Claude Lévi-Strauss", *in* Silke Segler-Messner éd., *Voyages à l'envers: formes et figures de l'exotisme dans les littératures post-coloniales francophones*, Strasbourg: Presses universitaires de Strasbourg, 2009, pp.5-122.
4. Roland Le Huenen, "Voyage et méta-voyage: Tristes tropiques de Claude Lévi-Strauss", *in* Olivier Hambursin éd., *Récits du dernier siècle des voyages: de Victor Segalen à Nicolas Bouvier*, Paris: Presses de l'Université Paris-Sorbonne, 2005, pp.93-106.
5. Adolphe Maillot, "L'ethnologue préféré: Le Lévi-Strauss de Tristes tropiques", in "L'écrivain préféré", *Fabula LHT*, 4(1 mars 2008), [http://www.fabula.org/lht/4/Maillot.html].

객관성을 구비해야 할 학문과 과학의 '프로토콜'에 견주어 일정한 거리를 증언하는 주관성을 시사하고 있다. 제목과 관련해 기억해야 할 분명한 사실은 본래 이 제목은 저자가 출판을 기획했던 한 권의 소설의 제목이었다는 점이다.

출간되자마자, 『슬픈 열대』의 문학성은 비평계에서 즉각적으로 인정받았다.[7] 아카데미공쿠르l'Académie Goncourt의 심사위원단은 그에게 문학상을 수여하려 했을 정도다. 어떤 비평가는 이 책을 집필하면서 비로소 작가로서 그의 천부적 재능의 씨앗이 발아했으며, 바로 이 책에서 한 인간의 고유한 목소리가 아름다운 선율의 음악처럼 울려 퍼지고 있다는 주장을 하기도 한다. 단순한 인류학 조사 현장 경험 보고서의 차원을 훌쩍 뛰어넘는 『슬픈 열대』는 레비스트로스 자신의 표현을 빌리자면, '지적인 자서전autobiographie intellectuelle'의 성격을 띠고 있으며, 자신

7 『슬픈 열대』의 수용에 대해서는 다음 문헌 참조. Vincent Debaene, *L'adieu au voyage. L'ethnologie française entre science et littérature*, Paris: Gallimard, 2010, pp.400-419; Claude Lévi-Strauss, *Œuvres*, éd. établie par Vincent Debaene, Frédéric Keck, Marie Mauzé et Martin Rueff, Paris: Gallimard, coll. "Bibliothéque de la pléade", 2008, pp.1715-1721.

이 걸어왔던 여정에 의미를 부여하면서 그 과정을 반추하고 있다. 그 결과, 그 서사의 연대기는 인류학 탐사들의 연대기라기보다는, 학문적 담론과 자신이 행했던 다양한 여행들의 추억과 되씹음이 기억의 연상 작용의 리듬과 씨줄과 날줄로 직조되어 있다.

더구나 이 같은 문학적 분위기의 글쓰기와, 20세기 프랑스의 대문호 프루스트의 글쓰기 사이에서 강력한 연관성을 파악했던 주석들도 다수이다.[8] 프루스트의 소설은 무엇보다 회상과, 기억의 무의식적 작업에 의해 특징지어지고 있기 때문이다. 한편, 캉퐁 교수는 『슬픈 열대』를 민족학자 레비스트로스의 "고백록"으로 파악하면서 특히 레비스트로스와 루소의 친화성을 강조한 바 있다.[9]

이 책이 출판되자마자, 프랑스 비평계는 기존 장르 체계로는 분류할 수 없는 독특한 글쓰기의 스타일을 선보인 것으로 묘사하였으나, 한결같이 이 책이 하나의 걸작이라는 데 의견이 모

---

8 특히 다음 문헌 참조. Vincent Debaene, *op. cit.*, pp.320-324.

9 Cf. Pierre Campion, *op. cit.*, p.344.

아졌다.[10] 이를테면, 바타유는 그의 서평에서, 이 책을 일러, "한 권의 인간적인 책, 위대한 책"이라는 극찬을 한 바 있다.[11] 『슬픈 열대』를 '서구 의식의 결정적 계기'라고 파악한 프랑스 역사학계의 태두 피에르 노라Pierre Nora 교수가 내놓은 통찰 역시 빼놓을 수 없을 것이다. "그의 위대한 문학적 스타일과 표현된 단어들의 은총에 힘입어 그의 목소리를 통해 발언하는 것으로 보인 주체는 서구, 그것도 최상위의 서구 전통이었다."[12]

특히, 이 책을 이해함에 있어, 그 구성을 파악하는 것은 핵심적인 과제라 할 수 있는데, 그 이유는 이 책의 얼개는 그 겉모습에도 불구하고, 저자가 주관적 향수나 회환의 감정에 빠져 개인적 소회를 마음 내키는 대로 휘갈겨 쓴 불확실성과 예측 불가능성의 서사 담론이 아니라, 20세기 프랑스의 대문호 프루스트의 글쓰기 모델로부터 영감을 받아 탄탄하게 짜여 있기 때문

---

10 이 책에 대한 당시의 다양한 반응들과 수용에 대해서는 다음 문헌 참조. Emmanuelle Loyer, *op. cit.*, pp.411-441.

11 Georges Bataille, "Un livre humain un grand livre", *Critique*, n.105, février, 1956.

12 Pierre Nora, "préface", in *Tristes Tropiques*, Paris: France-Loisirs, 1990, p.13.

이다. 또한 레비스트로스는 재판본의 표지(플레야드판에 재수록)에서, 자신의 책을, “한 권의 여행서 그 이상으로, 이번에는 그 핵심이 여행에 관한 책un livre *sur* le voyage이다”[13]라고 기술한 바 있는데, 그 이유는 이 책이 자신이 들려주는 민족지학의 탐사가 20여 년 경과된 시점에서 집필되었기 때문이다. 따라서, 이 책은 탐사의 서사라기보다는 과거에 대한 회상의 작업이며, 재구성의 작업이라 할 수 있다. 이 같은 재조직의 원리들을 파악한 후에, 탐문해야 할 또 다른 중요한 사안은 『슬픈 열대』의 글쓰기가 레비스트로스의 학문적 경력에서뿐만 아니라, 보다 심오하게는 그의 개인적 이론적 여정 속에서 맡은 역할이 무엇이냐는 물음일 것이다.

• 『슬픈 열대』의 독창성: 혼합적 장르의 독보적 글쓰기

군이 이 세기적 걸작에 제목을 달아 보라고 한다면, ‘한 민족지학자의 여행 노트’ 또는 ‘한 민족지학자의 일상적 삶의 기록 일지’라고 이름을 지어 주는 것도 무리는 아닐 것이다. 그렇지

---

13 Claude Lévi-Strauss, *op. cit.*, p.1651.

만, 그 같은 명칭은 매우 부분적이거나 편파적일 것이며, 이 책의 풍요로움을 온전하게 설명해 주지 못한다. 무엇보다 그 같은 평이한 제목은 엄밀하게 구축된 이 책의 방법적 성격을 파악하는 데 미흡할 것이다. 이 책은 결코 흔해 빠진 상투적 여행기가 아니며, 우리 자신이 살고 있는 사회와는 낯선 사회들에 대한 이국풍의 글쓰기, 이를테면 19세기 프랑스의 대문호 스탕달식의 연대기 기행문도 아니다. 이 책에서 미세한 사물을 꿰뚫어 보는 매서운 눈썰미, 담대함과 기백으로 가득 찬 저자의 펜은 기자의 눈과 펜도 아니며, 글솜씨가 뛰어난 여느 소설가의 필치도 아니다. 액면 그대로 정말 믿기가 힘드나, 어쨌거나 단 석 달 만에 이 대작의 초고를 완성했다는 레비스트로스의 고백도 기억할 만하다.

우리는 이 책에서, 자신이 걸어왔던 학문 여정의 여백과 주변적인 이야기들을 들려주려는 한 학자와 시종일관 대면한다. 즉, 레비스트로스는 이 책에서 자신이 경험했거나 역사적인 주요 사건들을 이야기하고 있으며, 이때 그가 평생의 직업으로 선택한 학문, 즉 인류학이 언제나 동반된다. 이유는 간단하다. 모든 학자 역시 한 명의 인간이며, 그에게도 다양한 모험들과 재난들, 정념들과 회한들, 짧게 말해, 특별한 실존의 일상적 소용돌이와 소란이 당도하기 때문이다. 그렇지만, 독자가 분명히 유념하고 있어야 할 사실은 『슬픈 열대』는 결코 레비스트로스의 민족학 또는 인류학 방법을 밋밋한 객관적 언어로 제시하려거나 구조주의의 원리를 설명하려는 학술적 목적을 부여한 책이 아니라는 점이다.

왜냐하면, 이 책은 특정 이론적 목표를 설정하지 않았기 때문에, 무엇보다 이 책이 기술하는 그 세계는 특정 학문의 전문가들에게가 아닌 다름 아닌 저자 자신에게 가장 잘 알려져 있기 때문이다. 이 책은 여행들과 민족지학의 탐험들에 대한 저자 자신의 개인적 이야기를 들려주려 한다. 이 책에서 독자는 민족학자라는 직업과 관련된, 저자가 겪은 파란만장한 경험을 발견하고, 동시에 자신의 직업과 실존에 대해 성찰하는 한 개인의 인간적 고뇌와 체험을 찾아볼 수 있다. 그가 실천한 다양한 여행들은 학문적 사유와 이론 구축의 밑거름이 되었고, 민족지학적 탐구 조사라는 이 같은 특별한 범주의 여행은 삶의 의미에 명상의 근원을 제공한다. 『슬픈 열대』를 주파하면서 우리가 만나는 주제들은 바로 그런 소소한 이야기들이며, 바로 그 이면에 숨겨진 삶의 심오한 의미와 현대 문명 세계의 부도덕성과 반생태성에 대한 통렬한 비판이다.

『슬픈 열대』의 가장 놀라운 양상 가운데 하나는, 그것의 대중적 성공의 열쇠로서, 내레이션에 근본적 역할을 부여할 수 있다는 점이다. 그것은 단지 학문적 분석이 관건이 아니라, 하나의 독특한 서사라는 점을 시사하고 있는데, 요컨대 이 책은 소설 장르에 속하지 않는다. 그의 고백대로, 처음에는 한 권의 소설을 쓰려는 시도로 시작된 작업이었으나, 소설이라는 장르의 글쓰기 방식에 얽매이는 것이 심리적으로 방해가 되었을 뿐만 아니라, 글쓰기의 자유가 담보되지 않았다는 이유에서 그는 과감하게 픽션의 장르를 버리고 일종의 자전적인 철학 여행기라는 방식을 택한다. 즉, 민족학자라는 학문적 정체성을 중심에 두고 레비스트로스는 혼합적 글쓰기 형식을 채택하고, 동시에 서사적이고 묘사적인 단락들을 선보이는가 하면, 보다 솔직한 고백과 이와 대비되는 분석적인 단락들을 절묘하게 혼합시키고 있다. 물론 묘사들의 진실성과 정확성에 대한 배려는 이 책의 처음부터 끝까지를 관통하고 주파한다. 요컨대, 이 책은 소설보다는 학문의 글쓰기에 속하고, 이런 선택 때문에, 그는 심사위원들의 극찬에도 불구하고 프랑스 최고의 문학상인 공쿠르상을 받을 수 없었다. 이 문학성이 빼어난 작품에 상을 부여할 명분을 찾지 못했던 심사위원들이 누구보다 아쉬움을 토로했다. 필자의 개인적 소견이기는 하나, 이 책의 문학적 탁월성은, 프랑스의 한 성우가 무려 19시간 25분에 걸쳐 500쪽의 책 전문을 낭독한 오디오북을 청취하면 감각적으로 체험된다. 비록 시의 리듬은 아니라 할지라도, 독특한 향수와 아우라를 뿜어내며 청자를 사로잡는다.[14]

『슬픈 열대』는 레비스트로스의 저술 가운데, 그것의 학문적 연속성 속에서 읽는 것이 결코 필수적인 것이 아닌 유일한 작품이라 할 수 있다. 여러 번 강조하거니와, 우리는 이 책을 여러 층위에서 접근할 수 있다. 순수한 단순 여행기로서 접근할 수 있고, 민족지학의 현장 탐사 보고서로서 읽을 수도 있으며, 또는 인간 실존의 묵중한 문제들에 대한 명상록으로서 읽을 수도 있다. 물론 저자의 삶의 궤적을 일러 주는 자전적 담론으로

---

14 Claude Lévi-Strauss, *Tristes Tropiques*, Production Sonore Frémeaux & Associés © Éditions Plon, Texte intégral, Musée du Quai Branley, Lu par Jean-Pierre Lorit.

읽는 독법이 가장 일차적인 접근법이 될 것임은 두말할 나위가 없다. 글의 구성과 순서와 관련해서도 저자 자신이 선택한 방식이 신의 한 수라 할 정도로 최적의 것이라, 그 방식을 존중해 독서의 방향을 인도하는 것이 합당할 것이다.

가능한 접근법들의 다중성 때문에, 『슬픈 열대』는 의심할 나위 없이 넓은 독자층에게 다가갈 수 있는 그의 유일한 저서라고 말해도 과언은 아닐 것이다. 요컨대 폭넓은 독서층에 도달하며 누구나 공감할 수 있을 뿐만 아니라, 전문가들로부터도 상찬을 획득하고 부러움을 산 글쓰기의 이상형을 실현하고 있다.

첨언할 사실은, 이 책은 본문 안에 38개의 삽화와 한 장의 지도, 본문 밖에 63장의 사진들을 싣고 있다는 점이다. 이 사진들은 모두 레비스트로스가 직접 촬영한 것들이다. 그 같은 삽화들이 양과 질에 있어 갖는 중요한 존재감은 이 책의 성공에 기여했을 것으로 사료된다. 물론 이 책의 대중적 성공의 주요 원인을 이 같은 삽화의 효과적 사용으로 국한시킬 수 없음은 당연하다.

2. 책의 전체 구성과 특징

• 책의 구성

『슬픈 열대』는 프랑스어 본문이 500쪽에 이르는 상당한 부피의 책으로서, 방대한 분량만큼이나 다루고 있는 주제들도 매우 다채롭다. 이 책의 기본 뼈대를 성립하는 9개의 부분들은 사실상 세 개의 주제부 또는 주요 관심 영역들의 큰 무리로 나뉠 수 있다. 이 책의 초반부를 형성하는 네 개의 부들은, 그 자신이 브라질 체류 기간 동안 시도했던 민족지학적 탐사 체험담을 상세히 묘사하기 이전에, 그가 실천했던 다양한 여행들의 주변적 이야기를 비롯해 여행의 본질과 현대 문명의 어두운 그림자에 대한 성찰과 편린들로 이루어져 있다. 이 책의 중반부를 이루는 그다음에 이어지는 네 개의 부들은 그 제목이 명시적으로 일러 주는 것처럼, 민족학자라면 한 번쯤 탐사를 희망하는 아마존 유역에 삶의 터전을 잡고 있는 미지의 원주민들과 그들이 거주하는 남아메리카의 대지들에 대한 탐험 과정을 생동감 넘치게 묘사하고 있다. 끝으로 이 책의 결론부에 해당되는 마지막 제9부는 독자를 철학적 유형에 속하는 심오한 명상으로 이끌고 인류의 종교 문명에 대한 독특한 해석을 제시하고 있다. 여기서 독자는 클로드 레비스트로스의 세계관과 생태학적 사유를 비롯해, 생명과 우주, 종교와 문명 등과 관련된 그의 근본적인 비전과 통찰을 발견하게 된다.

총 9부로 이뤄진 이 책은 보석과 같은 40개의 장들로 상감되어 있다. 또한 이 9개의 부들 자체는 다음과 같이 비교적 단순한 운동 구도의 윤곽을 보여 주고 있다. 먼저 여행의 출발을 알리는 제1부와 제2부, "여행들의 종언"과 "여행 이동 계획표"가 제일 먼저 제시되고, 이어서 제3부 "신세계"와 제4부 "대지와 인간들"로 이어지고 제5부에서 제8부까지는 브라질에의 도착 과정과, 아마존 유역에 기거하는 상이한 네 원주민 부족에 대한 탐사 과정을 상세히 묘사하고 있다. 제5부, 제6부, 제7부와 제8부의 각각의 제목은, "카두베오족", "보로로족", "남비콰라족", "투피카와이브족"이다. 끝으로 이 책을 마무리하고 있는 제9부는 "귀환"이란 의미심장한 제목을 달고 있다.

첨언하자면, 총 9부 가운데, 제1부와 제9부는 별도로 구별될 필요가 있다. 이 두 부분은 이 책을 집필할 당시인 1950년대의 시대 상황에 뿌리를 두고 있는데, 특히 제1부는 1941년, 비시

정권의 박해를 피해, 레비스트로스를 비롯해 브르통, 야콥슨과 같은 당대의 주요 예술인, 문인, 학자를 아메리카 대륙으로 실고 간 폴르메를르 선장호Capitaine Paul-Lemerle에 몸을 싣고 미국으로 탈주하는 과정에 대한 서사이고, 제9부는 민족학의 학문적 위상과 세계의 주요 종교들의 역사와 비교문명에 대한 성찰을 담고 있다. 이 두 개의 경계석 사이에서 독자는 대략 4년 정도의 기간을 포함하는 전체적으로 연대기적인 서사를 발견하는데, 보다 구체적으로는 1934년 가을, 상파울루대학의 사회학과 전임교수직을 제안받은 시점에서 시작해서, 1938년 11월, 아마존강 유역에서 이루어진 두 번째 탐사 종료까지의 경험을 들려주고 있다. 단, 제4부 "대지와 인간들"에서 등장하는 "브라질의 텅 빈 열대"와 그가 1950년에 방문했던 "남아시아의 사람들로 득실거리는 열대"를 비교하는 제9부의 마지막 3개 장들은 이 같은 연대기적 원칙에서 벗어나는 유일한 예외라 할 수 있다.

• **인류학, 민족학, 민족지학 용어 구분**

본서에서 사용되는 세 개의 용어에 대해 간략하게 그 개념을 정리하면 다음과 같다.

레비스트로스 자신이 이 세 개의 용어 사이의 차이점들에 대해 일련의 구별을 제안한 바 있다. 물론 이 같은 개념적 구별이 절대적으로 인류학계에서 통용되는 것은 아니나, 최소한 프랑스 학계에서는 어느 정도 준거로 사용된다.

레비스트로스에 의하면, 민족지학ethonographie과 민족학ethnologie은 인류학anthropologie과 함께 세 개의 상이한 개별 학술 분야를 형성하는 것이 아니라, "동일 연구의 세 개의 계기"를 형성한다(*Anthropologie structurale* 1, p.413). 다시 말해, 각각의 용어는 인류학적 연구의 특수한 차원에 주안점을 두면서 연구의 대상을 특화시키고 있다.

먼저, 민족지학은 현장 또는 박물관에서 이루어지는 작업으로서 첫 번째 단계를 형성한다. 즉, 민족지학은 하나의 특별한 인간 무리에 고유하게 존재하는 문화적 현상들을 관찰하고, 기술하고, 분류하는 데 그 특징이 있다. 현장에서 직접 이루어지는 이 같은 민족지학적 분석들은 인류학적 연구에 실험적·경험적 기초를 제공한다. 민족지학 연구의 탁월한 사례는 다름 아닌 본서 『슬픈 열대』의 주요 내용을 이루는, 레비스트로스가 1935년부터 1938년까지 브라질 동부에 소재하는 마투그로수고원에서 행한 탐사이다. 그가 두 차례의 탐사 동안 수집한 자료는 1937년, 파리 인간박물관의 첫 번째 전시의 핵심 소재로서 사용된 바 있다. 뿐만 아니라, 이 같은 민족지학적 선행 작업을 통해, 그가 획득한 정보들은 나중에 그의 박사 학위 논문과 단행본 연구서의 일차 자료로서 활용되었다. 예컨대, 1948년, 그가 소르본대학에서 제출한 국가 박사 학위 논문, 『남비콰라족 원주민들의 가족생활 및 사회생활』이 대표적이다. 『슬픈 열대』의 여러 장에서 레비스트로스가 기술하고 있는 것처럼, 민족지학 조사라는 인류학 연구의 첫 번째 계기는 여러 복잡한 난관에 봉착하는 것이 다반사이다. 수개월에 이르는 여행 경로에서 발생하는 기상 조건의 악화, 질병들, 연구비 재정 상황의 난관을 비롯해, 먼저, 자신들의 존재를 쉽게 알려 주지 않으려는 머나먼 곳의 사회와 소통을 개시하는 것에서 시작해, 그들의 생활 방식의 공유, 관찰, 특히, 레비스트로스의 생생한 표현에 의하면, 심지어, '꼬맹이로부터 정보를 얻기 위해 구걸'도 마다하지 않아야 하고, 심한 경우에는 약간의 교활한 수법도 동원해야 한다.

인류학 연구의 두 번째 계기라 할 수 있는 민족학 연구는 현장에서 채집한 이 같은 다양한 관찰들과 정보들을 비교하고, 지리적, 역사적, 체계적 차원에 속하는 하나의 종합 속에 통합시키는 데 그 특징이 있다. 이 같은 이론적 작업은 물론 양질의 자료들의 자원을 전제로 이루어진다.

인류학 연구의 세 번째 계기는 엄밀한 의미에서의 인류학적 단계라 할 수 있다. 그것은 통시태 또는 공시태의 관점에서 보편적으로 유효한 결론들을 정식화하는 것을 목표로 삼고 있는 상보적 종합의 과정을 가동시킨다. 즉, 그것은 인간에 대한 전반적 지식을 목표로 삼는다. 레비스트로스의 이론적 성과 가운데, 이 같은 인류학적 발견에는 근친상간의 금기라는 규칙과 여성들의 교환 의무(즉 친족의 교환)와 같은 보편적 성격을 밝혀내는 작업을 언급할 수 있을 것이다. 그는 『친족의 기본 구조들』에서 인류학적 연구가 긍정적인 보완 작업이라는 점을 강조하고 있다. 특히 그는 민족학이 시도하는 것이 첫 번째 종합이라면, 인류학이 시도하는 두 번째 종합은, 프랑스 사회과학계에서는 영미권의 인류학계에 견주어, 상대적으로 홀대를 받거나 그 가치를 충분히 인정받지 못했다는 비판을 개진한다. 이 같은 맥락에서 레비스트로스는 1960년, 프랑스 학자들의 최고의 전당인 '콜레주드프랑스'의 석좌교수로 임명되었을 때, 그의 석좌직 강의명을, '사회인류학'이라고 명명한 바 있다.

민족학은 제 문화 사이의 닮음이 아닌 그것들의 차이에 대한 연구를 통해 인간을 인식하기를 소망하는 데 있다는 점에서 특화된다. 더 정확히 말하면, 민족학은 차이들 이면에 존재하는 유사성들을 찾고자 노력한다. 민족학자가 채집하고 상이한 민족끼리 서로 비교하는 제반 사회적 관계들, 제도들, 신앙들과 풍습들, 예술들과 기술들의 다양성은 처음 보면 임의적이고 마구잡이식으로 뒤섞여 있는 것처럼 나타나나, 이 모든 것은 그 표현 방식의 다원성의 이면에서 인간 정신의 몇몇 구조의 영속성과 보편성을 반영하는 일반적 법칙들에 따라 질서화된다. 주목할 점은, 이 같은 규칙성들을 가장 잘 계시해 주는 것은 가급적 머나먼 곳의 동떨어진 사회들을 관찰함으로써 실현된다는 점이다. 바로 이런 이유에서, 레비스트로스는 민족학을 하나의 관점, 원근법, '낯설게 하기의 기술'로서 정의한 바 있다. 인류학이 외부에서 바라본 문화의 과학이라면, 민족학은 민족들ethnos을 그 다양성 속에서 연구하는 학문으로서, 인간 일반anthropos을 연구하는 인류학과 밀접한 관련성을 맺고 있는 것이다.

바로 그런 이유에서 인류학은 휴머니즘(인본주의)의 마지막 얼굴로서 간주될 수 있는 것이다. 인간성과 인류라는 영역의 이 같은 확장과 그 같은 인간 본성을 인식하기 위한 수단들의 갱신은 근대 인류학의 생성뿐만 아니라 그 기원과 직결된 도덕적 차원을 취하고 있다. 주지하는 바와 같이, 인류학은, 인류의 한 부분의 다른 부분에 대한 지배로부터 탄생한 폭력의 시대의 부산물이라는 태생적 원죄가 있으며, 다른 한편으로는 그것이 연구하는 머나먼 다른 곳의 제 사회가 언어의 소멸과 더불어 가까운 시일 안에 급속하게 사라져 가고 있는 슬픈 현실에 직면하고 있다. 그 결과 레비스트로스는 인류학을 일러, 서구의 휴머니즘을 인간성의 척도로 확대시키기 위해 르네상스를 갱신하고 그것의 원죄를 속죄하기 위한 시도로서 정의한 바 있다.

바로 이런 의미에서 레비스트로스의 시각에서, 민족학은 19세기 말부터 하나의 학문으로서 수립되려는 모색을 해 왔던 근대에 국한된 학술 분야로 환원되지 않는다. 그는 그 기원을 16세기로 소급시키고 있으며, 그 같은 맥락에서 민족지학적 호기심과 자신들이 살고 있던 16세기와 17세기의 비판을 절묘하게 결합시켰던 몽테뉴, 라블레 등을 인용하고 있다. 특히, 민족학의 이 같은 계보 차원에서 레비스트로스가 자신과의 친화성을 느꼈던 인물은 그보다 400여 년 앞서 브라질을 여행했던 장 드 레리Jean de Léry(1536-1613)로서, 그가 쓴 『브라질 땅에서 행한 여행*Histoire d'un voyage faict en la terre du Brésil*』(1578)이 민족학 단행본 연구서의 최초의 모델과 민족지학 문헌의 걸작을 제시했다고 레비스트로스는 적고 있다. 그러나 루소야말로 단연 레비스트로스의 새로운 가치 매김을 통해, 근대 민족학의 실제적·이론적 차원 모두에서 가장 결정적 공헌을 한 인물이라 할 수 있다. 레비스트로스의 통찰에 의하면, 루소는 이미 근대 민족학에 고유한 연구 내상과 방법의 핵심을 정확히 포착했다는 것이다. 근대 인류학의 선구자로서의 루소 사상의 독창성은 이 책에서 10여 차례 이상 강조되고 있다.[15]

• 민족학의 대중화에의 기여

앞서 언급한 바 있듯이, 『슬픈 열대』는 민족학의 대중화 차

---

15 인류학, 민족학, 민족지학의 개념적 구별 및 현대 인류학의 계보와 경향에 대해서는, 다음 문헌 참조 *Dictionnaire Levi-Strauss*, *op. cit.*, pp.393-397, pp.37-87.

원에서 가장 즉각적이면서도 누구도 예상치 못했던 놀라운 파급 효과들을 만들어 냈다. 서정성이 물씬 풍기는 저자의 수려한 문학적 필치에 힘입어, 민족학의 지식은 민족학자들만이 누리는 상아탑의 전유물이 되는 것을 멈추고 단숨에 일반 독자의 품에 안길 수 있었다. 기본 교양과 호기심을 구비한 일반 대중이라면 누구라도 민족학자들이 추구했던 연구의 목적과 대상을 어느 정도 감지할 수 있게 되었고, 그들이 실제로 현장에서 실행했던 학문적 실천의 성격을 알게 됨으로써 민족학자들이 수행하는 작업들의 궁극적 의미와 가치를 깨닫게 되었다. 요컨대, 일반인들에게 당시까지 생소했던 민족학에 대해 친근감을 갖게 만든 모종의 학문적 개방 또는 확산이 『슬픈 열대』를 통해 이뤄진 것이다.

물론 이 같은 언급을 통해, 이 명저를 접한 일반 대중이 이 책의 단순한 대중화 효과를 통해 민족학 분야에서 요구하는 학문적 능력을 쉽게 갖추게 되었다는 주장을 펼치려는 것은 결코 아니다. 민족학과 인류학이라는 기존의 소수 전문가들의 독점적 영토가 빗장을 풀고, 다양한 인류학적 성과들과 정보들이 대중에게 확산되게 됨으로써 이루어 낸 소박한 성취를 환기시키고자 할 뿐이다. 이런 맥락에서 필자는 퍼뜩, 세계 최고의 인류학 박물관이라고 할 수 있는 파리 소재의 '케브랑리박물관'(아프리카 오세아니아 박물관)이 인류학 대중화의 그 같은 긍정적 산물이라는 생각을 해 본다. 이 점에서 이 박물관의 대형 강당 이름이 레비스트로스의 이름을 따서 명명되었다는 점도 시사하는 바가 크다. 어쨌거나, 이 책을 읽으면서 많은 독자가 처음으로 민족학자와 각종 신문 잡지를 가득 채우는 전문적인 여행 스토리텔러들을 구별할 수 있는 안목을 갖게 되었다는 점은 이 책의 소득이라 할 수 있다. 이 점에 있어 이 책을 통해 지자가 시도한 민족학의 대중화는 그가 질타한 가벼운 싸구려 이국풍의 어설픈 지식의 역효과에 대한 경계심을 심어 주는 데 일조했다고 말할 수 있다.

더 나아가, 『슬픈 열대』는 확실히 새로운 민족학자들을 배출하기 위한 수많은 소명의 탄생을 촉발시켰다. 이를테면 많은 학생이 클로드 레비스트로스를 모방하려는 꿈을 꾸었다. 하지만, 대부분의 경우 그들 젊은 학도는 민족학에 대한 막연한 로망을 품고 있는 데 머물렀을 뿐이며, 그 같은 위대한 작품이 요구하는 치열한 노력과 험난한 작업의 총량을 자각하지는 못했다. 어쨌건, 민족학에 대한 이 같은 취향은 민족학이라는 학문을 프랑스에서 당시 그 학문이 놓여 있던 상대적 어두움 또는 베일 속으로부터 벗어나게 만드는 데 기여했다는 사실만큼은 확실하다. 요컨대, 민족학의 대중화에의 기여라는 측면에서 『슬픈 열대』는 20세기 서구 지성사에서 결정적인 한 획을 그은 대작이었다는 점에 이의를 제기하는 경우는 찾아보기 어렵다.

레비스트로스는 평생 동안 학자로서 일생을 바쳤다. 그리고 이 책은 인간 레비스트로스라는 한 민족학자가 행한 여행들과 동시에 학술 탐사들을 소묘한 몇 개의 파편이라 할 수 있다. 이 같은 '여행 노트'는, 이를테면 그의 주요 저작인 『신화지』들과는 달리 전공 연구자들을 대상으로 학문적 업적을 수립하려는 목적을 설정한 것이 아니며, 이 여행기에서 그가 수놓은 서사와 사색의 편린들 그 자체가 위에서 제시된 이론적 구성 체계의 산물일 뿐이다. 바로 그런 이유에서 이 여행 노트들은 일반 대중의 눈높이에서도 흥미진진한 내용을 담고 있었을 뿐만 아니라, 전문가들에게도 학문적 설득력을 가질 수 있었다. 쉽게 말해, 학문적 심화와 학문 성과의 대중화라는 두 마리 토끼를 모두 잡은 것이다.

특히 학계의 특정 구성원들을 수신자로 국한시켜 채택된 전문 연구서의 객관적 글쓰기 규범에 견주었을 때, 덜 엄격하나 보다 큰 다양성과 개성을 구비한 독자적 스타일을 통해, 『슬픈 열대』는 때로는 우수에 사로잡히는가 하면, 명상에 몰입하고, 또 때로는 좌절과 실의에 빠져 고뇌하는 민족학자 레비스트로스가 장차 구축할 구조주의적 방법의 엄밀성을 견지하면서도, 원시적인 원주민들에 대한 동감과 우정으로 가득 찬 한 선량한 학자, 이들 원주민의 삶, 기쁨과 고통의 여과 없이 분출된 표현에 귀를 기울이는 한 인간의 참모습을 보게 만들었다. 인류학의 대가가 구사하는 그 같은 문학적 글쓰기가 선사하는 즐거움과, 그의 말과 행동에 배어 있는 인간적 따스함은 그 작품의 진중함만큼이나 이 책의 독보적 가치를 만들어 낸다. 요컨대 민족학자 레비스트로스와 인간 레비스트로스는 이 책에서 하나로 결합되어 과학적 인식의 구조주의적 합리성이 한 인간의 친절함과 함께 조화롭게 겸비되는 것을 보여 주고 있다. 레비스트로스라는 저자의 이 같은 이중적 윤곽을, 우리는 앞서 언급한 그의 최고 역작이라 할 수 있는 『신화지』의 제4권 『벌거벗은 인간』의 마지막 줄을 나란히 놓고 읽어 보면 보다 더 깊이 있게 이해할 수 있을 것이다. 그 요지는 인류에게 생태학적 겸손을 주문하는 다음과 같은 언설이다. "인간에게는 살고, 투쟁하고, 사유하고, 믿고, 특히 용기를 가져야 할 과제가 있으나, 결코 인간이 대지에서 저 머나먼 과거에는 현존하지 않았다는 명약관화한 사실을 내동댕이쳐서는 안 될 것이다."

• 학문적 업적과 대중적 저서의 이분법을 넘어서

『슬픈 열대』는 전문 학술서에 첨가된, 학자들이 이따금 전공 연구 이외의 관심에 시간을 쏟는, 이를테면 학문 영역을 벗어나 외도를 한다고 비아냥을 받는 부수적 저서들에 속한다고 말할 수 있다. 그렇지만 그 같은 이차적 범주의 저서들은, 보다 시적이고 보다 주관적인 접근법에 의해 다른 저서들과 구별된다. 그렇지만, 드밴느 교수에 의하면, 『슬픈 열대』의 본질은 전문 학술저서에서 다소 무미건조하게 설명되는 지식을 대중화시켰다는 데 있는 것이 아니다. 『슬픈 열대』에서 다루어진 다른 현실들을 주목할 필요가 있다. 저자는 이 책에서 한 사회의 연구는 단지 사실들의 분석만이 아니라, 특정 분위기, 특정 기후에 대한 지식을 필요로 한다는 점을 주목했다. 대중을 겨냥한 '두 번째 부류의 책'은 바로 이 같은 특정 사회의 고유한 분위기를 다시 살려 내려는 시도를 한 것이다.

레비스트로스 자신은 『슬픈 열대』와 그가 그 이전에 출판했던 저서들[16] 사이에 있는 본질적 차이를 인정하고 있다.

"나의 여행들에 관한 이야기를 들려준다는 생각은 결코 나에게 떠오른 적이 없었습니다. 그런데, 당시 내가 가로지르고 있던 학문의 여정 단계에서, 결코 대학에서 자리를 잡을 수 있는 미래가 없다고 확신했기 때문에, 그 같은 기획은, 단 한 번 정도, 별다른 조심함이 없이, 내 머릿속에 떠오르는 모든 것을 글로 쓰고, 말로 내뱉으려는 시도를 하게 되었습니다. … 내가 보기엔 가능한 한 가장 짧아야 할 막간의 시간을 이용해 나의 본래 연구 작업을 잠시 중단시켜야 했던 것으로 보였습니다. 나는 학문에 맞서

---

16 두 권의 연구서를 손꼽을 수 있다.

1. Claude Lévi-Strauss, *La Vie familiale et sociale des Indiens Nambikwara*, Paris: Société des Américanistes, 1948.
2. Claude Lévi-Strauss, *Les Structures élémentaires de la parenté*, Paris: PUF, 1949.

죄를 지었다고 생각했습니다."[17]

그렇다면 이 같은 정식 학문 이외의 다른 분야에서 생산된 '이차적 저서(이를테면 곁다리 서적)'와 모종의 학문적 엄정성 사이의 관계가 무엇인지를 자문하는 것이 중요할 것이다. 그 같은 대중적 저서는 전문 학자가 추구해야 할 순수 학문 방향에 견주어서 일탈을 성립하는 '반-저서'인가, 아니면 자신의 전공 영역을 떠나지 않은 채, 보다 많은 독자에게 다가설 수 있도록 해줄 수 있는 가독성의 확보를 위한, 해당 학문의 재정식화를 겨냥한 것인가, 아니면 학문을 보다 더 넓은 세계 속에 통합시키려는 노력으로 봐야 할 것인가? 이 더 넓은 세계는 이를테면 한 사회의 연구를 민족학자가 깊이 빠져 있는 풍토, 즉 그가 속한 환경과 분위기로 확장시킬 수 있는 보다 광범위한 학문의 세계를 말한다. 요컨대 '이차적 저서'는 나름대로의 인식론적 파급 범위를 갖고 있으며, 학문(과학)이 문학을 통과해야 할 필요성

---

17 Claude Lévi-Strauss, *De près et de loin*, entretien avec Didier Éribon, Paris: Odile Jacob, 1988, pp.86-87.

을 밝혀 놓고 있는 것으로 해석될 수 있다.[18]

• 프랑스어 판본

『슬픈 열대』의 프랑스어 판본들은 다수이며, 대표적으로 3종의 판본을 손꼽을 수 있다. 최초 판본은 1955년 플롱 출판사에서 인쇄된 판본이며, 그다음으로 가장 많이 인용되는 판본은 판형을 축소해서 재인쇄한 1984년 판본이고, 세 번째는 앞서 언급한 플레야드 총서의 판본이다.[19] 필자는 이 가운데 가장 정확한 교정 작업을 거친 세 번째 판본의 쪽수를 표기함과 동시에 가장 많이 보급된 문고본의 쪽수를 괄호 속에 표기했음을 밝혀 둔다. 본문에서 제시된 모든 인용문은 필자가 원문과 대조하며 직접 번역한 것이다.

1. Claude Lévi-Strauss, *Tristes Tropiques*, Paris: Plon,

---

18 이 점에 대해서는 다음 논문 참조. Pierre Campion, *op. cit.*, pp.325-359.

19 이 밖에도 역사학자 피에르 노라의 서문을 싣고 있는 1950년 출판된 단행본도 존재한다. Claude Lévi-Strauss, *Tristes Tropiques*, une nouvelle édition, Paris: France-Loisirs, "Bibliothéques du XXe siecle", 1990.

coll. "Terre Humaine", 1955, 494p.

2. Claude Lévi-Strauss, *Tristes Tropiques*, Paris: Plon, Pocket, 1984, 505p.

3. Claude Lévi-Strauss, *Œuvres*, Paris: Gallimard, coll. "Bibliothéque de la Pléiade", 2008, 445p.

3장
저서 전체의 세부 주제 분석[20]

1. 프랑스로부터 남아메리카까지

제1부 "여행들의 종언La fin des voyages"[21]을 구성하는 이 책의 처

---

20 『슬픈 열대』의 세부 장들에 대한 분석은 다음 두 개의 문헌을 참조했다.

1. Jean Askénazi et al., *Analyses et réflexions sur Lévi-Strauss:* "Tristes Tropiques", *l'autre et l'ailleurs*, Paris: Ellipses-Marketing, 1992.
2. Louis Porcher, "Tristes tropiques", *Lévi-Strauss: analyse critique*, Paris: Hatier, 1979.
   이 외에도 레비스트로스가 직접 참석해서 이 책을 주제로 제작된 영상물과 음반 악보도 출판된 바 있다.
3. Jean-Pierre Beaurenaut et al.(réal.). *À props de Tristes tropiques* [Images

음 4개의 장들은 프랑스어 원문에서 대략 170쪽에 이르며, 클로드 레비스트로스의 민족학적 소명의 여러 기원과, 그를 학술 탐사의 머나먼 장소로 이끌고 간 여행들의 개인적 사연과 당시의 감회를 자세히 들려주고 있다. 이 부분은 브라질 원주민들과의 접촉과 체류 경험을 묘사하는 중반부에 선행하는 초반부에 해당된다. 이들 4개의 장(1장 "출발", 2장 "선상에서", 3장 "서인도제도", 4장 "권력의 추구")에서 그가 묘사하는 여행은 상대적으로 고전적 의미에서의 여행들로서, 민족학자들이 아닌 서구의 평범한 일반인들이 2차 대전 이전에 행했던 여행들이다. 즉, 그가

---

animées], Claude Lévi-Strauss, participant, Maurice Garrel, voix, Paris: les Films du village, 1991.

4. Georges Aperghis, *Tristes tropiques* [Musique imprimée], Paris: Durand, 1994. (음반 악보)

21 프랑스어 단어 fin은 '끝', '종언'이라는 의미 이외에도, '목적'이라는 의미를 갖고 있는데, 이 장을 곱씹어 읽어 보면, 상투적이고 대중 영합적인 아무런 가치가 없는 기존의 여행에 대한 비판을 가하고 있다는 차원에서 여행들의 종언이라는 의미와 동시에, 여행의 참된 목적을 새롭게 되새김할 필요성을 시사하고 있다는 점에서 '목적'으로 해석할 수 있는 가능성도 있다. 참고로, 영어 번역본에서는 'An end to journeying'이라는 제목을 선택함으로써, 전자의 의미로 국한시키고 있다.

들려주는 여행담은 일정 양상에 있어 민족학자와 우리 모두 사이에 존재하는 공통점을 지니고 있다. 이 책의 첫 장 "출발"의 서두를 장식하는 문장은 이 책을 언급할 때 약방의 감초처럼 가장 많이 인용되는 매우 유명한 구절이다.

"나는 여행들과 탐험가들을 증오한다."[22] 20세기 최고의 인문 여행기의 첫 단락으로서는 매우 이례적이다. 다소 과격하게 표현하면 독자를 단숨에 대경실색하게 만드는 도입부 표현이라 할 수 있다. 레비스트로스는 이렇게 말한다. 독자들에게 그의 인류학 탐험들에 대한 이야기를 들려주기 전에 오랜 시간 주저

---

22 Claude Lévi-Strauss, *Œuvres*, *op. cit.*, p.3. 이후로는 프랑스 원전 표시 없이 곧바로 쪽수로 표기한다. Claude Levi-Strauss, *Tristes Tropiques*, Paris: Plon, Pocket, 1984, p.9. 이후로는 두 번째 판본 쪽수는 괄호 속에 표기한다. C. 레비스트로스 지음, 박옥줄 옮김, 『슬픈 열대』, 한길사, 1998, 105쪽. 앞으로는 번역본으로 약칭한다. 독자의 참고를 위해 한국어 번역본 쪽수를 제시한다. 그러나 본서에서 제시된 모든 번역문은 필자의 것임을 밝혀 둔다. 이 명저의 중요성을 감안하건대, 프랑스 언어의 깊이와 의미를 한국 독자들에게 정확히 전달해야 한다는 번역의 소명이라는 차원에서 재번역이 되었으면 하는 바람이다. 그만큼, 이 책의 어휘적 다채로움, 의미론적 밀도와 두께, 사상적 깊이 등은 프랑스어 인문학 저서를 수십 년 동안 연구해 온 전문가들에게도 넘기 어려운 큰 산이라 할 수 있다.

했노라고. 실제로 모든 여행기는 모험의 향기를 갖고 있는데, 그런 향기는 "민족학자의 직업에서는 차지할 자리가 없다"[23] 라고.

그렇지만 이런 위조된 여행 또는 이따금 솔직하긴 하나 흥밋거리가 없는 여행 장르는, 대중들에게서 큰 성공을 거둔다. 레비스트로스는 "이제는 탐험가가 되는 것이 하나의 직업이다"[24] 라고 세태를 힐난하고 있는데, 그가 보기에 그런 상투적인 대중 영합적 여행기들은 사람들이 싸구려 이국풍에 대해 갖는 취향에 기대어, 쓸모없는 장광설들을 포함하고 있기 때문이다. 레비스트로스의 관찰에 의하면 1935년경, 사람들은 그가 이 책을 쓴 1950년대 중반에 비해 훨씬 덜 여행을 했고, 여행가들이 이국풍의 사진을 보여 주던 파리의 플레옐Pleyel극장은 더 한산했다.

그의 기억에 의하면 1930년대까지만 해도 자연과학의 주제를 다룬 강연들은 식물원의 냉기가 흘러나오는 낡은 구닥다리

---

23 p.3(p.9), 번역본 105쪽.

24 p.4(p.10), 번역본 106쪽.

강의실에서 이루어졌으며 그곳에 모인 사람들의 숫자는 극소수였다. 당시 유명 교수였던 뒤마Georges Dumas를 그곳에서 마주칠 수 있었는데, 레비스트로스는 그의 학생이었으며 그는 브라질에서 체류한 바 있었다. 하지만 레비스트로스는 뒤마 교수가 브라질에서 부동산 소유자들만을 목격했을 뿐, 상파울루대학을 세우는 데 어느 정도 기여를 하긴 했으나, 그 나라를 특징짓고 있던 주요 사회적 문제들의 어느 하나도 자각하지 못했다고 꼬집는다.

2장은 "선상에서En bateau"[25]라는 제목을 달고 있다. 레비스트로스는 남아메리카를 향한 여행들이 선박을 통해 이루어졌으며, 특히 자신처럼 공식적인 임무를 띠고 출항했던 사람들에게는 "놀랄 만한 사치luxe inouï"와 쾌적함 속에서 이루어졌음을 회고한다. 여러 난관을 헤치고 실현된 그 여행은 "경이로운 횡단traversées merveilleuses"[26]이었다. 그가 대망의 아메리카를 향한 여객선에 승선했던 1941년 당시, 유대인들에 대한 독일 나치 정

25 pp.8-16(pp.16-24), 번역본 114-125쪽.

26 p.9(pp.16-17), 번역본 114-115쪽.

권의 박해는 다른 곳과 마찬가지로 프랑스에서도 최고 절정에 이르렀다. 그 같은 열악한 상황에서 대서양을 횡단하기 위해 미국 비자를 획득하는 것은 매우 까다로운 심사를 통과해야 했다. 레비스트로스는 마침내 미국으로 출발할 수 있는 기회를 얻게 되는데, 난민보호소에서 머물거나 운이 좋으면 일자리도 찾을 수 있었다. 미국으로 향하는 여객선에서, 그는 당시의 유명한 학자들과 예술가들을 만나는 행운을 얻는다. 그 가운데 초현실주의 작가 앙드레 브르통, 빅토르 세르주Victor Serge 등이 대표적 인물로 손꼽힌다. 그 해상 여행에는 긴 시간이 소요되었고, 특히 당시 대서양은 전쟁 상황이라 누구도 안전을 담보할 수 없었다. 그 여행 기간 동안 그가 겪은 일상의 불편함은 일일이 열거할 수 없을 정도였으며 심지어 제때 몸을 씻는 것조차 매우 어려운 상황이었다. 전쟁의 위험은 심지어 선박들 위에서도 몸으로 느낄 정도였다. "마침내 사람들은 더 이상 잠자리에 들 수 없게 되었다."[27] 그 정도로 난민선이나 다름 없었던 선박 여행은 과거의 일상에서는 평범했던 최소한의 행동조차

27 p.13(p.21), 번역본 121쪽.

복잡한 문제를 일으킬 수 있는 형국이었다.

마침내, 한 달 정도가 경과했을 무렵, 폴르메를르 선장호는 마르티니크공화국의 포르드프랑스Fort-de-France에 도착하게 된다. 모든 사람이 목욕을 할 수 있을 것이라는 바람으로 부풀어 있었으나, 정작 그곳엔 목욕탕이라곤 거의 찾아볼 수 없었다. 그때의 상황을 레비스트로스는 다음과 같이 서술하고 있다. "이 같은 물 치료법(목욕)에 대한 꿈은 4세기 동안 이뤄진 식민지 통치로부터 기다릴 수 있었던, 문명화된 쾌적 시설에 대한 과도하게 낙관적인 견해를 은연중에 비치는 것이었다."[28] 당연히 있을 것이라는 기대와 달리 목욕탕은 희소했으며 더구나 승객들은 어렵사리 외출을 허락받고는 일종의 수용소 같은 곳에서 야영을 할 수밖에 없었다. 이 가운데 극소수만이 호텔에서 머무르는 특혜를 누렸는데 레비스트로스는 운 좋게 이 무리에 끼었다.

3장의 제목은 "서인도제도"[29]이다. 포르드프랑스에서의 중간

28 p.14(p.22), 번역본 122쪽.

29 pp.16-24(pp.25-34), 번역본 126-137쪽.

기착의 체류 기간은, 당시에 다반사였던 행정상의 복잡한 사안들로 인해 예상한 것보다 약간 더 연장되었다. 며칠 만에 마침내 자신들의 협소한 야영 공간에서 해방된 여객선 승객들은 그곳을 돌아보며 따분한 시간을 소일하고 있었다. 여행을 계속할 수 있도록 해 줄 수 있는 교통편과 당국의 허가를 기다리면서 "우리는 산타크루스데라시에라의 길거리들에서 하릴없이 무기력하게 시간을 보냈다"[30]라고 묘사되고 있다. 마침내, 레비스트로스는 포르토리코Porto Rico(푸에르토리코Puerto Rico의 옛 이름)를 향해 "스웨덴의 바나나 운반선"에 승선한다.[31] 그리고 목적지에 도달하자, 미국 경찰은 그가 가방 속에 갖고 있던 작업 서류들의 내용을 트집 잡아 그를 골치 아프게 했다. 경찰 요원들은 그 노트가 특정 암호로 작성된 것이라고 의심했기 때문이다. 다행히 FBI의 검사관-통역사 덕분에 문제는 곧 해결된다. 어쨌건, 저자는 포르토리코에서 "최초로 미국과 접촉하게 되었다"[32]고 서술하며, 그 최초의 만남의 분위기를 이렇게 묘사하고 있

---

30 p.19(p.28), 번역본 130쪽.

31 p.22(p.31), 번역본 133쪽.

32 p.23(p.33), 번역본 136쪽.

다. "나는 난생 처음으로 부드러운 자동차 니스 냄새와 철쭉잎에서 채취한 차(**캐나다차**茶라는 이름으로도 불린다) 향기를 맡아 보았다. 이 둘은 우리가 후각으로 감지할 수 있는 것들의 양극단으로서, 이들 사이에 '미국식 안락'의 종류들을 아우르는 전 범위—자동차에서부터 라디오, 사탕 및 초콜릿류, 치약을 거쳐, 화장실에 이르기까지— 가 배열되어 있다."

4장 "권력의 추구"[33]는 현대 문명의 오염에 대한 비판과 비관이 피력되는 의미 있는 내용을 다수 담고 있다. 그는 20세기 중반기에 접어들어 대발견들과 탐험이 그것들의 본래의 의미를 상실했다는 점을 토로한다. "여행들이여, 꿈같은 약속들을 담고 있는 마법의 상자들이여, 그대는 이제부터 더 이상 그대의 보물들을 흠결이 없는 상태로 넘겨줄 수 없을 것이다. 팽창적이고 과도하게 흥분한 어떤 문명이 바다의 침묵을 영원히 동요시키리라."[34] 그가 목격하는 것은 적도의 자연과 인간들이 오늘날 서구의 산업, 관료주의적, 군사 문명에 의해 회복 불가능

---

33 pp.24-33(pp.35-44), 번역본 138-150쪽.

34 p.25(p.36), 번역본 139쪽.

할 정도로 오염되고 있다는 사실이다. 오늘날 "콘크리트로 파묻힌 폴리네시아 섬들이 남쪽 바다들의 밑바닥에 무겁게 정박한 항공모함들의 모습으로 탈바꿈한 곳, 아시아 전체가 병약한 지대의 얼굴을 띠고 있는 곳, 판자촌들이 아프리카를 침식하고 있는 곳…."[35] 모든 것은 침식되고, 획일화되고, 초토화된다. 경작지들 전체가 변형되고 더럽혀진다. "여행들이여, 이제 그대가 우리에게 무엇보다 먼저 보여 주는 것은 인류의 면전에 투하된 우리 자신의 오물이다."[36] 훼손되어 가는 지구촌에서 역설적으로 왜 사람들이 여행기라는 흔해 빠진 이 같은 기만을 좋아하는지 그 이유를 이해할 수 있게 된다. 이들 여행기는 실제로 사실상 사라진 것이 남아 있을 것이라는 환상을 심어 줄 수 있기 때문이다. 그렇지만 이들 여행기는 본질적 현상을 감추고 있다. "인류는 현재 단일 재배에 안주하고 있다. 인류는 마치 사탕무를 재배해 내듯 문명을 대량생산할 채비를 하고 있다."[37] 우리는 더 이상 "진정한 여행들"의 시대에서 삶을 영위하

35 p.25(p.36), 번역본 139쪽.

36 p.26(p.36), 번역본 140쪽.

37 p.26(p.37), 번역본 140쪽.

지 않는다.[38]

우리가 알고 있는 여행들은 단지 불순하고, 타락한, 착각을 일으키는 헛된 대용품을 성립할 뿐이다. 레비스트로스는 과거에 볼거리 광경은 아직 날림도 아니었고, 전염되지도, 가증스럽지도 않았으나, 오늘날에는 그렇게 되었다고 안타까워한다. 이 대목에서 레비스트로스는 그의 표현을 빌리자면, 그를 마비시킨 여행의 인간학적 딜레마에 대한 심오한 사상을 펼치고 있다.

제2부의 제목은 "여행 이동 계획표Feuilles de route"이다.[39] 총 3개의 장을 싣고 있는데(5장 "과거를 돌아보기", 6장 "어떻게 민족지학자가 되는가", 7장 "석양"), 이 세 개의 장 모두가 빼어난 글들이나 특히 6장과 7장, 두 개의 장은 『슬픈 열대』의 백미로 손꼽히고 있다.

5장 "과거를 돌아보기"[40]에서 레비스트로스는 그로 하여금 민족학자의 삶의 길을 열어 준 열쇠들을 독자들에게 공개한다. "내 삶의 이력에 변화를 가져다준 운명의 주사위는 1934년 아

---

38 p.31(p.42), 번역본 148쪽.

39 pp.34-57(pp.45-74), 번역본 151-187쪽.

40 pp.34-38(pp.47-51), 번역본 153-159쪽.

침 9시, 어느 가을 일요일에 한 통의 전화로 던져졌다."[41] 그의 은사가 이제 막 설립된 상파울루대학의 사회학과 교수직을 제안했던 것이다. 그것은 청년 레비스트로스에게 브라질 내륙에서 원주민들과 접촉할 수 있는 최초의 기회를 얻었다는 것을 의미했다.

이어지는 6장 "어떻게 민족지학자가 되는가"[42]에서 그는 자신이 소르본대학에서 어떤 조건들 아래 별다른 어려움 없이 우수한 성적으로 철학 공부에 성공할 수 있었는가를 다소 냉소적인 어조로 서술한다. 그는 가차 없이 강단 철학의 전통적 교육 메커니즘과 수사학적 부정적 양상들을 여과 없이 까발린다. 이를테면 명제, 반명제, 종합 등의 세 부분으로 이루어지는 철학 논증은 언제나 상이한 것으로 보일지라도, 실상은 판에 박힌 것이고 사실상 동일한 것이다. 흥미로운 점은 아이러니하게도 바로 그 같은 논증 방식이 그에게 날카로운 공격 수단으로 사용되어 기존 철학의 교육 방식에 대해 투박한 충격을 가할 수 있

41 p.34(p.47), 번역본 153쪽.

42 pp.38-49(pp.52-64), 번역본 160-175쪽.

는 기회를 제공하고 있다는 사실이다.

그 같은 힐난의 몇 토막을 옮겨 본다. "이 같은 철학 논증 연습들은 곧장 말에 그치고, 성찰의 자리를 취하는 말장난 기술에 토대를 둔다. 소르본대학에서 보낸 5년은 이 같은 말 훈련 체조의 학습으로 환원되고, 그렇지만 그 같은 말 훈련의 위험성들은 자명하다."[43] 철학에 대한 이 같은 비판은 나중에 가서 레비스트로스 이외의 다른 사람들에 의해서 재론된다. 청년 레비스트로스는 이 같은 철학적 논증 활동에 신물이 났고 마침내 그는 "마치 구원의 널빤지에 매달리듯, 민족학에 매달리"[44]게 된다.

그의 주장에 의하면 민족지학은 실제로 그의 인생 궤도에서 노동과 취향을 화해시키는 것을 가능케 했고, 또는 직업과 소명을 화해시켜 주었다. 바로 그 같은 이유에서, 레비스트로스에 따르면, 민족지학은 수학과 음악과 함께, 진정한 소명에 상응할 수 있다는 공통점을 소유한다. 즉, 교육을 통해 우리에게

---

43 p.39(p.53), 번역본 161쪽.

44 p.40(p.54), 번역본 163쪽.

취향이 주입되지 않은 채로, 자아에게서 순간적으로 그 같은 취향을 발견할 수 있게 된 것이다. 더 나아가, 레비스트로스는 그의 청년기부터 늘 지질학에 큰 관심을 가졌으며 친밀감을 느꼈는데, 그는 지질학이 그것의 독창적 방법을 통해 민족학 그 자체와 강력하게 결속될 수 있다고 서술하고 있다. 예컨대 하나의 경관은 표면상으로는 방대한 무질서의 모습을 드러내지만, 그 무질서 속에서 과학적 지식은 규칙성들, 상수들, 즉 법칙들을 도입하거나 다시 발견하는 데 있다. 지질학에서 실천하는 그 같은 과학적 태도는 민족학의 방법론과도 일맥상통한다는 것이 그의 주장이다. 그 근거는 민족학에서 핵심은 어떤 연관성도 없어 보이는 산더미 같은 데이터들 속에서 일정한 분류와 질서를 갖다 놓는 작업이라는 데 있다.

바로 이 같은 삶의 반전을 가져다준 우연한 사건들을 서술한 후, 레비스트로스는 브라질로 향하는 배에 승선하기 위해 1935년, 마르세유에 도착한다. 7장 "석양"[45]에서 그는 대서양 한가운데서 펼쳐진 석양의 심오한 환희를 체험하고 그 기쁨을 독

---

45 pp.49-57(pp.65-74), 번역본 176-187쪽.

자와 나누고 싶어 한다. 특히, 새로운 것과 변화에 대한 매료, 마침내 자신의 주요 취향들과 일치하는 직업을 실천할 수 있다는 희망 등을 묘사하고 있다. 이렇듯 레비스트로스가 경험한 최초의 선상 여행은 그에게 있어 실존의 진정한 변형, 다른 삶에로의 진입을 표상한다.

제3부 "신세계"[46]는 모두 4개의 장들로 이루어져 있으며, 8장 "적도 무풍대", 9장 "구아나바라", 10장 "열대 통과", 11장 "상파울루" 등이다.

8장 "적도 무풍대"[47]에서 표출된 문화적 참조들은 매우 풍성하다. 브라질로 그를 이끌고 가는 배 위에서 저자는 스페인의 정복의 역사와 크리스토퍼 콜럼버스와 관련된 편린들을 상기시켜 준다. 레비스트로스는 한창 젊을 때 민족학자의 삶을 시작하는 데서 느끼는 자신의 기쁨을 묘사하는 특이한 서정성에 도달한다. "원주민들, 몽테뉴, 루소, 볼테르, 디드로를 통해 그 사례는 학교가 나에게 자양분을 제공한 실체를 풍요롭게 해 주었

46 pp.58-93(pp.75-117), 번역본 189-239쪽.

47 pp.58-66(pp.77-86), 번역본 191-203쪽.

다. 후론족Hurons, 이로쿼이족Iroquois, 카리브족Caribs, 투피족Tupi, 그리고 이제 내가 있다."[48] 대탐험 시대에 사람들이 그렇게 말했듯, 신세계에 도착한 것을 레비스트로스는 일종의 근원에로의 귀환으로서 체험한다. 그는 크리스토퍼 콜럼버스를 염두에 두고 있는데, 왜냐하면, 레비스트로스는 그의 흔적들 위를 걷고 있다는 점을 스스로 의식하고 있고, 새로운 어떤 삶과 고향의 발견을, 혼자서 다시 행한다는 점을 의식하고 있기 때문이다. 무엇보다 놀라운 것은 아메리카 대륙의 광활함과 방대함이다. "이 같은 거대함의 인상은 고유하게 아메리카에 속하는 것이다. 그것을 시골과 마찬가지로 도시들에서, 도처에서 느낀다."[49] 아메리카를 이해하기 위해서는, 심지어 간단하게 말해 아메리카를 지각하기 위해서는 지각과 감성의 주파수를 변경해야 하고, 우리가 타성적으로 공간을 식별해 왔던 스케일을 변형시켜야 한다. 신세계는 약간은 숨 막히게 만들 정도의 어떤 북적거림이고, 풍요와 증식이며, 어마어마하게 큰 나라이다.

48 p.63(p.83), 번역본 198쪽.

49 p.65(p.84), 번역본 200쪽.

9장 "구아나바라"[50]에서 레비스트로스는 유럽인들(특히 칼뱅주의 신도들)이 1555년 구아나바라만, 리우데자네이루에 도착한 역사적인 한 폭의 그림을 수려한 필치의 큰 획으로 소묘한다. 그것은 레비스트로스에게 있어 자신이 리우시에 입성할 때, 그의 뇌리를 감싸고 있던 추억이라 할 수 있다. 브라질 도시가 보여 주는 유럽과의 외적인 차이들은 그의 눈에 선명하게 들어온다. 유럽의 대도시들과 달리, 길거리는 단순한 이동 장소가 되기를 멈춘다. 브라질의 길거리는 사람들이 서로 부대끼고 토론을 벌이고, 친교를 나누며, 일과의 중요한 부분을 살아가는 장소를 성립한다. 특히 이 장에서 레비스트로스는 여행의 본질에 대한 심오한 통찰의 씨앗을 파종한다. "일반적으로 사람들은 여행들을 공간 속에서의 이동으로서 파악한다. 그것은 매우 부분적인 파악이다. 하나의 여행은 공간, 시간, 그리고 사회적 위계 속에 동시 발생적으로 각인된다."[51] 이 같은 통찰은 브라질에 하선할 무렵 사람들이 즉각적으로 느꼈던 감정에서 비롯된

---

50 pp.67-75(pp.87-96), 번역본 204-216쪽.

51 p.72(p.92), 번역본 211쪽.

것이다. 여행을 하면서 사람들은 어쩔 수 없이 사회적 위상을 변화시킬 수밖에 없다. 즉, 집단적 위계의 단계들에서 자신의 신분이 상승하거나 하강하는 경험을 하게 된다.

한편, 레비스트로스는 도시들이 살아 있는 생물과 같다는 점을 의식하고, 도시들의 일부분은 사멸하고 다른 부분들은 다시 태어난다는 사실을 체감한다. 또한 모든 도시가 동일한 존재 방식의 주기를 따르지 않는다는 점을 깨닫게 된다. 바로 그런 이유에서, 레비스트로스는 1935년, 리우데자네이루에서 "이국적이라기보다는 한물간"[52] 양상을 발견한다. 공간 속에서의 이동은, 비록 그것이 참이 아닌 것을 알지라도, 시간 속에서의 전이가 된다. 풀어 말해, 여행을 통해 사람들은 시대를 바꾸어 산다는 인상을 갖게 될 수 있다. 이런 이유에서 처음 방문한 여행지에서 갖게 되는 낯선 느낌은 공간적이면서 동시에 시간적 차원 모두에 걸쳐 있다.

제10장 "열대 통과"에서 레비스트로스는 브라질을 종주하며 지형과 풍경을 상세히 묘사하고 있다. 리우데자네이루와 산투

---

52 pp.73-74(pp.94-95), 번역본 213-214쪽.

스Santos 사이는 과거에는 당나귀에 짐을 싣고 산악 지방을 주파했던 곳으로, 황금, 다이아몬드, 그 밖의 희귀석이 풍부한 지역이다. 그러나 레비스트로스는 이곳에서 열대 여행으로부터 최초로 충격을 받았다고 고백한다.

"금으로 포식한 이후에, 세계는 설탕에 굶주렸다. 그러나 설탕은 그 자체가 노예들의 노동력을 소모하게 만들었다. 광산의 고갈, —그전에는 도가니에 가연성 연료로서 목재를 마련하기 위해 숲을 황폐화시켰다— 노예제의 철폐, 끝으로 전 세계적인 수요 증가는 상파울루와 그 항구인 산투스로 하여금 커피 생산으로 방향을 잡게 만들었다. 금은 황색에서, 그다음은 백색, 그리고 이제는 검은색이 되었다. 산투스를 국제적인 상업 중심지 가운데 하나로 만들었던 이 같은 변형들에도 불구하고, 그 거점 지대는 비밀스러운 아름다움을 간직하고 있다. 배가 서서히 섬들 사이를 헤치고 들어갈 때, 나는 열대에서의 최초의 충격을 바로 이곳에서 체험했다."[53]

53 pp.77-78(p.99), 번역본 229-230쪽.

특히 그는, 유럽에 견주어 가장 선명한 단절을 표시하는 브라질의 풍부한 식물군에 의해 압도당한다. 식물과 초목의 이 같은 변화무쌍함은 레비스트로스의 눈에는 풍경이 담고 있는 의미의 참된 변형을 발현한다. 브라질의 초목들은 일종의 심오한 메시지를 내보내고 있다. 4장에서 다시 언급하겠으나, 브라질의 풍경은 유럽의 여행가를 아연하게 만드는데, 그 이유는 브라질의 풍경을 접하는 유럽인은 자신이 익히 알고 있는 범주들 속에 그의 혼을 빼놓는 브라질의 풍경을 분류하는 데 이를 수 없기 때문이다.

"이곳의 숲은 잎과 줄기의 대조를 통해 유럽의 숲과 차이가 났다. 브라질의 나뭇잎은 더 거무칙칙하고, 그것의 녹색의 색조는 식물계보다는 광물계를 떠오르게 했으며, 광물계에서도 에메랄드와 감람석보다는 옥과 전기석을 연상시킨다. … 유럽보다 풍부한 초목들에서는 금속에서 잘려 나간 것처럼 줄기와 나뭇잎이 우뚝 솟아 뻗어 있었고, 그 정도로 초목들의 자태는 확고부동했고, 의미로 가득 찬 그것들의 형태는 시간의 시련으로부터 보호를 받고 있는 것처럼 보였다. 외부로부터 보면, 이 자연은 우리 유럽의 자연과는 다른 차원에 속한다. 그것은 현존성과 영속성에 있어 보다 높은 차원을 발현한다."[54]

레비스트로스에 의하면 브라질의 자연은 그 오염에도 불구하고 유럽의 자연에 비해 청정무구한 상태다. 물론, 브라질의 상태는 완전 황무지 상태는 아니었으나. 유럽에 비하면 인간의 개발 흔적이 덜했다. 레비스트로스가 제시한 일종의 비교풍경론에 의하면 브라질의 자연은 그 어떤 것에도 예속되지 않은 자유를 구가하는 아름다운 모습을 간직하고 있다.

11장 "상파울루"[55]는 상파울루의 풍경에 대한 상세한 묘사를 담고 있다. 신세계의 많은 도시처럼 상파울루는 레비스트로스에게 하양의 인상, 청결의 인상을 심어 준다. 무엇보다 상파울루는 유럽의 도시들에 견주어 새로운 도시이다. 불과 수십 년 전부터 놀라운 속도로 성장했기 때문이다. 그곳에서는 보들레르가 언급한 오래된 대도시 수도들의 가장 구불구불한 주름들

---

54 pp.78-79(p.100), 번역본 220-221쪽.

55 pp.82-93(pp.105-117), 번역본 226-239쪽.

을 찾아볼 수 없다. 그런데 레비스트로스는 대부분의 속견에 맞서 상파울루가 결코 추한 도시가 아니라는 점을 힘주어 강조한다. 그 도시의 아름다움은 단지 유럽 도시의 아름다움과는 다른 본질에 속할 뿐이다.

레비스트로스의 펜은 상파울루의 역사를 몇 개의 큰 획으로 요약하고, 그것의 지리적 상황을 치밀하게 묘사하고 있다. 그는 그 도시에 대해 자신이 직접 보고 있는 것만큼이나 그가 알고 있는 것에 기인해 형성된 이 도시에 대한 자신의 최초의 감각과 인상을 독자에게 건넨다. 이 최초의 여행은 그가 이 여행기를 집필하는 순간에 견주어 이미 20년 전으로 거슬러 올라가기 때문에, 그는 시간적인 준거들을 섞어 놓고 있으며, 특히 브라질이 도서관들, 대학들, 자료 센터들 등을 비롯해 주목할 만한 문화 시설들을 구비하게 되는 과정에서 보여 준 경이로울 정도의 신속한 속도에 주목한다. 반면 동일 시간대에 프랑스는 이들 영역에서 계속해서 갈수록 빈곤해졌다고 꼬집고 있다.

제4부의 제목은 "대지와 인간들"[56]이며, 모두 5개의 장을 싣

56 pp.94-140(pp.119-171), 번역본 241-311쪽.

고 있다. 12장 "도시들과 농촌들", 13장 "개척 지대", 14장 "마법의 융단", 15장 "군중들", 16장 "시장들"이 그것이다. 12장 "도시들과 농촌들"[57]에서 레비스트로스는 상파울루를 비롯한 브라질 대도시의 상황과 촌락들의 상황을 묘사하고 있다. 그는 먼저 교수 자격으로 상파울루대학에서 강의를 했던 덕분에 주말 동안 민족지학 연구에 몰두하는 것이 가능했음을 언급한다. 물론 여기서 그가 사용한 현장 조사 작업은 그저 그 도시의 근교와 변두리를 둘러보는 것을 말하는 것이 아니다. 왜냐하면, 이들 대도시의 근교 구역들은 원주민 거주 구역이 아니었으며, 이탈리아인들 또는 시리아인들이 살고 있었기 때문이다. 그리고 대도시 상파울루의 교외 지역에서는 독일인들과 일본인들의 후손들과, 다양한 국적의 사람들을 찾아볼 수 있었다. 그래서 민족지학의 연구를 위해서는 여러 여행 루트를 이용해 브라질 촌락의 내부를 관통해야 했다. 때로는 대상(카라반)들이 이용했던 옛 시절의 루트들을 이용할 줄도 알아야 했다. 이들 대상은 과거에는 커피, 설탕, 주류뿐만 아니라 소금, 밀가루, 채소도 실어

57 pp.95-107(pp.121-132), 번역본 243-259쪽.

날랐다.

1935년, 브라질의 대도시들은 누더기를 걸친 시골 농부들로 넘쳐났는데, 이들은 겨우 중세 유럽에 버금갈 만한 매우 초보적인 농기구들을 사용하고 있었다. 말라리아와 같은 다양한 질병들이 계속해서 창궐하고 있었고 이런 전염병이 촌락 주민들의 비천함에 보태졌다. 그러나, "큰 장이 서는 날들에 활기는 대단하고, 외딴 촌구석에 거주하는 수백 명의 고립된 농부가 그 기회를 누리기 위해 그들의 전 가족과 함께 자신들의 초라한 오두막집을 떠나 길을 나섰다. 그것은 큰마음을 먹고 떠나는 여러 날이 소요되는 여행이고, 덕분에 송아지, 암노새, 가죽, 맥 가죽, 또는 퓨마 가죽, 옥수수, 쌀 또는 커피 몇 포대를 파는 것을 가능케 했으며, 그것과의 교환으로 한 조각의 면직물, 소금, 램프용 석유와 총알 몇 개를 그들에게 가져다주었다."[58] 따라서 브라질 촌락에는 이 같은 비천함 속에서도 나름대로 조직화된 생활이 존재했던 셈이며, 비록 초보적일지라도 다양한 관계들이 맺어지고 있었고, 하나의 사회가 보존되어 있었던 것이다.

58 p.106(p.131), 번역본 257쪽.

13장 "개척 지대"[59]는 레비스트로스가 상파울루를 떠나 남쪽 방향으로 이동하는 동안 관찰한 모습들을 묘사하고 있다. 그의 관찰에 의하면 실제로 상파울루를 떠나 북쪽이나 서쪽이 아닌 남쪽으로 향하면 또 다른 풍경이 펼쳐진다. 하루 정도의 여행 기간 동안 방대한 침엽수림을 만나게 되는데, 이 광활한 숲은 대략 1930년대 언저리까지 처녀림으로 남아 있었다. 1930년과 1940년 사이에 그 숲은 조금씩 그 모습이 변형되었는데, 그 같은 경관 변화는 그곳에 다수의 도로와 철도를 놓으려는 시도를 하고, 그곳에 이민자들을 거주하게 만들기를 원했던 영국인들의 영향에 기인한 것이었다.

이 같은 길트기 작업은 신속하게 발전해 나갔다. 독일인들, 폴란드인들, 러시아인들, 이탈리아인들이 그곳에 와서 안착했으며 열대풍이면서도 동시에 유럽풍의 문화 유형을 내놓았다. 그 결과 여러 도시가 출현했고, 수만 명의 거주자들을 헤아리게 되었다. 그래도 여전히 도시적 생활 양식들과 촌락의 생활 습관들이 나란히 병존했다. 요컨대 개성 있는 특정 지역의

59 pp.107-114(pp.133-141), 번역본 260-271쪽.

탄생, 열대 자연의 인간화를 목격한 것이다. 곧이어서 모든 인간 사회를 특징짓는 다양한 분열들과 대립들이 출현했다. 레비스트로스는 여기서 도시 인간학의 정수라고 할 수 있는 도시의 본질에 대해 수려한 문체를 통해 피력하고 있다. "따라서 하나의 도시를 한 편의 교향곡 또는 한 편의 시에 비교할 수 있는 권리를 —사람들이 빈번하게 그 같은 비교를 한 것처럼— 갖는 것은 은유적인 방식으로가 아니다. 그것들은 모두 동일한 본질에 속하는 대상들이다. 아마도 보다 더 소중한 도시는 자연과 인공물이 합류하는 곳에 위치한다."[60] 요컨대 도시는, 그것이 품고 있는 휘황찬란함과 부조리함, 그곳에서 경험하는 환희들과 불행들을 모두 아우르는 인간적 창조의 원형이다. 모든 유기체와 마찬가지로 도시는 탄생을 거쳐 나름대로의 삶을 영위하고 조직화되고 해체된다. 따라서 민족학은 이런 모든 이유로 인해 도시에 관심을 갖고 상시적으로 도시를 주의 깊게 탐색할 필요가 있다.

14장 "마법의 융단"[61]에서 레비스트로스는 일종의 플래시

60 p.112(p.138), 번역본 267쪽.

백 기법이라 할 수 있는 비선형적인 서사 방법을 채택해, 브라질 숲의 심장부에서 탄생한 신도시들을 벗어나, 독자를 갑작스럽게 인도의 카라치Karachi로 이끌고 간다. 이 도시는 실제로 엄청난 속도로 성장했는데, 이 도시 역시 그전에는 사람이 살고 있지 않던 지역에 세워졌으며, 단 3년 만에 인구 1만 명에서 120만 명으로 그 숫자가 불어났다. 따라서 카라치라는 도시는 저자가 우리에게 방금 전 언급했던 급격하게 건설된 대도시들의 경관과 접맥된다.

레비스트로스는 브라질 도시 이야기를 하던 중 다소 뜬금없이 인도 도시로 화제를 전환하면서 우리에게 『슬픈 열대』라는 텍스트의 심층으로 들어갈 수 있는 문들을 열 수 있는 여러 열쇠 가운데 하나를 건네준다. 문제의 핵심은 세계의 특정 지역을 연구하는 것이 아니라, 다양한 장소들과 다중적인 관습들 사이의 차이들을 깨달으려는 시도를 하는 일이라는 것이다. 실제로 제반 차이들을 통해서 우리는 인간들과, 인간 삶의 환경을 이루는 자연 사이에 존재하는 관계들을 지배하는 심오한 정

---

61 pp.115-122(pp.142-150), 번역본 272-283쪽.

체성을 파악할 수 있게 된다.

15장 “군중들”[62]에서 독자는 레비스트로스의 안내를 받아 이번에는 캘커타, 벵골의 치타공, 그리고 다시 카라치를 방문하게 된다. 독자는 다시 한번 아시아의 여러 도시를 상상 탐험하는 것이다. 특히 레비스트로스의 관심을 끄는 것은 도시 구조들의 다양성과 기능들, 그리고 그것들로부터 전개되는 신화들이다. 레비스트로스가 은연중에 암시하는 것은, 브라질의 도시들과 촌락들을 보다 더 잘 이해하기 위해서는 다른 장소들을 이미 한 번쯤 가봤어야 하고, 그곳들에 대한 공간적 성찰을 실천하고, 제3세계의 또 다른 부분의 대도시들의 복잡한 실타래를 풀으려는 시도를 해 봤어야 한다는 것이다.

저자는 인도의 도시들에 대한 특징을 이렇게 서술하고 있다. “인도의 대도시들은 하나의 지대이다. 그러나 우리가 하나의 흠처럼 수치스러워하는 것, 우리가 모종의 나병처럼 간주하는 것이 여기서는 그것의 최종적인 표현으로 환원되는 도시적 사실을 성립한다. 그 궁극적 표현이란 현실적 조건들이 어찌되었

---

62 pp.122-131(pp.151-161), 번역본 284-298쪽.

건, 그 존재 이유가 수백만 명씩 집적시키는 데 있는 개인들의 주거 밀집 지역을 말한다."[63] 비천함과 오물 위에서 도시는 성장하고, 변형되고 창조된다. 그곳에서 기근은 모든 것을 지휘하고, 모든 것을 설명해 주며, 모든 것을 이해하는 것을 가능케 하고, 모든 것을 내다보는 것을 가능케 한다. 그러나 인도 도시의 빈민굴에서 나타나는 비천함을 넘어, 이들 극빈자들에게 영혼의 평화가 깃들어 있음을 묘사하는 대목은 독자의 심금을 울린다.

"존재하는 데 필요한 것은 조금만 있으면 된다. 최소한의 공간과 음식, 극소의 기쁨, 최소한의 연장들 또는 도구들이면 족하다. 그런 소박한 삶은 작지만 실속 있는 삶이다. 반면, 영혼은 풍요롭게 보인다. 사람들은 그 점을 거리의 생동감에서, 시선들의 강렬함 속에서, 사소한 토론의 신랄함 속에서 느낄 수 있다. 이방인이 스쳐 지나갈 때 보내 주는 예의 바른 미소에서도 느낄 수 있는데, 그런 정중한 미소는 이슬람교 나라들에서 손을 이마에 갖다

63 p.122(p.151), 번역본 284쪽.

대면서, '살람salam'이라는 인사에 동반되곤 한다. 이들이 우주 속에 자신의 자리를 잡을 때 갖는 여유를 달리 어떻게 해석할 수 있단 말인가? … 고단한 삶을 견뎌 내기 위해서는, 초자연적인 것과의 매우 강력하고도 개인적인 유대 관계가 반드시 마련되어야 한다."[64]

제4부의 마지막 장인 16장 "시장들"[65]에서 레비스트로스는 그가 중부 브라질과 남아시아 사이를 넘나들며 두 대륙의 도시와 촌락을 묘사한 두 개의 선행하는 장 속에서 명시적으로 말하지 않은 채 대략적인 스케치를 제시하는 데 머물렀던 비교 작업을 명시화한다. 인도와 남아메리카 사이에서 일상생활에서 또는 주말에, 도시 또는 시골에서 전개되는 바대로의 시장들에 대한 연구는 민족학자 레비스트로스로 하여금 각각의 상황들을 밝혀 주는 일종의 대위법의 분석을 실행하는 것을 가능케 한다.

남아메리카는 아시아와 인구 증가의 결핍 대 인구의 우글거

---

64 p.131(p.160), 번역본 297-298쪽.

65 pp.132-140(pp.162-171), 번역본 299-311쪽.

림과 팽창으로서 대립한다. "텅 빈 열대와 가득 찬 열대 사이의"[66] 반명제이다. 정기적인 축제의 장들과 장터들은 특히 분명한 상징들을 성립한다. 굳이 그곳에서 제안된 생산품들을 통해서가 아니라, 광주리와 상품 진열대, 상점들의 모습을 통해서 그 같은 상징들을 성립하는 것이다. 남아메리카에서 각각의 판매자는 그의 독창성의 표식이라 할 수 있는 자신의 물건을 담은 광주리와 상품 진열대에 개성을 불어넣는다. 그리고 그 자신도 개별성을 갖는 손님에게 목청을 높여 호소한다. 아시아에서는 이와 정반대로, 획일성, 군중, 익명성이 우세하다. 동방의 시장, 바자르에 대해서는 그곳을 방문해 보기 전에도 모든 것을 알 수 있는데, 예외는 두 가지이다. 인구 밀도와 불결함이 그것이다. 둘 중 어느 것도 상상조차 될 수 없는 것으로서, 그것들을 느끼기 위해서는 체험해 보는 수밖에 없다.[67]

레비스트로스를 전율케 하는 것은 '아시아의 이미지는 서양의 끔찍한 미래의 그것'이라는 비전이다. 그는 서양의 과거의

---

66 pp.132-133(pp.162-163), 번역본 299-301쪽.

67 pp.133-134(pp.164-165), 번역본 301-302쪽.

흔적이라 할 수 있는 원주민들이 삶을 영위하고 있는 이미지에 대해 향수를 토로한다. "나는 인간이라는 종種이 자신이 점유했던 세계와 보조를 맞추었던 시대, 그리고 자유의 행사와 자유를 표상하는 상징들 사이에 적합한 관계가 존속했던 시대의 모습을, 비록 이제는 사라져 가고 있다손 치더라도, 소중히 여긴다."[68]

2. 아메리카 원주민들의 삶 속으로

위에서 기술한 예비적 성격을 띠고 있는 상당 분량의 항해 여정에 대한 묘사 이후에, 레비스트로스는 우리를 브라질 원주민들의 땅으로 데리고 간다. 그들 원주민에 할애된 장들은 이 책의 중심부를 이루고 있다. 따라서 민족지학자의 작업의 특수성과, 그 같은 작업에서 봉착했던 여러 난관, 아울러 그곳에서 발견할 수 있는 레비스트로스의 기쁨들을 함께 공감하기를 희망하는 독자를 위해 이 장들에 대해 상세히 다룰 필요가 있다. 뿐

68 p.140(p.171), 번역본 311쪽.

만 아니라 『슬픈 열대』의 애독자들에게 이 부분은 이 책의 독창적 기여로서 인식되고 있다. 책의 절반가량을 차지하는 제5부에서부터 제8부까지는 레비스트로스가 직접 현장 연구를 했던 브라질의 원주민들에 대한 상세한 민족지학적 관찰들로 이루어져 있다.

먼저 제5부의 제목은 "카두베오족Caduveo"[69]으로서, 모두 4개 장을 포함한다. 각각 제목은 17장 "파라나", 18장 "판타나우", 19장 "날리케", 20장 "한 원주민 사회와 그것의 스타일"이다. 새로운 여정의 초반을 여는 17장 "파라나"[70]에서부터 레비스트로스는 그의 담론의 독특한 어조를 표출한다. 그의 담론은 자신의 발견들을 독자들에게 알려 주는 즐거움과, 여전히 거의 처녀림이었던 풍경이 오염되는 모습을 지켜봐야 하는 두려움 사이에서 분열된다. 인간적 관계들의 다양한 형식들이 산업 문명과 경쟁을 부추기는 현대 문명에 의해, 아직은 결정적으로 오염되지 않은 한 사회가 급격하게 오염되어 가는 상황을 목격하

---

69 pp.141-189(pp.173-204), 번역본 313-380쪽.

70 pp.141-149(pp.175-183), 번역본 315-326쪽.

는 것을 말한다.

그는 최소한 1935년까지만 해도, 남부 브라질의 남쪽 구역에서 여전히 "때 묻지 않은 경건한 풍경"[71]을 발견할 수 있었다고 회고한다. 레비스트로스는 그곳에 대해 총체적 찬사를 극명하게 바치고 있다. 아울러 그 처녀림의 풍경에 한 번쯤은 절제할 수 없는 감동을 헌정한다. 그는 파라나를 마음속 깊이 사랑한다.

바로 이 지역에서 그는 처음으로 원주민들 보호 업무 책임자를 동반하여 "야만인들les sauvages"[72]과 접촉하게 된다. 이들 원주민은 이미 과거에 식민지 개척자들과 접촉한 경험을 갖고 있으며, 알려진 바와 같이, 그들로부터 심한 박해를 받았었다. 무지로 인해 그들을 문명화시킨다는 주장을 한 사람들은 여러 번 실패의 고배를 마셔야 했다. 원주민들은 그들에게 주택이 제공된 이후조차도 계속해서 야외에서 생활했다. 그들은 옷들과 칼, 도끼, 바늘 따위 정도의 소소한 도구들만을 취했을 뿐이다.

---

71 p.142(p.176), 번역본 317쪽.

72 p.143(p.177), 번역본 318쪽.

그들은 제공된 침대들을 소홀히 했고, 암소 무리를 불에 태우거나 내팽개쳤는데 그 이유는 그들이 고기를 먹지 않았고 우유를 마시지 않았기 때문이다. 짧게 말해, 레비스트로스가 만난 최초의 원주민들은 액면 그대로의 의미에서 “야만인들”로 보기 어려웠다. 그럼에도 불구하고, 민족학자라는 직업상, 그들은 그의 관심을 끌기에 충분했다. 그들을 연구하면서 레비스트로스는 이들 원주민이 어떤 과정들을 통해, 근대 문명으로부터 일정 수의 문명의 이기들을 차용하면서도 그들이 알고 있는 다른 것들을 거부하는가를 관찰할 수 있었다.

450명 정도의 원주민들이 10만 헥타르 넓이의 산제로니모San Jeronymo의 보호 구역에서 삶을 영위한다. 밤낮으로 불을 피우고, 이곳의 거주자들은 그 난로용 불 주위로 모인다. 그들은 미미한 수준에서 땅을 경작하지만, 주로 낚시를 하고, 수렵과 채집 생활을 하며 유목민적인 생활 양식을 실천한다. 그런 유목민적 삶의 방식 때문에 숲의 깊은 내부까지 그들을 추적할 수는 없는 노릇이다. 끝으로 원예와 정원 가꾸기는 그들에게 큰 중요성을 갖는다. 바나나나무, 옥수수, 고구마, 카사바속 식물 따위를 텃밭에서 재배한다. 그들은 구운 고기를 먹고, “썩은 나무의 몇몇 줄기에서 번식하는 일종의 핏기 없는 애벌레"를 섭취하는데, 애벌레의 몸통에서는 하얀색 기름 덩어리가 흘러나온다. "그것은 버터의 농도와 섬세함을 갖고 있고, 야자나무 호두우유의 맛을 갖고 있다."[73] 레비스트로스는 주저 끝에 맛을 본다.

레비스트로스는 브라질 대학의 방학 기간을 이용해, 파라과이 국경선에 거주하는 카두베오족과 마투그로수Mato Grosso에 살고 있는 보로로족 등 두 원주민 무리와 접촉해 보려는 계획을 짜 놓았다. 이제, 주요 장소들을 식별하기 위한 첫 번째 탐험 조사는 이루어졌다. 그 여행의 대부분은 기차로 완수되었다.

18장 "판타나우pantanal"[74]에서 레비스트로스는 "세계 최대의 늪지인"[75] 판타나우에 들어가는 순간을 묘사한다. "이곳에는 다양한 동물종들이 서식하고 고여 있는 물이 도처에 현존한다. 식물은 그 결과 수면 위에 걸려 있고, 녹색의 가시버섯류를 창조한다."[76] 이곳에서는 이 장소를 출발 거점으로 원주민들이 야

73 pp.148-149(pp.182-183), 번역본 325-326쪽.

74 pp.149-159(pp.184-194), 번역본 327-341쪽.

75 p.151(p.186), 번역본 329-330쪽.

영 시설을 설치하기도 했다. 또한 이따금씩 레비스트로스는 농업 개발을 위한 탐사를 할 때, 그의 학술 조사 탐험과 마찬가지로 이곳을 카두베오족들을 방문하기 위한 출발 거점으로 선택하기도 했다.

파젠다 프란체스카La Fazenda Francesa는 5만 헥타르의 농가로서 7천 마리의 가축을 포함하고 있고 두 명의 프랑스인이 운영하고 있는 곳이다. 이들 프랑스인은, 그들 소유 농가의 크기가 짐작하게 하는 것과 달리, 결코 부자가 아니었으며, "절반은 목축업자, 또 절반은 식료품상으로 생활하며 검소한 삶을 실천하고 있었다."[77] 실제로, 그들의 계산대는 반경 100킬로미터에 있는 유일한 필수품 공급 센터였다. 그 농장 직원들은 돈을 벌기 위해서, 동시에 번 돈을 소비하기 위해 그곳 농장에 왔다. 그것은 비천함의 악순환 그 자체였다. 그 두 명의 프랑스인은 그들의 개척지와 약간 떨어진 곳에 살고 있었던 카두베오족을 게으름뱅이들, 도둑들, 술주정뱅이들로 간주하고 있었다. 농장주는

---

76 p.154(p.189), 번역본 333쪽.

77 p.155(pp.190-191), 번역본 335쪽.

레비스트로스에게 식량, 운송수단, 수레를 끄는 짐승, 가이드 도움을 제공하면서도 그의 조사 탐험을 탐탁지 않게 여겼다. 이들은 얼마 후에 원주민들의 다양한 물건들을 가득 채운 카라반이 다시 돌아오는 것을 보고 놀랄 것이다. 바로 이날부터 그들은 원주민들에게 마음을 열기로 결정하리라. 원주민들은 조사 탐험단이 그들을 방문할 것이라는 것을 사전에 연락을 받았다. 그들은 매우 초조해했는데, 그 이유는 레비스트로스와 그의 협력자들이 그들의 땅을 빼앗기 위해 오는 것이 아닐까 두려워했기 때문이다.

19장 "날리케Nalike"[78]는 카두베오족 고장의 수도를 묘사하고 있다. 그곳에 당도하기 위해서는 말을 타고 사흘 정도를 여행해야 했다. 늪지 영토와 여러 기생충 때문에 갈수록 여정은 어려워졌다. 몇몇 기생충은 별다른 고통을 주지 않은 채 피부에 철썩 달라붙었다. "그렇지만 몇 시간 또는 며칠이 경과되면 몸속에 파고들어 칼로 절단해야 한다."[79] 때로는 말에서 내려 말

---

78 pp.159-167(pp.195-204), 번역본 342-353쪽.

79 p.159(p.195), 번역본 343쪽.

들을 끌면서 맨발로 걸어가야 했는데, 말들이 몇몇 사고로 인해 혼자서 강을 건널 수 없었기 때문이다.

수도 날리케는 단지 다섯 채의 오두막집을 포함하고 있을 뿐이었다. 집의 골조는 껍질을 제거한 후에 땅에 심어 놓은 몇몇 줄기로 이루어져 있고 그 줄기들이 들보를 지탱하고 있었다. 지붕은 이중 경사로 이루어져 있으며, 종려나무들로 만들어졌다. 그러나 벽들은 없었다. 매우 어설픈 주거지라고 말할 수 있다. 각각의 오두막집에는 여러 가족이 살고 있었는데 때때로 이 숫자는 두세 가구에서, 가장 큰 거주지들에서는 여섯 가구로 늘어난다. 그 같은 상황에서 각 가구는 "골조의 말뚝에 의해 구획이 그어지고, 판자들로 만들어진 침실 칸막이가 설치된 일정 섹터를 구비하는데, 이곳에서 거주자들은 앉거나, 눕거나, 웅크린 채, 사슴과의 가죽들, 호리병박, 그물, 밀짚으로 만든 꽃 놓는 테이블 등 속에서 시간을 보낸다."[80] 요컨대 날리케는 비천한 촌락이었으며, 이곳에서 일체의 번영이란 미지의 것이 되었으나, 불과 40년 전만 해도 이곳은 한창 번창하던 곳이었다.

---

80 p.162(pp.198-199), 번역본 347쪽.

200명 정도의 원주민들이 수렵, 채집, 그리고 몇몇 소와 가금류를 기르고, 남성들이 차고 다니는 면화 혁대를 짜면서, 목걸이를 만들기 위해 동전에 망치질을 하고, 도자기를 생산하면서 그곳에서 삶을 영위했다. 특히 도자기 생산 활동은 여성들에게는 주된 일거리였다. 그들은 또한 나무를 가지고 종교적 가치를 갖는, 숭배를 위한 부조물을 만들기도 했다. 몇몇 축제는 아직도 남아 있는데, 이를테면 소녀들의 사춘기(예컨대 첫 월경)와 관련된 축제들이 그것이다. 이 축제에서 소녀들은 옛날의 복식으로 옷을 입는다. 옷에는 그림을 그려 놓고, 목걸이를 부착한다. 그들은 종려나무 술을 취할 때까지 마시고, 노래를 부른다. 이들 원주민에 대한 레비스트로스의 묘사는 문학적 서정성이 물씬 풍겨 난다. "그들의 늪지대의 깊은 심연에서 상실된 이 누더기를 걸친 시골뜨기들은 비천한 광경을 제공했다. 그렇지만 그들의 조국조차 그들이 과거의 몇몇 특질을 보존해 왔던 완고함과 뿌리 깊음을 보다 충격적으로 돌려주었다."[81]

제5부의 마지막 장은 "한 원주민 사회와 그것의 스타일"[82]로

81 pp.166-167(p.204), 번역본 353쪽.

마무리된다. 모든 집단은 체계적으로 조직화된 각자의 관습들을 갖고 있으며, 심지어 이 같은 조직화를 언제나 구성원들 자신들이 의식하고 있지 않은 경우에도 마찬가지다. 레비스트로스에 의하면 그 같은 체계적 조직화들은 무한한 수에 이르지는 않는다. 개인들과 마찬가지로, 제 사회는 "절대적인 방식으로 창조하지는 않는다."[83] 사회들은 한정된 수의 가능성 가운데서 선택한다.

카두베오족의 문화에서 여성들은 화가들이며 남성들은 조각가들이다. 이 부족의 남성들은 목재를 다듬고, 찻잔으로 사용할 요량으로 봉우(제부zebu, 뿔이 길고 등에 혹이 있는 소)의 뿔을 조각하는데 그 조각품에는 사람 머리, 들소 머리, 말 머리 등을 새겨 넣는다. 그들이 데생을 그릴 경우(이런 경우는 매우 희소한데), 그 모티브는 언제나 동물들, 인간들, 또는 나뭇잎들이다. 여성들의 경우에는 피부와 도자기에 장식 문양을 새겨 넣는다. 특히 축제 때, 그녀들의 작업은 인체의 장식 회화들에 있어서도

82 pp.167-184(pp.205-227), 번역본 354-380쪽.

83 p.167(p.205), 번역본 354쪽.

특화되어 있다. 그녀들 자신의 얼굴 전체에 그림이 그려져 있으며, 비대칭적인 아라베스크 형태를 띠고 있다. 이 장에서 특히 독자의 흥미를 끄는 부분은 카두베오족들의 시각 예술의 표현 방식이다. 이를테면 이들 원주민에게서 몸에 다양한 시각적 문양들을 새겨 넣는 신체 회화들은 매우 중요한 의미를 띠고 있으며, 특히 여성의 얼굴 또는 아이 얼굴의 장식들과 관련해서 그 같은 상징성은 보다 더 두드러진다. 비록 레비스트로스가 방문할 당시에는 카두베오족들이 오직 머리를 치장하는 수고만을 했으나, 과거부터 늘 그래 왔던 것은 아니었다. 과거에 그들에게 신체 장식은 모종의 사회적 기호 또는 징표였다. 오직 범속한 배경의 개인들만이 얼굴의 전 부위를 장식했다. 귀족 계층에 속하는 사람들은 단지 이마 부위만을 장식했다. 어떤 경우이건 몸 위에 그림을 그려 넣는 것은 그들의 관습이었다. 즉, 신체 회화는 진정한 인간성에로의 진입을 표시했다. 원주민들 사이에서는 그 같은 신체 회화 없이는 여전히 동물성의 영역에 남아 있는 것으로 간주되었다.

오늘날, 장식을 하는 것은 특히 여성들이며, 그렇게 하는 근본적 이유는 관능성의 차원에 속한다. 카두베오족 여성들은 빼어난 미녀들이라는 평판을 갖고 있다. 그들의 얼굴에 그린 회화는 이 같은 장식의 관능적 효과를 강조하면서 여성의 아름다움을 상징화하고 있다. 어쨌건, 카두베오족에게서 인간의 얼굴을 회화적으로 아름답게 만드는 작업은 결코 우연이거나 무의미한 것이 아니다. 또한 그 같은 미관 작업들은 그 수가 무한한 것은 아닐지라도, 매우 다양하다.

이 원주민 사회에 있어 안면 회화들은 무엇보다 개인에게 그가 인간이라는 존엄성을 부여했다. 안면 회화들은 자연으로부터 문화에로의 통과, "우둔한" 동물로부터 문명화된 인간에로의 통과를 작동시켰다. 곧이어서, 계층에 따른 양식과 구성과 관련해 상이한 양상들이 나타나는데, 이 같은 차이들은 "복잡한 사회에서 신분들의 위계를 표현하고 있다."[84] 따라서 이 같은 안면 회화들은 진정한 사회학적 기능을 행사하고 있었으며, 그 자체로서, 이 회화들에 대한 연구는 원주민 사회의 위계질서에 대한 민족학자의 해석 작업을 위해 핵심적이었다. 레비스트로스는 데생의 형식을 빌려 와, 이 같은 장식 신체 회화들의

84 pp.180-181(pp.222-224), 번역본 375-377쪽.

수많은 사례를 독자들에게 제공하고 있다. 그리고 카두베오족의 안면 회화와 신체 회화를 비롯한 그들의 그래픽 아트의 인류학적 의미를 구조주의적 관점에서 집약시키고 있다.

> "카두베오족의 시각 예술의 스타일은 우리로 하여금 일련의 복잡성들에 직면하게 만든다. 무엇보다, 살롱의 거울들에서처럼, 연속적 장면들에 투사되는 이원성이 존재한다. 남성들과 여성들, 회화와 건축, 재현과 추상, 직선의 각과 곡선, 기하학과 아라베스크, 대칭과 비대칭, 목과 몸통, 선과 표면, 둘레와 모티브, 파편과 장, 형상과 배경 등의 이원성을 말한다. 그런데 이 같은 대립들은 사후에 지각되며 정태적 성격을 갖고 있다. 미술의 역동성, 즉 그 모티브들이 상상되고 실행되는 방식은 모든 차원에서 이 같은 근본적 이원성과 교차하기 때문이다. 왜냐하면, 일차적 주제들은 먼저 분해되고, 이어서 이차적 주제들로 재구성되는데, 이들 이차적 주제는 일차적 주제들로부터 차용된 파편들을 잠정적인 통일성 속에서 개입시키고 있으며, 이때 이들 파편은 마치 마술처럼 이 같은 통일성이 다시 출현하는 방식으로 병치된다. 끝으로, 이 같은 절차에 의해 획득된 복잡한 장식들은 문

카두베오족의 두 개의 안면 회화 이미지(윗입술에 재현된 두 개의 마주 보는 나선형으로 형성된 모티브)[85]

카두베오족의 안면 회화와 신체 회화에서 표현된 두 개의 모티브[86]

장blason의 십자로 4분할 방식과 유사한 방식으로 교차하고 마주 대한다. 이 문장blason에서 두 개의 장식이 단순히 서로 반복되거나 색으로 두 개씩 서로 대립되는 4개의 구획들 사이에서 분할된다."[87]

6부는 "보로로족Bororo"[88]이라는 제목 아래, 모두 3장을 싣고 있다. 각각의 제목은 21장 "금과 다이아몬드",[89] 22장 "착한 야생인들",[90] 23장 "산 자들과 죽은 자들"[91]이다. 보로로족의 나라로 가기 위해서는 먼저 쿠이바Cuiba라는 소도시를 통과해야 하는데, 이곳에는 배를 타고 접근할 수 있다. 이 도시는 18세기 식민지 개척 도시의 일부분으로서, 1720년경, 포르투갈인들에 의해 쿠이식포Cuxipo 원주민들이 살던 땅에 건립되었다. 곧장 사

---

85 p.174(p.215), 번역본 367쪽.

86 p.181(p.223), 번역본 376쪽.

87 pp.179-180(pp.220-222), 번역본 374쪽.

88 pp.190-242(pp.229-284), 번역본 381-453쪽.

89 pp.190-205(pp.231-248), 번역본 383-405쪽.

90 pp.206-221(pp.249-264), 번역본 406-425쪽.

91 pp.221-239(pp.265-284), 번역본 426-453쪽.

람들은 이곳 지역에 황금이 넘쳐난다는 것을 알아차렸다. 한 달 만에 이미 5톤의 황금을 소수의 식민지 개척자들과 통치자들이 채취했다. 당연히 금이 매장된 구역은 삽시간에 고갈되었으나, 여전히 "그곳에서는 야채를 경작하면서 천연 금괴를 발견하는 일이 일어나곤 한다. 얇은 조각의 사금 형태로, 금은 항시 현존한다. 쿠이바에서, 걸인들은 금을 찾는 사람들이다. 그들이 지대가 낮은 도시를 가로지르는 개울의 물길에서 작업하는 모습을 볼 수 있다. 한나절 일하면 얼마간 먹고살 수 있을 정도다."[92]

쿠이바에서 레비스트로스는, 특히 식량 차원에서의 대비를 위해, 보로로족의 고장으로 가기 위한 조사 탐험을 준비했다. 쿠이바 지역에서는 트럭으로 하는 조그마한 여행 일주도 모험의 양상을 띠었는데, 그 이유는 관목림과 가시덤불이 도처에 있고 차가 다닐 수 있는 곳은 한 군데도 없기 때문이다. 전문 트럭 운전수들은 그 같은 악조건들 속에서도 운전 수준에 있어서만큼은 최고의 능수능란함을 과시했으나, 그들조차도 상시적

---

92 p.195(p.236), 번역본 388쪽.

으로 사소한 타이어 펑크와, 예측 불허의 장애물에 봉착했다. 이 같은 장애물에 봉착할 경우에는 그곳을 빠져나오기 위해 트럭의 짐을 모두 내려놓고, 차가 빠져나오면 즉시 다시 짐을 탑재하는 고단한 작업을 반복해야 했다.

이어서 마투그로수의 높은 곳의 테두리에 다다랐는데, 그 고원의 1천 킬로미터는 아마존 유역까지 이르렀다. 다이아몬드를 찾아 나선 식민지 개척자들이 다시 만나고, 무리로 조직화되는 것은 바로 이렇게 놀랄 정도로 단조로운 이곳 고장에서였다. 이곳에서의 다이아몬드 채취와 상업은, 황금의 경우와 마찬가지로 온갖 종류의 환상을 불러일으켰다.

쿠이바의 황금 채취에서와 마찬가지로, 이곳에서도 좋은 시절은 끝이 났다. 다이아몬드가 채취되던 모래사장은 실질적으로 고갈되었다. 말라리아, 황열, 그리고 몇몇 치명적인 기생충이 그곳에서의 삶을 특히 고통스럽고 위험한 것으로 만들었다. 이 점은 이 지역에서 다이아몬드를 찾아 나선 사람들이 특히 그들 국가의 사법 차원에서 피치 못할 사정이 있었던 도망자들이었다는 점, 또는 일확천금의 신화에 계속해서 매료되었던 모험가들이었다는 점을 설명해 준다. 이 점은 또한 사람들이 이곳에 대해 거의 언급을 하지 않는 연유를 설명해 주기도 한다.

레비스트로스는 보로로 고장으로 향하는 여행길의 마지막 단계에 대해 매우 고통스러운 추억을 뚜렷하게 간직하고 있다. 그곳은 3년 동안 한 대의 트럭도 이동해 본 적이 없던 루트였다.

> "그 여행은 나의 추억 속에서 혼란스러운 악몽으로서 남아 있다. 불과 수 미터의 장애물의 난관을 뚫고 나가기 위해 끊임없는 야영을 실행에 옮겨야 했으며, 선적과 하적을 반복해야 했고, 트럭이 고작 1미터를 앞으로 나가게 만드는 데 성공할 때마다 트럭 앞에 통나무를 옮겨 놓는 작업이 너무나 힘에 버거워, 심지어 땅 위에서 잠을 자곤 했던 단계였다."[93]

그리고 어느 화창한 날, 마침내 그 악몽의 끝이 왔다. 사람이 지나간 자리가 나타났다. 환희가 탐험단을 압도했다. 그렇지만 곧장 실망이 이어졌다. 눈에 들어온 몇몇 오두막집은 사람들이

---

93 p.204(p.246), 번역본 402-403쪽.

떠나고 방치된 상태였다. 우연히 만난 한 낚시꾼은 최근의 황열병의 창궐이 사람들을 흩어지게 만들었다고 설명해 주었다. 그는 원주민들을 다시 만나 보려면 카누를 타고 강의 상류쪽으로 거슬러 올라가야 한다고 귀띔해 주었다. 그것이 보로로족의 고장에 이르기 위해서 해야 할 참으로 마지막 관문이었던 것이다. 이 마지막 단계는 7미터가량의 보아나무와의 만남으로 부각된다.

벼랑길을 따라 며칠이 경과되자, 드디어 몇몇 벌거벗은 원주민들이 모습을 드러냈다. "우리가 만난 최초의 보로로족 원주민들이다."[94] 그들은 단 한 개의 포르투갈어 단어를 알고 있었다. 그 낱말은 담배를 뜻하는 "푸모fumo"였다. 이윽고 몸짓을 통한 의사소통이 개시되었다. 곧이어 마을에서 "발가락에서 머리카락 끝까지 잇꽃 열매의 씨로 빨갛게 물들인 6명의 벌거벗은 남성이 여행자들을 맞이한다."[95] 그들은 여장 풀기와 짐의 운반을 도와주고 족장의 오두막집에서 방문객들에게 잠자리를 제

94 p.205(p.247), 번역본 404쪽.

95 p.205(pp.247-248), 번역본 404-405쪽.

공했다.

레비스트로스는 케자라Kejara 마을에 도착했다. 보로로 마을의 족장은 포르투갈어를 못 알아듣는 척하면서, 또한 백인들과 의사소통하는 것을 피하면서, 자신의 모습을 과시했다. 예외가 있다면, 그가 관할하고 있는 마을 위원회 구성원들의 중재와 통역을 통해서 이루어지는 의사소통이었다. 더구나 그 마을에는 포르투갈어를 정확하게 구사하는 한 명의 원주민이 살고 있었는데, 그는 선교사들이 정성을 다해 실천한 교육으로 성취한 보람을 표상하는 분신이라 할 수 있었다. 그 원주민은 "보로로 사회학에서는 최고의 교수"로 드러났다.[96] 그는 유럽에 갔으나 스스로 선택해 자신의 마을로 영구적으로 귀국했다.

1930년대 당시 보로로족은 브라질의 원주민 부족 가운데 최대 규모였다. 그 남성들은 한결같은 쾌활함과 명랑함을 표현했는데 이것은 여성들의 다소 험상궂은 표독스러움과 대조를 이뤘다. 마을 주민들은 그 지역을 강타하고 있는 각종 전염병에도 불구하고 양호한 건강 상태인 것으로 보였다. 남성들은 완

96 p.208(p.251), 번역본 409쪽.

전 나체이나, 성기 부위를 부분적으로 가리고 있는 정도였다. 그들은 온몸을 빨간색으로 칠했고, 심지어 머리카락도 같은 색으로 칠했다. 그들의 얼굴은 다양한 그림들로 장식되어 있었고, 그들의 상반신에는 빻은 자개 가루가 뿌려져 있었다. 여성들은 간단한 솜옷을 걸치고 있었으며, 이두근 알통을 드러내 보였고, 발목과 손목 부위에는 작은 띠를 두르고 있었다.

조사 탐험단은 가로 12미터, 세로 5미터 규모의 한 오두막집에 짐을 풀었는데 그곳에는 점쟁이와 한 늙은 과부가 동반했다. 밖에서는 노래들이 울려 퍼지기 시작했는데, 남성들 노래 일색이었다. 그 이유는 보로로족의 믿음에 기인했다. "우리는 사냥 먹잇감을 가져다 놓았고 그것을 먹을 수 있기 전에 그 먹잇감에 대해 그의 정령을 달래 주고, 사냥을 축성하는 복잡한 의례를 완수하는 것이 필요했다."[97] 모종의 의례 완수가 자갈로 가득 찬 호리병박의 딸랑이와 몇 개의 관악기 덕분에 수행될 수 있었다. 이때 레비스트로스는 보로로족의 노래는 언제나 찬탄을 불러일으킨다고 말하고 있다.

97 pp.209-210(pp.252-253), 번역본 410-411쪽.

보로로족은 앵무새의 일종인 가사용 아라라arara를 사육하고, 산 채로 깃털을 뜯어내 머리 장식용으로 제작했다. 26채의 오두막집이 그 마을을 이루고 있었으며, 마을은 원의 형태를 띠고 있었다. 중심부에는 다른 오두막집들보다 훨씬 큰 한 채의 오두막집이 자리 잡고 있었는데, 그 집은 '남성들의 집'이었다. 길이가 20미터였다. 독신자들은 그곳에서 살고 있었고 남성들은 사냥, 낚시, 또는 무도장에서 행하는 공적 차원의 의례를 제외하면 그들의 한나절을 그곳에서 보냈다.

여성들은 족장의 거처에 들어올 권리가 없었다. 그녀들이 주변부의 오두막집에 거처한 반면, 남성들은 하루에도 여러 번 그들이 들락거리는 일종의 사교 클럽하우스와 부부용 거주지 사이의 코스를 완주했다. 레비스트로스와 그의 팀은 이 집에서 저 집으로 순환하며, "거주자들의 인구 조사를 실시하고, 원주민들의 호적(민사 신분)을 수립했다."[98] 그 결과, 레비스트로스와 그의 동료는 그들은 "여성들이 자신들이 태어난 곳에 거주하며 태어난 곳의 집을 유산으로 물려받는다는 사실을 알게 되었

---

98 pp. 212-213(p. 256), 번역본 415쪽.

다."[99] 이 때문에 어떤 기혼 남성도 결코 자기 집처럼 편안함을 느끼지 못한다. 그가 어린 시절을 보낸 집은 그의 어머니와 그의 누이들의 집이고, 따라서 그녀들의 남편들이 거주하는 집이었기 때문이다.

그 마을은 하나의 직경을 통해 두 부분으로 분할되었고 마을 주민은 두 무리로 나뉘었다. 북쪽에는 세라족les Cera, 남쪽에는 투가레족les Tugaré이 살고 있었다. 이 같은 분리는 중추적이었다. 이들은 "서로를 여성들을 통해 공통의 조상으로부터 친족 관계에 있는 것으로 간주하는 가족들의 무리이다. 부족의 구성원들이 동일한 이름을 지니면서 서로를 인정한다고 말할 수 있다."[100] "무엇보다 한 개인은 언제나 자신의 모친과 동일한 절반에 속한다. 이어서 그는 다른 절반의 무리의 구성원만을 아내로 맞이할 수 있다."[101] 마찬가지로, 한 세라족 원주민의 장례식은 한 명의 투가레족 원주민에 의해 수행되었으며, 그 역도 마찬가지였다. 따라서 이들은 절반은 부계의 혈통이나,[102] 또한

---

99 pp.213-214(pp.256-257), 번역본 415-416쪽.

100 pp.215-216(pp.258-259), 번역본 417-418쪽.

101 p.214(p.257), 번역본 416쪽.

서로 경쟁 관계에 놓여 있었다. 부자들과 가난한 이들이 있었는데, 왜냐하면 직업적인 전문성들이 존재하고, 이들 분야에서는 숙련도가 어느 정도 상이했기 때문이다. 단, 물건들과 식량을 모든 부족으로부터 받는 족장은 예외였다. 더구나, 거의 모든 물건은 소유자의 부족을 파악할 수 있게 해 줄 수 있는 일종의 문장blason을 표시하고 있었다. 공구는 비록 원주민 보호 사무소가 가져다준 금속 도구들이 있긴 하나(도끼, 칼), 여전히 태고적 수준이었다(활, 화살, 몽둥이).

주머니칼은 갉아먹어 부식된 앞니로 이루어져 있었다. 오두막집 안에는 거의 아무것도 없었다. 돗자리, 바구니, 뼈 또는 나무로 만들어진 공구, 땅 팔 때 사용하는 막대기(들판에서 노동을 맡고 있는 여성들을 위한 도구), 다양한 항아리들 정도였다. 보로로족은 그들의 모든 호사스러움을 복식에 두고 있었다(또는 아름다움을 연출하기 위한 악세사리들에 방점을 두고 있었다). 귀걸이에 늘어뜨린 보석, 깃털, 새의 부리 등이었다. 남성들의 집은 "동시에 작업실이자, 클럽이자, 합숙소이자, 매춘이 이루어지는 곳이

102 pp.215-216(pp.258-259), 번역본 417-418쪽.

며"[103] 또한 사원이기도 했다. 종교적 춤꾼들은 그곳에서 공연 준비를 했다.

23장 "산 자들과 죽은 자들"[104]에서 레비스트로스는 보로로족은 매우 종교적이며, 그들의 형이상학 체계는 고도로 정교하게 구축되어 있고 종교에 대한 그들의 태도는 동시에 매우 유연하고 자연스럽다는 점을 주목한다. 주술사들은 별종의 범주를 성립했는데, 이들은 "전적으로 물리적 우주에 속하지 않았고, 완전히 사회적 세계에도 속하지 않으며, 그 역할은 두 개의 왕국 사이의 매개화를 수립하는 데 있다."[105]

그들은 다양한 특권들을 갖고 있었다. 살해된 사냥 먹잇감, 텃밭에서 소출한 최초의 수확물은 주술사가 자신의 몫을 갖기 전에는 소비될 수 없었다. 산 자들이 죽은 자들에게 신세를 지는 것은 바로 이 부분이었다. 그런데 두 종류의 주술사들이 존재했다. 바리le bari와 영혼들의 여정의 스승Maitre du chemin des âmes. 두 번째 종류의 주술사는 산 자들과 죽은 자들 사이의 매

103 p.221(p.264), 번역본 425쪽.

104 pp.221-239(pp.265-284), 번역본 426-453쪽.

105 p.229(p.273), 번역본 438쪽.

개자이며 오직 죽은 자들의 사회가 갖고 있는 호혜적 양상과 관련해서만 매개자가 되었다. 그들은 선물을 받지 않으며, 대단한 검소함과 소박함으로 절제되어 있었다. 그들은 어떤 치장도 화려한 색깔도 몸에 지니고 있지 않았고 몇몇 식품은 그들에게 금기시되었다. 바리와 영혼들의 여정의 스승은 서로를 증오하며 서로를 두려워했다. "만약 바리가 질병과 죽음을 예견한다면, 영혼들의 여정의 스승은 보살피고 치료한다."[106] 그 스승은 스스로를 동물로 변신시킬 수 있으나, 인간들을 잡아먹는 재규어로는 변신하지 않았다. 그는 먹거리를 제공하는 동물로 변신했다. 아라라(과일을 채집하는), 독수리(물고기를 낚는) 등등. 따라서, "바리는 정령들에 의해 정신이 사로잡히고, 스승은 인간들의 구원을 위해 스스로를 희생시킨다."[107] 이 점은 장례 의식이 수 주에 걸쳐 긴 시간 동안 지속되는 이유를 설명해 주었다. 각각의 죽음은 어떤 투쟁의 대상이었다.

이 같은 찬탄을 불러일으키는 끝나지 않는 장례 의례는 산 자

---

106 p.230(pp.274-275), 번역본 440쪽.

107 p.231(p.276), 번역본 441쪽.

들과 죽은 자들 사이의 대립을 분명하게 표현하고 있다. 이 점은 특히 보로로족이 의례가 진행되는 동안, 배우들과 관객들로서 분할되는 방식에 의해 반영된다. 남성들은 "탁월한 배우들"[108]의 역할을 맡았는데, 그 이유는 그들이 사는 중심부의 집이 비밀스런 은신처에 있기 때문이다. 장례식 순간에, 마을의 구조는 사람들이 생각하는 것보다 훨씬 중요한 것으로 드러났다. 선교사들은 그 점을 이해하지 못하는 치명적 오류를 범했다. 실제로, "각각의 절반의 무리는 다른 절반의 무리에 비해 산 자들 또는 죽은 자들의 역할을 교대로 연기한다."[109] 그런데 동시에, 이번에는 고정된 또 다른 분할선이 중요한 역할을 맡았다. 남성들은 배우들이고 여성들은 관객들이었다. 남성들은 죽은 자들의 사회의 상징이고, 여성들은 "가장 성스러운 의례들로부터 배제되며"[110] 산 자들의 사회를 성립했다. 이 두 개의 분리선들은 바리와 영혼들의 여정의 스승 사이의 대립에 첨가된다.

---

108 p.235(p.280), 번역본 447쪽.

109 p.236(p.281), 번역본 448쪽.

110 *Ibid*.

그 결과, 레비스트로스가 들려주는 바에 의하면, 우리는 하나의 "휘황찬란한 형이상학적 코티용(무도회 마지막에 모두 함께 추는 춤)"과 동시에 "상당히 침울한 익살극"[111]에 참여하는 것이다. 거기에는 아이들에게 들려주는 산타클로스 할아버지 이야기와 모종의 관계가 있다. 즉, 산타는 언제나 아이들을 속이는 기능과 우리로 하여금 순수한 베풂의 세계가 존재할 수 있다는 사실을 믿도록 만드는 이중적 기능을 갖고 있는 것이다. 마찬가지로 보로로족은 죽은 자들이 산 자들 사이에서 머무른다고 스스로를 믿게 만들고 있었다. "그렇지만 인간들은 죽고, 그들은 다시 돌아오지 않는다."[112]

보로로족의 형이상학적 체계는 예외적인 복잡성, 거의 비길 데가 없는 세련됨에 속한다 해도 어디까지나 거기까지였다. 그 같은 믿음 체계는 한 가지 진리를 가리는 데는 이르지 못했는데, 레비스트로스에 의하면 그 진리는 모든 인류의 본질적 진리로 남아 있다. "한 사회가 산 자들과 죽은 자들 사이에 존재

111 p.237(p.282), 번역본 450쪽.

112 p.237(p.283), 번역본 451쪽.

하는 관계에 대해 만들어 내는 표상은 종교적 사상 차원에서 산 자들 사이에서 우세한 실재적인 관계들을 감추고, 미화하거나 정당화하기 위한 노력으로 환원된다."[113] 그 결과 보로로족의 사회에서 여성들은 의례들로부터 멀찌감치 주변부로 밀려났으나, 그래도 어엿한 호적과 가정의 여주인이었다. 그렇다면 현대인들은 모두 보로로족인가라는 물음을 던져 볼 수 있을 것이다.

제7부는 "남비콰라족"[114]이라는 제목을 달고 있고, 모두 6개의 장을 싣고 있다. 그 제목은 다음과 같다. 24장 "잃어버린 세계",[115] 25장 "브라질 북동부의 목장 지대에서Au Serão",[116] 26장 "전신선을 따라",[117] 27장 "가족과 함께",[118] 28장 "문자의 교훈",[119] 29장 "남성들, 여성들, 우두머리들".[120]

---

113 p.239(p.284), 번역본 452-453쪽.

114 pp.243-335(pp.285-377), 번역본 455-577쪽.

115 pp.243-254(pp.287-301), 번역본 537-555쪽.

116 pp.255-267(pp.302-316), 번역본 476-496쪽.

117 pp.268-277(pp.317-328), 번역본 497-513쪽.

118 pp.278-293(pp.329-346), 번역본 514-536쪽.

119 pp.293-305(pp.347-360), 번역본 537-555쪽.

24장 "잃어버린 세계"부터 간략하게 살펴본다. 카두베오족과 특히 그를 보로로족으로 이끌고 갔던 조사 탐험 이후에, 레비스트로스는 전문가들 사이에서 상당한 명성을 얻게 된다. 인류학자로서 얻은 그 같은 평판은 그에게 더 장시간의 보다 심층적인 탐험을 실현하기 위해 필요한 재원을 마련하는 데 도움을 주었다. 그 결과 그는 파리에서 원주민들이 특히 좋아하는 물건들(진주, 바늘 등)을 구비하기 시작한다. 그의 야심은 "민족지학과 지질학을 통해 일종의 브라질의 전체적 윤곽과 재단을 작동시키기 위해, 관목림과 가시덤불 속에서 1년 전체를 보내는 데 있었다."[121] 특히, 핵심은 아메리카에서 원주민의 인구 증가와 주민 수에 상당한 영향력을 행사한 역사적 흐름의 변화들을 재성립하려는 시도를 하는 데 있었다. 그리고 그 같은 연구를 기초로 삼아, 원주민들이 브라질 전체를 통해 매우 동질적인 문화의 생존자들이었다는 가설을 확인하는 데 있었다. 상이한 구어 방언들은 동일한 언어학적 계통에 속한다. 기원의 동일성이

---

120 pp.303-320(pp.361-377), 번역본 556-577쪽.

121 p.245(p.289), 번역본 460쪽.

라는 가설은 따라서 흥미롭다.

다양한 원주민들의 인구 증가와 숫자는 아울러 물질적 생활 수준이 낮고, 매우 세련된 사회학적 조직화를 갖고 있다는 공통점을 갖고 있었다. 따라서, 그들이 단지 투박한 문화만을 구비하고 있다고 믿게 만드는 오류를 퇴치시켜야 했다. 보로로족에 대한 연구는 이미 이 같은 현상을 분명하게 해 주었다. 바로 그 점으로부터, "잃어버린 세계"와 관련된 몇 개의 방향선들을 다시 찾는 것이 가능하다.

모기들로 득실거리는 가시덤불의 사바나 속에서 탐험대는 서서히 앞으로 나아갔다. 때는 1938년 6월이었는데, 9월 전에는 비가 내리지 않을 것이었다. 사냥감은 거의 없었고 식물은 색이 바래고 말라 가기 시작했다. 낮의 기온은 40도였으며, 밤의 기온은 10도에 불과했다. 특히 벌들을 경계해야 했는데 떼로 몰려와 사람들의 몸에서 흐르는 땀을 핥았다. 특히 눈의 돌출부를 공격했는데 모기들보다 더 귀찮게 만들었다. 벌들이 있기 때문에 또한 매우 농도가 강한 꿀도 마주하게 되었는데, 남비콰라족이 그렇게 하는 것처럼 물속에 용해시키는 것이 핵심이었다. 끝으로, 보로로족으로 이끌었던 여행에 비해 덜 고통스러운 여행 이후에, 100미터 너비의 강, 파파가이우강Rio Papagaio에 도착했다. "트럭의 물건을 내리고 강을 건너기 위해 식량과 여행 가방들을 바닥이 평평한 배 위에 옮겨 싣는다. 우리는 운전기사들과 작별을 고한다. 이미 강의 다른 어귀에는 두 명의 벌거벗은 몸들, 남비콰라족을 알아볼 수 있다."[122]

26장 "전신선을 따라"는 문명의 이기가 남비콰라족에 침투하면서 생기는 일화를 들려주고 있다는 점에서 흥미롭다. 전신선은 핵심적 식별을 가능케 하는 표식이다. 대부분의 경우, 그것은 작동되지 않았다. 전신선은 프랑스 국토와 맞먹는 광활한, 거의 총체적으로 탐험된 적이 없는 브라질 영토의 이곳저곳을 횡단하고 있었다. 전신선은 700킬로미터 길이의 코스로 이어지는데, 미탐험된 영토는 이 전신선의 가장자리에서 시작했다. 전신선은 "곧이어 쓸모없는 것이 되었다."[123] 왜냐하면 그것은 느슨해지고, 썩거나 흰개미들 또는 원주민들에 의해 파괴되었기 때문이다.

---

122 p.267(p.316), 번역본 496쪽.

123 p.268(p.317), 번역본 497쪽.

그래도 밀짚 오두막집 속에서 몇몇 개인 또는 가족들이 지키고 있는, 모든 사람이 잊어버린 전신국들이 남아 있었다. 그들은 문명과의 일체의 접촉이 결여되어 있었고, 다양한 형태의 광기들로서 반응했다. 그들에게는 심지어 더 이상 식량 보급도 제공되지 않았고 사람들은 사슴 고기만을 먹거리로 삼았다. 이런 상황은 이미 8년 전부터 1938년까지 지속되었다. 세 명의 예수교 신부 또한 이 지역에 터를 잡고 안착했다. 레비스트로스는 이 단락에서, 남비콰라족은 카두베오족과 보로로족보다 더 이전의 인류의 상태로 우리를 데리고 간다고 술회하고 있다.

남비콰라족에게는 한 해에 두 개의 시기가 존재했다. 먼저 우기(10월부터 3월)에 원주민들은 매우 엉성한 나뭇가지들로 만들어진 오두막집에 정주했다. 그들은 그곳에서 텃밭을 일구었다. 카사바속 식물, 옥수수, 담배, 면, 통, 난 등이 주요 재배종들이었다. 반면 건기 동안 원주민들은 유목민 생활 방식을 취했다. 그들은 애벌레, 거미, 메뚜기, 도마뱀, 뱀 등을 사냥하고, 과일, 씨, 뿌리, 꿀 등을 채집했다. "먹거리를 찾는 일은 모든 정성을 모아 이루어진다."[124] 그것은 극도의 궁핍한 생활이었다. 그들은 활과 화살로 사냥을 했다.

남비콰라족은 나체로 생활하며 키가 160cm 정도의 단신이고 병치레를 자주 했다. 그들의 모든 재산 품목은 여성들이 관리하는 한 채의 오두막집 속에 쉽게 자리 잡았다. 그들은 카누를 갖고 있지 않았다. 그들은 땅 위에서 잠을 자고 해먹(달아맨 그물침대)도 몰랐다. 그들 무리는 여섯 가족으로 구성되었는데, 대략 23명 정도였다. 이들 원주민은 민족학자 레비스트로스와 그의 사진기에 무관심했다. "남비콰라족의 언어는 여러 방언을 하나로 묶고 있는데, 그 방언들은 모두 미지의 상태이다."[125] 요컨대, 레비스트로스에게 남비콰라 탐험은 참으로 새로운 경험이었다.

27장 "가족과 함께"는 소소한 일상풍경을 묘사하고 있다. 날이 밝자마자, 남성들은 사냥을 하러 나가고 여성들은 음식을 준비하고 미역을 감았다. 이곳 원주민들은 매우 쾌활하며 대소변에 대해서는 스스럼이 없었다. 가사 동물들은 매우 중요했는데, 인간들과 함께 매우 친밀한 관계 속에서 살고 있었기 때문

124 p.271(pp.320-321), 번역본 503쪽.

125 pp.276-277(pp.326-327), 번역본 512쪽.

이다. 개, 닭, 원숭이, 앵무새, 다양한 새들. 그런데 오직 개만이 유용한 역할을 하고 있었으며, 다른 동물들은 즐거움을 위해 사육했다. 심지어 먹을 것이 매우 부족할 때조차도 이들 동물은 자신들의 몫을 갖고 있었다.

남녀 사이에서 사랑을 나누는 일은 남비콰라족에 있어 큰 자리를 차지했다. 그 같은 일들은 환희를 경험하는 순간이고 동시에 다소의 외설적 장난을 칠 수 있는 기회였다. 남녀 쌍은 그 사회의 안정적인 현실을 성립했다. "남비콰라족은 이중적 경제생활을 영위한다. 한편으로는 수렵과 텃밭 경작이며, 다른 한 편으로는 수집가와 채집가의 활동이다. 첫 번째 범주는 남성이 맡고, 두 번째 범주는 여성이 담당한다."[126] 남성들은 여성들을 다정다감함으로, 때로는 찬탄으로, 또는 선망으로 대했다. 생존을 가능케 하는 것은 여성들이었는데, 왜냐하면 열매 채집이 사냥보다 확실한 수확을 보장하기 때문이었다. 그럼에도 불구하고, 남비콰라 여성들은 부차적인 존재로 간주되었다.

남성들과 여성들은 유목성과 정주성의 관계를 상징화했다.

---

126 p.285(pp.336-337), 번역본 524쪽.

죽으면, 남성들의 영혼은 "재규어로 체현된다."[127] 반면, 여성들과 아이들의 영혼은 사라진다. 전체적으로 보았을 때, 남비콰라족은 불행으로 인해 부서진 총체적으로 비천한 인류일 수는 있으나, 그들의 기쁨, 그들의 친절함, 그들의 태평함은 "인간적 온유함의 가장 감동적이면서 가장 진실된 표현으로서" 나타났다.[128]

28장 "문자의 교훈"은 데리다의 주저 『그라마톨로지』에서 상세히 다루어지면서 문자와 관련된 여러 분야의 연구자들에게 새로운 주목을 받은 장이라 할 수 있다.[129] 레비스트로스는 남비콰라족 전체 인구수의 대략적 수치를 수립하려고 노력했다. 이 시절에 그들은 아마 2천 명 정도였으며 그들이 살고 있던 면적 도처에 흩어져 있었다. 정확한 정보들을 갖기 위해서 그는 자신이 머물렀던 곳 가까이 살던 무리가 아닌 다른 무리들과 접촉하기를 바랐다. 그래서 그는 이 같은 만남을 촉발시키기

---

127 p.288(p.340), 번역본 528쪽.

128 p.293(p.346), 번역본 536쪽.

129 Jacque Derrida, *De la grmmatologie*, Paris: Minuit, 1967; 자크 데리다 지음, 김성도 옮김, 『그라마톨로지』, 민음사, 2010.

위해 선물들을 준비했다. 그 교환은 실제로 원주민들과의 진정한 접촉에 필요한 선결 조건들이었다.

남비콰라족은 문자를 몰랐다. 레비스트로스는 그들에게 그림을 그려 보도록 하기 위해 종이와 연필을 건네 보았다. 그들은 물결 모양의 선들을 만들기 시작하나 문자의 전체적 형태를 투박하게 모방하는 데 머물렀다. 그런데 그 족장은 이 같은 투박한 모방보다 한 단계 더 나아갔는데, 왜냐하면 그는 순간적으로 "문자의 기능"[130]을 깨달았기 때문이다. 선물을 주는 순간, 그 족장은 아무 의미도 없는 아무렇게나 휘갈겨 쓴 종이 한 장을 사용해서는, 모여 있는 부족 구성원들 앞에서 그것을 읽어 내는 시늉을 했다. 어떤 선물은 어떤 사람에게 주고, 또 다른 선물은 다른 어떤 사람에게 주라는 식으로 그 낙서를 읽어 가는 식이었다. 그는 문자가 근본적으로 하나의 권력일 것이라고 이미 짐작했던 것이다.

사람들은 문자가 인류에게 심오한 지적 변형들을 가져다주었을 것이라고 믿을 수 있을 것이다. 그런데 레비스트로스는

---

130 p.296(p.350), 번역본 541쪽.

완전히 다른 시각을 개진한다. 역사적 사실들에 근거하자면, "인류 역사의 가장 창조적인 단계의 하나는 신석기 시대의 도래 동안에 자리 잡는다. 신석기 시대는, 농업, 동물 사육과 다른 기술들을 낳은 원천이다."[131] 그런데, 문자는 신석기 시대에 존재하지 않았다. 이어서 문자가 출현한 이후 지난 5천 년 동안 결정적 진보는 거의 완수된 바 없다는 것이 레비스트로스의 주장이다. 따라서 근본적으로 문자의 기능은 다른 데 있다. 그것은 "도시 공동체들과 제국의 형성"[132]과 결부되며, 사회적·정치적 위계화와 밀접하게 결합된다는 것이 레비스트로스의 통찰이다. 문자 텍스트는 다양한 법률들을 확산시키고 적용시키는 데 사용된다.

요컨대, "문자는 인간들에게 깨달음과 영감을 주기 이전에 인간들을 착취하는 것을 유리하게 만들었다. … 문자 언어로 이루어지는 의사소통의 일차적 기능은 예속화를 쉽게 하는 데 있다."[133] 요컨대, 이 같은 조건들 속에서 일체의 문맹 퇴치는 모종

131 pp.298-299(pp.352-353), 번역본 545쪽.

132 pp.299-300(p.354), 번역본 547쪽.

133 *Ibid*.

의 권력 강화이다. 남비콰라 족장은 "문자의 사용과 관례를 소유하지 않으면서도 문자라는 제도의 토대에 도달하면서"[134] 이 같은 관계를 파악했던 셈이다.

제7부의 마지막 장 "남성들, 여성들, 우두머리들"에서 레비스트로스는 남비콰라족의 사회 구조를 소묘한다. 한 무리의 남비콰라족의 사회적 구조는 극도로 취약하고 일시적이다. 족장이 너무 많은 요구를 한다거나, 그가 식량 문제를 해결하지 못한다면, 그는 자신의 무리에 의해 버림받았다. 그렇게 한 무리가 탄생하고, 성장하고 사라졌다. 남성들은 우두머리로 인정받았고, 무리는 그들 우두머리를 중심으로 성립되었다. 그렇지만, 권력은 세습되지 않았고, 뿐만 아니라 거의 사람들을 매료시키지 못했다. 빈번하게 한 남비콰라족 사람은 우두머리가 되는 것을 거부했다. "개인적 영예와 신뢰를 불어넣을 수 있는 적성은 남비콰라족 사회에서 권력의 토대이다."[135] 유목 생활 시기 동안, 우두머리는 사냥 또는 채취의 단계들, 이정표, 조사단, 이

---

134 p.301(p.355), 번역본 548쪽.

135 p.311(p.367), 번역본 565쪽.

웃 무리들에 대한 태도 등을 선택했다. 정주 시기 동안의 활동과 관련해서도 마찬가지였다. "구성원들의 동의가 권력의 근원에 놓여 있으며, 권력의 합법성을 유지하는 것도 또한 동의이다."[136] 물론, 이 부분에서, 레비스트로스는 자신이 인류학의 최초의 설립자로서 추앙하는 루소를 상기시키고 있다. 따라서 한 명의 우두머리의 근본적 자질은 너그럽고 인심이 후해야 했다. 그는 자신이 받은 물질적 재화들의 대부분을 다른 구성원들에게 주며, 더 나아가 지적으로도 너그럽고 고결해야 했는데, 즉, 창의력이 풍부하고, 능수능란하며, 대담해야 했다. 그는 화살의 독을 준비하고, 노래 부르고 춤을 잘 추며, 모임에 활기를 불어넣는 사람이고, 수렵과 채집에서도 빼어난 솜씨가 있어야 하며, 주변 영토를 훤히 꿰뚫고 있어야 했다. 그 무리가 수동적인 채로 남아 있는 반면, 그는 역동적이었다.

그의 가장 큰 특권, 아울러 거의 유일무이한 특권이라면, 여러 여성을 소유할 수 있는 권리였다. 이것은 "그 무리가 그의 우두머리에게 행하는 중요한 양보를 표상한다."[137] 그의 아내들

---

136 p.312(p.368), 번역본 565-566쪽.

은 그로 하여금 그의 여러 의무와 도리들의 높이에 버금가게끔 해 주며, 더 나아가 그를 위안하고 원기를 되찾게 해 준다. "그의 아내들은 권력의 보상이며 동시에 그의 도구인 것이다."[138] 그렇지만, 우두머리가 되려는 염원을 야기시키는 것은 일부다처제의 이 같은 특권이 아니다. 사실, 다른 모든 사회에서와 마찬가지로, 몇몇 개인은 다른 사람들에 견주어 명예에 대한 취향, 곧 명예욕과 권력에 대한 취향, 곧 권력욕이 더 많으며, 일체의 경쟁 정신을 벗어난 상태에서조차도 여러 책임을 행사하는 것을 즐긴다.

제8부 "투피카와이브족Tupi-Kawahib"[139]은 브라질 원주민들의 탐험 이야기의 마지막 부분으로서, 『슬픈 열대』에서 단일 부로는 가장 많은 무려 7장을 할애하고 있다. 각 장의 제목은 다음과 같다. 30장 "카누를 타고",[140] 31장 "로빈슨",[141] 32장 "숲속

---

137 p.316(p.373), 번역본 571쪽.

138 p.317(p.373), 번역본 572쪽.

139 pp.336-391(pp.379-445), 번역본 579-670쪽.

140 pp.336-346(pp.381-392), 번역본 581-597쪽.

141 pp.346-355(pp.393-403), 번역본 613-627쪽.

에서",[142] 33장 "귀뚜라미 마을",[143] 34장 "자핌새의 소극La farce du japim",[144] 35장 "아마조니아",[145] 36장 "고무나무 숲"[146]이다.

30장 "카누를 타고"는 레비스트로스가 원주민들과 함께 석 달째 야영 생활을 하고 있음을 묘사하는 것으로 시작한다. 새로운 원주민 무리를 만날 때마다, 동일한 일련의 과정이 전개된다. 주민 수와 가구 조사, 인체 부위들의 명칭, 친족명, 친족 체계, 다양한 목록체들 수립 등이 그것이다. 레비스트로스에 따르면 이것은 민족지학자의 "관료적"[147] 양상이다. 어느 날 조사 탐험단은, 사람들이 완전히 사라졌다고 주장했던, 투피카와이브족 원주민들이 여전히 존재한다는 사실을 알게 되었다. 이와 동시에, 레비스트로스는 미지의 부족에 대해서 언급하고 있는데, 모험심 가득 찬 상인은 카누로 그를 이들 야생 원주민이

---

142 pp.355-364(pp.404-413), 번역본 613-627쪽.

143 pp.364-370(pp.414-421), 번역본 628-637쪽.

144 pp.371-379(pp.422-431), 번역본 638-650쪽.

145 pp.379-385(pp.432-438), 번역본 651-660쪽.

146 pp.385-391(pp.439-445), 번역본 661-670쪽.

147 pp.336-337(pp.381-382), 번역본 582쪽.

사는 곳 가까이까지 데리고 갈 것을 수용했다. 이 같은 소식은 물론 연구자에게는 강렬한 감동을 불러일으켰다. "어떤 원주민 공동체 속으로 파고드는 최초의 백인이 될 수 있다는 것 이상으로 민족지학자에게 보다 흥분을 가져다주는 전망은 없다."[148]

이번에는 훨씬 더 쉬운 여행이었다. 카누에 몸만 맡기면 충분했던 것이다. 페이샤다peixada라는, 이를테면 아마존의 부야베스(마르세유에서 주로 먹은 생선 야채탕) 같은 매일매일의 음식을 만들기 위해 필요한 물고기를 낚시하면 그뿐이었다. 원숭이들도 사냥했는데, 곳곳에 풍족해서 별다른 사냥 솜씨가 필요 없었다. 이어서 원숭이를 불에 굽는데 불의 열기에 이 원숭이는 "수축된 손들의 모양을 하고 있는 아이의 미라가 되고 거위 고기 맛을 풍기는 찌개를 제공한다."[149] 매일 오후에는 비가 내렸고 모두 화창한 날의 광경을 기대했다.

저녁에는 서로 동반자로 삼아 사귀면서, 야영지의 터를 만들기 위해 몇 그루 나무들과 칡들을 베었다. 일부는 음식을 하고,

---

148 p.341(p.387), 번역본 589-590쪽.

149 p.344(p.390), 번역본 594쪽.

다른 사람들은 가지들과 종려나무들로 만들어진 지붕 아래 걸어 놓는 해먹을 설치하는 일을 맡았다. 그것은 "야영지의 불"에서 만들어지는 분위기였다. 모기가 득실거리는 가운데 침상에 들어갔는데, 여전히 빗소리는 일정 시간 동안 규칙적으로 들렸다. 잠이 들기 전에, 사람들은 이런저런 이야기들을 늘어놓고, 둥그렇게 모여 앉아 알콜 성분이 있는 파라과이 찻잔을 돌렸다.

31장 "로빈슨"은 레비스트로스가 문데족Mundé을 만난 이야기를 들려준다. 5일이 경과되어, 레비스트로스는 그가 찾았던 원주민 마을에 도달한다. 반원형으로 모여 있는 오두막집 3채, 100미터 길이의 텃밭, 성인 25명과 12살 아이, 또 다른 언어를 말하는 전쟁 포로 1명, 이것이 바로 그가 이제 막 당도한 새로운 장소의 대략적 윤곽들이었다. 이곳의 모든 원주민은 벌거벗고 살며, 자개와 조가비로 만들어진 목걸이들을 걸치고 있었고, 발목과 손목에는 면으로 된 작은 띠를 차고 있었다. 이들 원주민은 세심하게 자신의 머리카락을 뽑고, 단발머리를 하고 있었으며, 즐겁고 빼어난 리듬의 언어를 구사했다. "내가 알기론, 나의 방문 이후로, 그 누구도 이들 문데족을 다시 본 사람이 없었는데, 예외가 있다면 1950년대 이전에 부족의 몇 명을 만났던 여성 선교사를 손꼽을 수 있을 정도다."[150] 탐험단에게 이 시간은 매우 기분 좋은 일주일이었는데, 그 이유는 원주민들이 매우 다정했고 협조적이었기 때문이다. 그들은 자신들의 텃밭을 보여 주었는데, 그곳에는 옥수수, 카사바속 식물, 고구마, 난, 담배, 잠두콩, 강낭콩 등이 자라고 있었다.

그런데, 레비스트로스는 그들의 언어를 몰랐다. 그는 따라서 매우 초보적인 형식으로 그들과 소통할 수 있을 뿐이었다. 바로 그런 이유에서 그는 그들이 말하는 내용들에 대해 민족지학적 관점에서 흥미로운 정보들을 거의 알아낼 수 없었다. 이를테면, 그는 로빈슨 크루소의 상황에 놓였던 것이다. 탐험단은 문데족을 떠나 카누를 타고 강의 하류로 내려갔다. 이제부터는 진짜 투피카와이브족의 나라로 향하는 여행을 준비하고 개시하는 순간이었다. 이들 원주민 부족은 민족지학자 레비스트로스의 목표를 성립한다. 문데족 방문은 아쉽게도 하나의 기분 좋은 그리고 예상치 못한 일화에 불과했다. 투피카와이브족을

150 p.348(p.395), 번역본 601쪽.

방문하기 위해 거쳐야 할 숲의 장소에 이르기 위해서는 카누를 타고 3일을 가야 했다. 탐험단은 질병으로 인해, 그 구성원들의 몇 명이 줄어들었다. 특히 말라리아가 주요 원인이었다. 따라서 소량의 장비들과 식량만을 운반하게 된다.

32장 "숲속에서"에서 레비스트로스는 자신이 바다에 비해 산을 선호하는 이유를 들려준다. 그것은 그가 바다를 사랑하지 않기 때문이 아니다. 정반대로 "밀물과 썰물이 남겨 놓은 모래사장을 걷는 것"[151]은 그를 기쁘게 해 주며, 천 년의 풍화로 조각된 오브제들을 채집하는 것은 그에게 기쁨을 준다. 그렇지만 그때부터, 갈수록 바다는 이 같은 고독이 되기를 멈춘다. 인간들은 빠르게 바다를 오염시키고 바다를 죽이고 만다. 바로 그런 이유에서 청년 시절부터, 저자는 "하나의 집중화된 세계"[152]인 산에 대한 열정을 갖게 되었다. 청년기의 이 같은 사랑은 다소 누그러졌고, "이제는 나를 매료시키는 것은 숲이다."[153] 숲은 산과 동일한 매력들을 갖고 있으면서도 산보다 더 고요하다.

---

151 p.355(p.404), 번역본 613쪽.

152 p.357(p.406), 번역본 615쪽.

153 p.358(p.407), 번역본 617쪽.

더구나, 숲은 인간 사회와는 매우 다른 사회를 형성하면서 다양한 존재들이 삶의 터를 잡고 있다. "풀, 꽃, 버섯과 곤충들의 세계가 그곳에서 독립적인 생활을 영위하는데, 그 삶 속에서, 그 세계는 우리의 인내와 그곳에 받아들여지는 우리의 겸손에 의존한다."[154]

아마존 숲은, 이 같은 특별한 세계의 가장 극단적 형태라는 점에서 일종의 숲의 전범을 성립한다. 바깥에서 보면, 아마존 숲은 물론, 다소 불규칙적인 거대한 무질서처럼 보인다. 마치 흉물스러운 질병이 과거에는 건강했던 하나의 풍경을 침략한 것처럼 말이다. 그런데 아마존 숲의 내부로 관통하면, 하나의 진정한 우주를 발견할 수 있었다. 물론 그곳에서 모든 것은 유럽식 차원들에 익숙한 눈에는 균형이 안 맞고 지나치게 크다. 하지만 이 같은 광대함은 우리를 하나의 총체적이고 새로운 세계로 던져 놓는다. 레비스트로스는 바로 이 숲에서 활과 화살로 무장한 두 명의 투피카와이브족 원주민들을 만나게 된다. 한 사람은 족장이고 다른 한 사람은 그의 부하였다. 그 부족에

---

154 p.358(p.408), 번역본 618쪽.

는 다 합쳐 6명의 여성들과 7명의 남성들, 3명의 아이들이 있었다. 그들은 벌거벗은 채 살고 있었다.

33장 "귀뚜라미 마을"에서 저자는 이 부족의 마을을 상세히 묘사하고 있다. 마을은 강과 평행한 방향으로 세워진 사각형 모양의 집 네 채를 포함했다. 두 채는 거주지로 사용되고, 다른 두 채는 창고를 대신해 사용되었다. 주요 가옥의 외부 벽은 간결한 데생들과 회화들로 가득 차 있었다. 이들 거주지는 이웃 부족들의 그것들과 전혀 닮지 않았다. 그런데 투피카와이브족은 또 다른 독창성을 갖고 있었다. "그들은 담배를 경작하지도 않고 소비하지도 않는다."[155] 그들은 담배를 나쁜 것으로 간주했다. 남비콰라족은 이와 반대로 담배 피우기를 좋아했다. 원주민들은 솥에서 제작된 옥수수로 만든 주류인 카우엥cahouin으로 탐험단을 맞이했다. 그 술을 만들기 위해서는 마을 처녀들이 타액을 뱉어야 했다. 그들은 텃밭들을 경작하고, 난, 강낭콩, 피망, 고구마, 카사바속의 식물, 옥수수 등을 수확했다. 여성들의 얼굴에는 문신이 새겨져 있었다. 오두막집들은 텅 비어 있

155 p.366(pp.415-416), 번역본 630쪽.

었으며 면으로 된 해먹, 흙으로 만들어진 몇 개의 솥, 목재 절굿공이, 체, 끌, 활과 화살, 몇 개의 악기 정도가 있었을 뿐이다.

"창고에서 하룻밤을 보낸 후에, 나는 나의 가죽 혁대를 귀뚜라미가 갉아먹었다는 것을 목격했다."[156] 그런데, 앞서 언급했던 부족 가운데 어떤 부족도 이런 종류의 곤충들이 나왔던 적은 없었다. 그렇지만 흥미롭게도, 옛날 15-16세기의 여행가들, 특히 장 드 레리는 투피카와이브족들의 귀뚜라미들의 존재를 기록해 놓았을 뿐만 아니라, 이 원주민의 특이성으로서 그 곤충의 존재를 알리고 있다. 레비스트로스에 의하면 우리는 "곤충들의 종류와 인간 무리 사이의 절묘하고도 배타적인, 여러 번에 걸쳐 세속적인 결합"[157]을 눈앞에 두고 있다는 결론을 내릴 수밖에 없다.

34장 "자핌새의 소극La farce du japim"에서는 이 부족의 혼인 규칙과 족장의 특권을 묘사하고 있다. 이 부족의 족장은 자신이 이끄는 무리의 여성들에 대한 독점권을 행사했다. 그는 실제

---

156 pp.368-369(p.419), 번역본 634쪽.

157 p.369(p.419), 번역본 635쪽.

로 사춘기 나이에 도달한 여섯 명의 여성 가운데 네 명을 소유하고 있었다. 다른 두 명의 여성들은 더 이상 아내가 될 수 없는 노인과 족장의 여동생이었는데, 여동생을 자신의 아내로서 맞이하는 것은 금지되어 있었다. 요컨대, 이 족장은 "그에게 물질적으로 그렇게 하도록 허락된 만큼의 모든 여성을 소유할 수 있다."[158] 이것은 일부다처제의 독창적 형식이었다.

이를테면, 족장은 자신의 여성들을 그의 동료들과 동반자들에게 또는 외부인들에게 빌려줄 수 있으며, 그 같은 대여 방식을 통해 여성들의 분할에서 나타나는 불평등을 부분적으로 보완하거나 교정할 수 있었다. 또 다른 교정 작업은 "수혼제 —형수와 결혼하는 제도— 에 의해 제공된다."[159] 더구나, 투피카와 이브는 일처다부제를 실천하기도 했다. 이제 갓 사춘기에 접어든 매우 어린 원주민 처녀를 그의 남편과 그 남편의 형제들이 공유하는 것이다. 즉, 그것은 일부다처제와 일처다부제의 혼합이었다.

---

158 p.373(p.424), 번역본 641쪽.

159 pp.374-375(p.426), 번역본 644쪽.

족장이 구비하고 있어야 할 성격의 핵심적 조건은 그가 쾌활해야 한다는 점이었다. 이런 연유에서 과거에는 축제를 조직화하는 것이 바로 족장이었다. 어느 날, 민족지학자 레비스트로스는 그에게 있어 풍부한 의미를 갖는 사건의 목격자가 된다. 밤이 되자, 족장은 그의 해먹에 머무르고 있었다. 그러다 갑자기 그는 노래를 부르기 시작했다. 곧이어 두 명의 남성들이 그 곁에서 와서는 웅크리고, 무리 전체가 흥분상태에 빠졌다. 레비스트로스는 그때 그것이 무엇인지를 간파했다. 우두머리는 "노래와 구어 텍스트의 혼합과 더불어 일종의 연극, 또는 더 정확히 말하면 오페레테(소희가극)를 연기하는 중이었다."[160] 그 족장만이 12명의 배우들의 역할을 연기할 수 있었는데, 각 배우는 특별한 목소리의 톤으로 특징지어졌다. 선율들은 그레고리안 성가와 흡사했다. 그 작품은 한편의 익살극으로서 그 주인공은 자핌새였으며, 다른 동물들도 등장했다(거북이, 재규어 등).

35장은 "아마조니아"라는 제목을 달고 있다. 레비스트로스는 부족을 떠나 그의 동료들과 합류했다. 몇몇 상인은 시리아인들

---

160 p.378(p.430), 번역본 649쪽.

과 레바논인들로서, 카누를 타고 와서 의약품, 신문들, 여러 물건을 판매했다. 이들 작은 마을의 거주민들은 너무나도 생소한 모습이었는데, 아마도 그들 삶의 고단함과 불안정성의 희생자들이었기 때문이라고 술회되고 있다. 그들은 원주민들이 아니라, 농업 또는 고무 채취를 통해 일확천금을 벌기 위해 몰려든 개인들이거나 가족들이었다. 그들은 몇 년 정도 고된 노동을 하면 비천한 삶에서 벗어날 수 있을 것이라는 환상과 함께 비루한 삶을 피해 이곳에 왔다. 언제나 그런 것은 아니나, 빈번하게 결과는 전혀 그렇지 못했는데, 그들은 과거에 비해 여전히 더 비천하게 살고 있었다. 그들은 모험가들이면서 동시에 절망한 사람들이었다. 그들은 거의 언제나 그들의 불행을 감수하기 위해, 어느 정도 일종의 광기를 발산하는 데 이르렀다.

"엽기와 절망으로 범벅된 아마존 생활의 이들 가엾은 인물들을 더 오랫동안 상기할 수 있었으면 좋겠다. … 그들만이 알고 있던 부족들과의 이상한 약속들을 위해 숲속 깊은 곳으로 달려가는 까맣게 탄 머리들, 그들은 한 방의 화살을 받기 전에 보잘것없는 수확을 약탈한다. 버림받은 어느 계곡 속에서 덧없는 제국을 건설하는 몽상가들이다."[161]

문데족과 투피카와이브족이 살고 있는 숲의 언저리에 있는 마샤두강Rio Machado의 비탈길에서 우리는 모험을 추구하는 기상천외한 사람들, 비천함의 끝자락에서 좌초한 절반은 미친 예언자들을 만나게 된다.

36장 "고무나무 숲"은 고무나무와 관련된 흥미로운 내용을 담고 있다. 특히 그가 묘사하고 있는 고무를 찾아 나선 사람들은 마지막 숨을 거두고 있는 중이었으며 그 점을 사각하지 못한 채 모든 이성에 맞서 지푸라기라도 붙들고 있는 형국이었다. 세링가seringa는 파라고무나무의 지역 명칭이다. 그것은 강가 가까이에서 자라는데 정부의 허가를 받아 사적인 개인들, 소유주들, 또는 소규모 회사들에 의해 개발되었다. 고무나무를 찾는 사람은 이 사업에서 피고용인이었다. 그의 의존은 이중적인데, 왜냐하면 세링가의 소유주는 식량을 파는 상인이거나 강의 운송 회사인데, 이들은 반드시 통과해야 할 강의 운항

161 p.383(p.436), 번역본 657쪽.

독점권을 갖고 있었기 때문이다. "고무나무를 찾아 나선 사람은 무엇보다 한 명의 '고객'인데, 즉 그가 안착한 지역의 상점 고객이며 그는 그의 모든 상품을 그곳에서 구매하고 그의 노동 도구들과 계절을 수단으로 그가 수확한 일체의 식량을 판매한다."[162]

고무나무 유액을 채집하는 인부는 총체적으로 결박되어 있었다. 더구나, 1910년 이후로, 생산된 고무 가격은 폭락했는데, 이것은 아시아의 대규모 농장에서 생산한 고무 가격과의 경쟁에서 희생자가 되었기 때문이었다. 1938년, 그 시세는 과거에 비해 50분의 1로 떨어졌다. 고무를 찾아 나선 사람은 그가 최고의 가격을 받는다는 가정을 하더라도, 그 금액이 기껏해야 그가 필요로 하는 필수적 식량을 구입할 수 있는 정도에 불과하게 되었다. 따라서 그는 자신의 직업 이외에, 사냥을 하고, 가축을 기르고, 텃밭을 일궈야 했는데, 이것은 단지 굶어 죽지 않기 위한 호구지책이었다. 이따금, 일요일에는 몇몇 축제가 열리곤 했는데, 진정으로 즐기기 위해서라기보다는 불행을 잊기 위한

162 pp.385-386(p.439), 번역본 661쪽.

것이었다. 그 축제들은 널빤지로 만들어진 주막, 즉, 도박장에서 열렸는데, 그곳에서 고무나무 유액을 채집하는 인부는 술과 매춘부들 사이에서 고주망태가 되어, 어리벙벙한 상태가 되었다. 한마디로 재앙으로 얼룩진 절망스러운 댄스 파티였다. 그 목청껏 부르는 노래가 나오는 싸구려 카페의 음악은 그다음 날 다시 찾아야 할 생명의 소리를 질식시켰다. 그것은 절대적 불행에 맞서 여전히 존재할 수 있는 유일한 근원이라 할 수 있는 행복의 환상을 스스로에게 선사했다. 그것은 바로 확실하면서도 완만한 최후의 순간이었던 것이다.

이 책의 마무리를 형성하는 제9부의 제목은 "귀환Le retour"[163] 이다. 모두 4개의 장으로 이루어져 있다. 그 내용은 앞서 브라질 원주민들의 민족지학적 관찰과는 사뭇 동떨어진 철학적, 명상적, 문학적 필치의 수려한 글들로 상감되어 있다. 그 제목은 다음과 같다. 37장 "아우구스투스의 신성화L'apothéose d'Auguste",[164] 38장 "럼주 한 잔Un petit verre de rhum",[165] 39장 "탁실라

---

163 pp.402-445(pp.447-497), 번역본 671-745쪽.

164 pp.402-409(pp.449-457), 번역본 673-686쪽.

165 pp.410-422(pp.458-471), 번역본 687-706쪽.

Taxila",[166] 40장 "불교 사원 치웅 방문Visite au Kyong"[167]이다.

레비스트로스는 이제 늙은 유럽으로 다시 돌아가는 귀환길 채비를 한다. 그는 여전히 브라질에서의 조사 탐험의 몇몇 인상들을 우리에게 들려주는데, 이번에는 보다 개인적이고 덜 민족지학적인 색채를 띠고 있다. 아마도, 제5부의 내용은 그의 항해 일기의 몇몇 발췌본이다. 그에게 있어, 이 항해 일기는 민족지학적 조사와 분리될 수 없는 그의 인생의 결정적 순간들을 표상했다.

여행의 한 단계에서, 레비스트로스는 그의 동료들이 질병에 걸리는 바람에, 그들과 헤어져 홀로 남게 되었다. 그 결과 그는 강어귀에 있던 설치대 근처에 발이 묶였다. "그곳에서는 열두 명 정도가 말라리아에 걸려 사망했고 … 특히 기근으로 죽어 갔다."[168] 더구나, 근처의 숲에 살고 있던 원주민들은 민족학자 레비스트로스에게 적대적이었다. 민족학자는 상시적으로 경계를 해야만 했고 작업하는 것은 불가능했다. 따라서 그는 씁

---

166 pp.422-432(pp.472-484), 번역본 707-726쪽.

167 pp.433-445(pp.485-497), 번역본 727-745쪽.

168 p.402(p.449), 번역본 673쪽.

쓸한 성찰에 잠기거나, 그의 주의를 흡수하고 시간을 때울 수 있게 해 주는 세밀하고도 터무니없는 과제들에 몰입하고 있었다. "마투그로수 서쪽의 고원에서, 수 주 동안이나, 나는 제 주변을 에워싸고 있고 내가 두 번 다시 볼 수 없게 될 것에 의해서 강박된 것이 결코 아니라, 나의 추억이 여전히 빈약하게 만들었던 되풀이된 선율에 의해 강박되었다. 그것은 쇼팽의 작품 번호 10, 연습곡 3번의 선율이었다."[169] 유럽에서 포기했던 모든 과거는 기진맥진한 민족지학자 레비스트로스의 눈에는 쇼팽의 이 작품 선율로 압축되었다. 따라서 그는 진정으로 사물의 혼동 차원에서, 현실이 분할되는 초기의 정신분열증 상태에 놓였다.

여행은 그렇게 해서 "나를 둘러싸고 있던 사막들에 대한 것이 아니라 나의 기억의 사막들에 대한 탐험이 될 것이다."[170] 레비스트로스는 그를 끈질기게 괴롭히는 이 같은 물음에 대해 답을 할 줄 몰랐다. 열대의 열기 아래 모든 것이 잠들고 있던 어느 오

169 p.404(p.451), 번역본 676쪽.

170 p.405(p.452), 번역본 678쪽.

후에, 그는 한 편의 연극 작품을 쓰기 시작했다. 왜냐하면, 그를 고통스럽게 만드는 문제들은 그에게 훌륭한 캔버스canevas를 성립하는 것으로 보였기 때문이다. 엿새 동안, 그는 아침부터 저녁까지, 일체의 민족지학적 활동을 망각한 채, "아우구스투스의 신성화"라는 제목의 작품을 집필했다. 그런데 갑자기, 그의 영감이었던 습작은 고갈되고, 그 영감은 "다시 돌아오지 않았다."[171] 그 작품은 미완성인 채로 남는다. "내가 당시 끄적였던 습작을 다시 읽으면서, 나는 그 작품을 마무리 짓지 못한 것에 대해 후회해야 한다고 생각지는 않는다"[172]라고 저자는 귀띔해 준다. 그는 이 작품의 줄거리를 장황하게 들려주고 있다. 그 줄거리는 비범할 정도로 얽히고설킨 복잡한 이야기이다.

저자 자신이, 이 같은 연극 대본 작품을 쓰려고 했던 유혹은 당시 브라질 원주민 마을에서의 어렵고 비정상적인 생활 여건으로 인해 갑자기 야기된, 일종의 "이상 행동dérèglement"[173]을 발현하고 있다는 점을 언급하고 있다.

---

171 p.405(p.453), 번역본 679쪽.

172 p.406(p.453), 번역본 679쪽.

173 p.408(pp.455-465), 번역본 684쪽.

이어서 38장 "럼주 한 잔"에서 그는 마르티니크와 포르토리코에서 마셨던 럼주를 회고한다. 실제로, 그는 마르티니크에서 18세기 이후로 변하지 않은 채 옛 모습을 간직하고 있던 "시골풍의 투박하고도 허술한 럼주 제조소"를 방문한 바 있다. 이와 정반대로, 포르토리코에는, "백색의 에나멜 도료로 제작된 저장소 탱크와 크롬강으로 만들어진 밸브 장치를 구비한 초현대식 럼주 제조소들이 존재한다."[174] 그런데, 마르티니크의 럼주가 탁월한 반면, 포르토리코의 럼주는 훨씬 더 이물질이 섞여 있고, 무색, 무취, 무미했다. 작은 럼주 한 잔이라는 이 같은 현상은 레비스트로스의 눈에는 오늘날 모습을 드러내고 있는 바대로의, 문명의 위상 그 자체를 예증해 주고 있다.

물론, 야만인들에 관한 연구는, 우리를 자연 상태의 인간과 접촉하게 만들지 않는다. 우리가 지금 알고 있는 바와 같이, 자연 상태의 인간은 존재하지 않는다. 루소는, 사람들이 그에 대해 유포시킨 일체의 그릇된 오류들과 정반대로, 결코 자연 상태의 인간이 존재한다는 생각을 한 적이 없다. 레비스트로스는

---

174 p.411(p.459), 번역본 689쪽.

루소에 대해 저질러진 그 같은 오류들을 단호하게 비난한다. 인간 상태는 언제나 하나의 사회적 상태이다. 민족지학은 우리에게 더 이상 "숲속 깊은 곳에 존재하는 완벽한 사회"를 보여주지 않는다.[175] 단지, 이 점은 핵심적이거니와, "인간 사회의 이론적 모델을 수립하는 것을 도와줄 수 있을 뿐이다."[176]

"관찰 가능한 그 어떤 현실에도 상응하지 않는" 이 같은 모델로부터, 사람들은 현 사회의 상이한 힘들의 관계와, 동시에 인간과 집단 사이의 진정한 관계를 이해할 수 있기를 희망할 수 있다. 다양한 사회들의 비교는 더구나 우리가 눈앞에서 매일 경험하는 유일한 사회의 영향으로부터 벗어날 수 있도록 해 주는 좋은 수단을 제공한다. 그 같은 비교는, 탈중심화의 역할, 즉 우리를 상시적으로 노리고, 우리의 판단을 왜곡시키는 사회적 자아 중심주의를 벗어날 수 있도록 해 주는 역할을 맡을 수 있다. 그 결과, 우리는 민족지학 덕분에 "이방인 사회들의 풍속들이 아닌, 우리 자신들의 풍속들의 개혁에 적용하는 것이 가능

175 p.412(p.460), 번역본 690쪽.

176 pp.412-413(pp.460-461), 번역본 690쪽.

한 사회생활의 이 같은 원리들을 도출하는 데 이른다."[177]

39장 "탁실라"는 남아시아에서의 여행 체험기를 담고 있다. 탁실라는 라왈핀디Rawalpindi와 페샤와르Peshawar 사이에 있는 카슈미르 산악의 저지대에 있는 거점이다. 레비스트로스는 그의 책 끝머리에서 독자를 아시아로 이끌고 가며, 이제 그의 독자는 아메리카의 원주민들을 완전히 떠나게 된다. 탁실라에서는 수많은 고고학 발굴이 이루어진 바 있으며, 주지하는 바와 같이 최소한 기원전 6세기 이후로 그곳에는 사람들이 거주했다. 탁실라의 역사는 잘 알려져 있다.

그곳에서는, 실제로 "수 세기 동안, 구세계의 가장 위대한 영성적 전통 가운데 세 개의 전통이 나란히 어깨를 견주며 살아남았다. 헬레니즘, 힌두교, 불교."[178] 그러나 그것이 전부가 아니었다. 이슬람이 곧이어 이 지역에 파고들었고, 그곳을 더 이상 떠나지 않았다. 따라서, 기독교를 예외로 한다면, 구세계의 모든 종교적·문화적 영향이 이곳에서 행사된 셈이다.

---

177 p.413(p.461), 번역본 690-691쪽.

178 p.424(p.474), 번역본 710쪽.

델리로 가기 위해, 캘커타를 떠나면서, 그곳의 인간들의 득실거림과 그 비천함을 뒤로하면서, 레비스트로스는 진정으로 분위기를 바꿀 수 있다고 믿고 있었다. "먼저, 나는 마치 카르카손에 또는 세뮈르Semur에 안착한 것처럼, 성곽들 보루 속에 둥지를 튼 구닥다리 호텔에 자리를 잡고는, 그곳에서 달빛을 보며 곰곰이 생각에 잠겼다."[179] 델리가 하나의 소규모 도시라기보다는 하나의 관목림과 더 흡사한 방대한 외연을 갖고 있는 도시라는 사실을 알아차렸을 때, 그의 놀라움은 엄청난 것이었다. 실제로, 수십 킬로미터 간격으로 서로 분리된 여러 개의 델리가 존재하는데, 이곳을 호령했던 각각의 통치자들은 자신의 고유한 도시를 건립하기를 원했던 것이다.

레비스트로스는 이슬람에 관심을 갖고 있었으며, 그런 연유에서 그 유명한 타지마할이 건설된 도시인 아그라Agra로 가 보기로 결정한다. 타지마할은 무굴인 황제가 세운 무슬림의 기념비이며 인도에서, 심지어 세계를 통틀어, 가장 명성 높은 기념비이다. 사람들은 이따금 그 기념비를 비꼬고는 하는데, 왜

179 p.425(p.475), 번역본 712쪽.

냐하면 그것이 다소 우편엽서의 왕궁 모습을 하고 있기 때문이다. 그럼에도 불구하고, "타지마할의 울타리를 넘어섬과 동시에, 거리들과 시대들을 넘어서면서, 천일야화의 세계에 손쉽게 접근함으로써, 스스로 압도당하고 있음을 느끼지 않을 수 없다."[180]

인도에서는 우상숭배가 언제나 살아 있다. 캘커타의 주변 소도시들에서, 매우 최근의 종교 숭배를 위한 싸구려 종교 미술이 극도로 활개를 치고 있고, 전쟁 방어용 콘크리트 사원들이 건립되는 것에서 그 점을 확인할 수 있다. 이슬람교 미술은 인도 내륙에서, 우상숭배와는 강하게 대조를 이룬다. 무슬림들은 이 나라에서 3개 유형의 건물들을 건설했다. 요새와 보루, 사원들, 무덤들이 그것이다. "그런데 요새들은 사람들이 거주한 왕궁들이었던 반면, 무덤들과 사원들은 사람들이 점유하지 않은 왕궁들이다."[181]

레비스트로스는 한순간 무덤들의 연구에 머무는데, 그는 그

180 p.427(p.477), 번역본 715쪽.

181 p.429(p.480), 번역본 719쪽.

무덤들에서 이슬람 문명의 훌륭한 상징을 본다. 실제로, 무슬림들은 두 부분을 간파했다. 죽은 자에 의해 사용될 수 없는 "휘황찬란한 기념비", 그리고 "그가 갇혀 있는 초라한 처소", "한편에서는 과도하고 비효율적인 쾌적함, 다른 한편에서는 실재적인 불편함이 존재한다."[182] 그것은 근본적인 이슬람적 태도의 번역이며, 레비스트로스는 희귀석들과 "풍속들의 시골풍"과 "완고함"을 감추고 있는 믿기지 않는 다양한 세련됨과 기교에 대해 말한다.

레비스트로스가 보기에, 이슬람은 외부와 함께 관계들을 맺을 수 없는 무능력에 기초한 위대한 종교이다. 바로 그런 이유에서, "불교의 보편적 호의"와 "기독교의 대화 갈망"을 "이슬람의 불관용"[183]과 쉽게 대립시킬 수 있다. 이슬람은 그 스스로를 실현하기 위해, 믿지 않는 자들을 배제시켜야 할 필요, 즉 타자를 타자로서 초토화시켜야 할 필요를 갖는다.

레비스트로스에 의하면, 이 점은 인도의 이슬람교도들의 습

---

182 p.430(p.481), 번역본 721쪽.

183 p.433(p.484), 번역본 725쪽.

관적 행동 양식들의 상당수를 설명해 준다. 특히, 파키스탄을 건국하는 순간에 그 점을 목격할 수 있었다. 그들은 자기들끼리 남아 있으려는 의지를 갖고 있었고, 진정한 향토 정신으로 활성화되어 있었다. 그들은 오직 이슬람교도들 사이에서만 편안함을 느꼈고, 바로 그런 이유에서, 함께 남아 있기 위해 치러야 할, 그처럼 무거운 개인적, 집단적 희생들을 받아들였던 것이다.

마지막 장인 40장 "불교 사원 치옹 방문"에서도 일종의 비교종교문명론은 계속되며, 이 장은 이 책의 피날레를 장식한다. 앞서 보았듯이, 레비스트로스가 이슬람에 대해 불편함을 느끼고 있음은 명확하다 못해 다분히 노골적으로 여과 없이 표출되고 있다. 그는 그 점을 인정하고 있고, 그 이유들도 알고 있다. "나는 이슬람에서 내가 온 세계를 재발견한다. 이슬람, 그것은 동양의 서양이다."[184]

이슬람에 대한 비판은 신랄하다. 특히 레비스트로스는 변화를 인정할 줄 모르고, 그 변화에 적응할 수 없는 무능함, 즉 이

---

184 p.433(p.485), 번역본 727쪽.

슬람의 보수성에 대해 말한다. "이슬람은 7세기 전에 실재했던 특정 사회에 대한 그것의 명상 속에 고정된 채 남아 있다. 그리고 그 사회의 문제들을 단칼에 베기 위해, 이슬람은 효과적인 해결책을 구상했고, 우리는 150년 전부터 변화한 시대의 틀을 벗어나 사유하는 데 이르지 못한다. 우리가 역사에 부여할 줄 알았던 시대를 말한다."[185] 이 같은 커다란 보수적 경향은 지나간, 아울러 한물간 모델들의 향수를 재생산하는 것을 겨냥한다. 동양과 서양은 공통의 토양에 그들의 뿌리를 내리는데, 만약 이슬람이 양자 사이에 건널 수 없는 장벽을 세우지 않았다면, 불교와 기독교는 서로 만날 수 있었을 것이고 서로가 서로를 풍요롭게 만들고, 서로 용해되어, 동양과 서양의 영원히 상실되지 않았을, 커다란 통일성을 실현할 수 있었을 것이라고 레비스트로스는 말한다. 그런데 이슬람과 특히 불교는 모든 면에서 서로 대립한다. 엄밀히 말해 양자는 반명제적이며, 있는 바 그대로, 서로가 서로에게 스며들 수 없다.

레비스트로스는 이를테면, 부처와 무함마드를 갈라놓는 것

---

185 p.434(pp.485-486), 번역본 728쪽.

속에서 그것을 체현하면서, 이 같은 비교를 소묘한다. “현자와 예언자의 대조보다 더 분명한 대조는 상상할 수 없을 것이다. 양자 모두 신이 아니며, 이것은 그들의 공통점이다. 그러나 다른 모든 점에 있어서 그들은 서로 대립한다. 한 명은 금욕적이고, 다른 한 명은 그의 네 명의 아내들과 더불어 강인하다. 한 명은 남녀 양성적이며, 한 명은 수염이 있고, 한 명은 평화적이고, 다른 한 명은 호전적이고, 한 명은 모범적이고 다른 한 명은 구세주이다.”[186]

이슬람교와 불교는 남성성과 여성성으로서 구별된다. 레비스트로스에 의하면, 인류의 역사에는 영성적 차원에서, 산 자들과 죽은 자들 사이 관계의 문제를 해결하기 위한 세 개의 근본적 시도가 존재한다. 그것들의 출현의 연대기적 순서에 있어, 각각은 그 이후의 것에 대해 대략 500년의 차이가 있다. 불교, 기독교, 이슬람교가 그것이다. 레비스트로스는, 이 세 개의 종교에서 진보를 구별하는 것과는 거리가 멀게, 그와 정반대로 매번 후퇴가 있었다고 생각한다. 불교는 가장 철저하다. 저세

---

186 p.436(p.488), 번역본 732쪽.

상은 존재하지 않는다. 현자는 사물들과 존재들이 의미가 없다는 의식에 당도하는데, 이것은 우주의 진정한 붕괴이다. 인류는 그 같은 철저함과 급진성을 과거에 결코 깨달을 수 없었다. "다시 두려움에 양보하면서, 기독교는 다른 세계, 그것의 희망들, 그것의 위협들, 그리고 최후의 심판을 다시 세운다."[187] 따라서, 이미 그것은 엄청난 후퇴이다. 이슬람은 이승과 저승을, 시간적 세계와 영성적 세계를 연결시키면서 그 같은 후퇴를 강화시켰다.

인도의 사원들에서 우상은 신을 표상하는 것이 아니라, 신 그 자체이다. 신은 그 결과 사원 속에서 실재적으로 현존한다. 바로 그런 이유에서, 사원들의 문은 빗장을 질러 잠가 놓아야 한다. 이 점에 있어, 이슬람교와 불교는 상이한 방식으로 반응한다. 이슬람은 우상들을 거부하고 제거한다. 이슬람 사원들은 그 어떤 우상도 포함하고 있지 않다. 불교는 우상들을 이미지들로 대체하고 그렇게 해서 이미지들을 증식시킨다. 이미지들은 신을 상기시키나 신 자체는 아니다. "하나의 우상을 모시고

---

187 p.437(p.489), 번역본 733쪽.

있는 힌두교의 성소 옆에, 이슬람 사원은 인간들을 제외하면 황량하고, 불교 사원은 초상화의 무리를 모시고 있다."[188] 불교의 영향력은 미얀마 국경선의 사원인 치옹에서 만나 볼 수 있다. 레비스트로스는 이곳 사원에서 "시리즈로 제작되어 모두 닮아 있는" 수많은 인형이 정렬되어 있음을 발견한다.

이제, 그가 경험한 '슬픈 열대'로부터 다시 자신의 고국으로 귀환하며, 그 자신의 여행 결산을 할 시간이 되었다. 그가 거두절미하고 선호하는 최고의 이상형은 불교이다. 그는 자신이 행한 독서들, 여행들, 학문적 활동들, 스승들과의 사상적 교류들 가운데 그 어떤 것도, 보리수 아래에서 명상하는 부처가 가르쳐 준 것 이상을 넘어서는 것을 자신에게 가져다준 것이 없다고 단언한다.

근본적 진리들은 그 수에 있어 매우 한정되어 있다. 과학을 신성시하기를 원하는 서구의 교만에 의해 스스로가 도취하게끔 내버려 두어서는 안 될 것이다. 과학은, 그것의 정복과 성취가 무엇이건, 인간적 진리의 여정에서 결코 우리가 앞으로 나

---

188 p.439(p.491), 번역본 736쪽.

아가도록 만들어 주지 못한다. 레비스트로스는, 그의 저서들 대부분에서 표현된 그의 핵심적 사상 가운데 하나를 다시 발견한다. 특히, 『신화지』 제4권 『벌거벗은 인간』에서 그 점을 찾아볼 수 있거니와, 이것은 그의 세계관의 기초를 성립한다. "세계는 인간 없이 시작했고, 인간 없이 완수될 것이다. 내가 평생 동안 목록을 수립하고 이해하는 데 시간을 바친 제도들, 풍속들, 관습들은 모종의 창조의 스쳐 지나가는 개화이며, 그 같은 창조에 견주어, 그것들은 그 어떤 의미도 갖지 않는다."[189] 이런 태도에 대해 많은 사람이 레비스트로스에 대해 비관적이라고 비난했으나, 어쨌건, 레비스트로스의 태도는 항시 그러했다.

인간은 그가 우주에서 유일하지 않다는 점을 기억하고 있어야 할 것이다. 어떤 사회도 다양한 많은 사회가 존재한다는 점을 망각해서는 안 되는 것처럼 말이다. 개인 자신도 일정한 무리 속에 존재한다.

---

189 p.443(p.495), 번역본 742쪽.

4장
여행의 인간학: 인류학적 경험을 넘어 서구 문명 비판으로

1. 통속적 여행가들과 탐험가들에 대한 도덕적, 정치적, 생태적 비판: 관습적 여행을 넘어

다소 놀랍게도 『슬픈 열대』를 여는 첫 문장은 자신들의 여행 이야기를 쓰는 기쁨을 누리기 위해, 세계의 절반을 가로지르며 구석구석을 누비고 다니는 여행가들과 탐험가들에 대한 신랄한 비판으로 시작한다. 보다 구체적으로, 레비스트로스는 비사실적이며 멀리 동떨어진 자연의 총천연색 슬라이드를 무감각해진 대중들 앞에서 뽐내며 소개하고 희열을 느끼는 여행가들에 대한 힐난으로 포문을 연다. 그는 왜 이런 부질없는 수고들은 결국 실패할 수 없는 것인가라고 단도직입적으로 묻고 있으며, 그에 대한 답도 내놓고 있다. 그 이유의 핵심은, 이들 여행가는 원주민들(또는 미개인들)의 고유한 정체성, 곧 그들의 타자성의 발견에는 관심이 없다는 근본적 한계에 있다.

뿐만 아니라 레비스트로스는 표피적 호기심을 충족하려는 대중들의 태도에도 문제가 있음을 지적한다. 그는 이들 여행가의 책을 읽거나, 강연을 듣는 대중의 호기심은 궁극적으로, 간접적이나마 모종의 인류학적 여행을 체험하려는 참된 욕망에 의해 동기가 부여된 것이 아님을 날카롭게 비판한다. 여기서 말하는 인류학적 체험은, 이를테면 아마존의 원주민 또는 아프리카 토착 원주민과 자신들을 동일시할 수 있도록 해 줄 수 있는 정서적 원천이라 할 수 있다.

레비스트로스는 여행가의 목적이란, 그가 제아무리 먼 곳을 여행하더라도, 그 자신과 그가 현재 살고 있는 사회 사이에 어떤 거리를 두더라도, 그가 속한 사회적 집단의 산물이고, 더 나아가 그의 사회가 암암리에 형성한 편파적 세계관의 희생물로 남을 수밖에 없다는 예리한 분석을 내놓는다. 뿐만 아니라, 레비스트로스는 대부분의 통속적 여행가는 진정으로 무엇인가를 발견하기 위해 여행하지 않으며, 그들은 그저 남들에게 과시하거나 자랑거리를 만들기 위해 여행하는 것이 엄연한 현실이라고 설파하며 비난의 수위를 높인다. 물론, 이들 여행가의 여행로가 험난해 그 발길이 위험천만한 것일수록, 그들의 발걸음에 대한 찬사가 더 높아짐은 자명하다. 즉, 여행가는 이들 대중의 마음을 사기 위해 이런 무모한 모험을 실천하나, 사실 그것들은 부질없거나 쓸모없는 임무들이다. 타자의 다름을 있는 그대로 인정하는 것은 서로의 다름을 인식하고 자신과 타자를 동등한 가치의 위상에 갖다 놓음으로써 궁극적으로는 자신과 그들을 동일시할 수 있는 발판을 마련하는 계기가 될 것이나, 이들 범속한 여행가들은 애초부터 타 문화와의 진정한 친화와 동감을 시도할 생각이 없다.

그런데, 아쉽게도 우리 사회가 이국풍으로부터 요구하는 것은 세계의 나머지 다른 곳들이 우리의 존재와는 너무나도 다르다는 것을 보여 주는 데 있고, 타자에 견주어 극복할 수 없는 근원적 차이로서 우리의 정체성을 배타적으로 규정하는 데 있다. 그런데 이 같은 편협한 입장에서 노출되는 문제는 타자와 다른 곳을 대면할 때 취하는 이 같은 거리 두기의 태도가 자신의 정체성을 스스로 부정하는 데 이른다는 사실이다. 그 이유는 간단하다. 한 사람의 존재는 원하건 원치 않건, 어쩔 수 없이 그 같은 타자와 결속되어 있기 때문이다.

이렇듯 대부분의 여행가들은 타자와 타 문화에 견주어 자신과의 차이를 구별 짓는 것을 직업적 강령으로 설정하며, 자신들이 행하는 여행의 정당성을 수립한다. 이 점에 있어, 여행 문학과 관련해, 전통적으로 두 개의 반박이 공통적으로 표명되고 있음을 주목할 필요가 있다.

첫 번째 종류의 반박은 여행 서사와 그것이 들려주는 사실들의 관계로서, 그 기원부터, 여행기의 장르는 묘사된 공간들의 진실성과 정확성과 관련된 비판적 검증과 반박에 직면했다. 여행이 유토피아적 상상이나 허구가 아닌 이상, 세계를 직접 가보고 자신이 보고, 느끼고, 생각한 바를 기술하는 것이 여행 담론의 요체라는 점에서, 여행가의 경험에 비춰 그 서사는 원칙적으로 검증되고 동시에 반박될 수 있어야 한다. 아울러, 이 같은 검증 절차가 마무리될 때, 거짓으로 의심되는 것과 결정적 오류들의 원인을 짚어 냄으로써, 해당 여행 서사 전체의 신뢰를 깰 수 있으며, 특히 그 서사가 일정한 객관성을 주창할 경우 그 같은 신뢰 손상은 보다 치명적이다. 객관성을 핵심 자산으로 삼는 여행 서사는 제반 사실들에 의해 반박될 수 있거니와, 세계를 말하고, 기술할 수 있는 서사의 능력은 상호 주관성의 원칙에 의해 반증될 수 있다는 조건이 설정되어 있기 때문이다.

두 번째 종류의 이의 제기는 따라서 특정 여행기가 현실 세계를 과연 얼마나 사실적으로 기술하고 있는가라는 그것의 재현 가능성과 충실성에 대한 이의 제기라고 말할 수 있다. 비교적 간단한 사람의 얼굴을 묘사하는 것조차 작가에게는 매우 어렵거나 불가능한 일이 되는 경우가 다반사인데, 실제로 어떻게 특정 문화 또는 민족을 완전하게 묘사할 수 있단 말인가? 달리 물어보자면, 글쓰기가 세계를 완전하게 기술하거나 설명할 수 있는 힘을 갖고 있지 못할 때, 하나의 서사가 아무리 거장의 작품이라 해도, 그것이 특정 여행에 대해 자신이 경험한 현실을 얼마만큼이나 충실하게 재현할 수 있을 것인가라는 본질적 물음을 던져 볼 수 있는 것이다.

레비스트로스는 『슬픈 열대』의 초반부터 여행 서사의 이 같은 본질적인 한계들에 대해 조심스럽게 접근한다. 그는 먼저 여행의 특정 실천 방식을 비판하는 것으로 포문을 연다. 이를테면 민족학자 레비스트로스는 몇몇 여행가의 '클리셰', '스테레오타입', 여행기를 너무 가볍게 여기는 지나친 안일함에 대해 매우 직설적인 어조로 비난을 퍼붓는다. 그가 관습적 여행가들의 행태를 그처럼 못마땅하게 여기는 이유는 그들의 경험이 불완전하고 그들이 행한 여행 실천의 인간학적 깊이와 밀도가 미흡하거나 턱없이 부족하기 때문이다.

간단한 예를 들자면, 단기간의 일정을 다급하게 소화하는 관광객이나 방송 리포터의 경험은, 단지 그가 소개하는 곳의 피상적 인상을 대중의 머리에서 잠시 스쳐 지나가게 만들 뿐이다. 이런 불완전하고 잘못된 여행 실천과 행태의 유형론은 한 권의 책으로도 모자랄 것이다. 그릇된 방식으로 여행하는 사람, 항상 자신의 문화와 비교해서 우월감 또는 열등감에 빠지는 사람, 평소 거의 여행을 하지 않는 사람, 너무 서둘러 여행하는 사람, 전혀 여행을 하지 않는 사람, 여행지의 물리적 조건과 그곳 사람들의 관습과 심지어 그들이 외부인을 대하는 태도에 대해 끊임없이 불평을 늘어놓는 사람, 등등, 여행가의 태도는 각양각색이다.

이 같은 상투적이고 관습적인 여행 양식과는 정반대의 대척

점에 놓여 있는 레비스트로스에게 있어, 참된 여행은 주파한 여정의 공간적·시간적 수량으로 성취되기보다는, 한 명의 주체로 하여금 낯선 것을 적극적으로 흡수하도록 만들어 주는 특이하고도 내밀한 개인적 경험으로 이루어진다. 바로 그런 이유에서, 민족학자는 역설적이면서도 짜증 섞인 단언으로 이 책의 모두冒頭, 즉 최초 문장incipit을 시작한 것이다.[190] "나는 여행들과 탐험가들을 증오한다. 그러니 곧바로 나는 서둘러 나의 탐사를 이야기하려 한다."[191]

'나는 증오하나, 그런데 내가 증오하는 것을 하려 한다'라는 이 도발적 문장은 우리의 상식적 해석과 달리 결코 모순이 아니다. 이 미묘함을 독자들에게 설명하기 위해서는 프랑스어 원문에 대한 약간의 도움말이 필요하다. 이 유명한 문장의 프랑스어 표현 Et voici그리고 곧바로는 단순한 부사형이 아니다. 우리는 그것을 일종의 대리 보충의 논리로 봐야 할 것이다.[192] 즉, 그의

---

190 문학작품에서 모두가 갖는 서사학적 기능과 가치에 대해서는 다음 문헌 참조. Jean Molino & Raphaël Lafail-Molino, *Homo Fabulator Théorie et Analyse du récit*, Montréal & Arles: Leméac & Actes sud, 2003, pp.91-99.

191 p.3(p.9), 번역본 105쪽.

여행은 그저 그런 또 하나의 여행이 아니며, 미디어의 관심을 끄는 유사 탐험가들의 안일하고도 불충분한 설익은 여행과 근본적으로 다른 것임을 시사한다. 레비스트로스 자신만의 삶과 경험 세계에 고유하게 속하는 그의 여행은 자아와의 특이한 만남을 통한 또 다른 자아의 발견이며, 동시에 타자와의 특이한 만남과 그 발견이다. 요컨대 타자성 또는 이타성 그 자체는 탐험해야 할 세계이며, 결코 어떤 장식용 이국풍의 소재도 아니고, 보여 주기 위한 모험의 불쏘시개도 아니다.

이 같은 비판적 맥락 속에서 『슬픈 열대』는 스스로를 자신이 경험한 여행의 정직한 증언으로서뿐만 아니라, 민족학이라는 하나의 학문으로서 자신의 여행의 존재 이유와 정체성을 단언하면서 진정한 여행에 참여했음을 천명한다. 그 같은 여행의 목적은 풍부한 민족지학적 자료들을 생산하고, 자신의 어떤 특이한 경험을 한 편의 서사로 번역하는 데 있다.

---

192 이 점에 대해서는 다음 논문 참조. Olivier Sécardin, “*Tristes tropiques* ou l'adieu au voyage?”, *Multilinguales* [En ligne], 8, 2017, 온라인 게시일자 2017년 6월 1일, 열람일자 2020년 12월 10일, URL: http://journals.openedition.org/multilinguales/452.

따라서 『슬픈 열대』는 기존 방식으로 이루어지는 여행들에 견주어 자신의 여행 방식과 그 원인의 차이를 단언하는 것으로 시작한다. 왜냐하면, 기존의 이들 여행은 가짜 여행들이기 때문이며, 신비화, 범속함, 무미건조함으로 얼룩져 있기 때문이다. 그런 사이비 여행에서는 그 누구도 그리고 그 어떤 것도 진정으로 여행하지 않는다.

한편, 『슬픈 열대』의 너무나 유명한 첫 문장, "나는 여행들과 탐험가들을 증오한다"에서 사용된 동사(프랑스어 동사 haïr)에 초점을 두고 여러 물음을 제기할 수 있다. 여행기를 이렇게 시작하는 것은 상당히 강력한 울림을 갖고 있을 뿐만 아니라, 왜 그런 다소 도발적 어휘를 사용했을까라는 호기심을 불러일으킨다. 일부 주석가들이 언급한 바 있듯이, 기존의 상투적 여행에 대한 권태와 피로감, 관심 상실, 심지어 질색 정도의 표현은 납득이 갈 수 있으나, '증오'라는 표현은 과하다고 생각될 수 있기 때문이다. 뿐만 아니라, 왜 하필이면 그 증오의 대상이 여행들과 탐험가들이란 말인가? 또한 레비스트로스에게 가하는 비난의 원인이라 할 수 있는 모순 또는 역설을 지적해야 할 터인데, 이를테면 왜, 굳이 자신이 혐오하는 여행과 탐험의 또 다른 서사를 들려주려고 애를 쓰려 하는 것인가라고 그에게 되물어 볼 수 있을 것이다.

이 맥락에서 우리는 세 개의 핵심적 물음을 구성하고 그에 대한 답을 마련해야 할 것이다. 첫째, 레비스트로스가 기존 탐험가들의 못마땅한 행태에 가하는 비난의 원인과 그 본질, 둘째, 그가 과거 또는 동시대의 탐험가들에 견주어 설정한 관계, 셋째, 여행과 서사 사이의 표상(재현) 관계와 분절 방식. 첫 번째 물음에 대한 답의 핵심은 레비스트로스의 특이성과, 이 책이 출간된 시기를 전후로 해서, 표출된 여행과 탐험 및 그것들의 서사 방식에 대한 전통적 혐오감과 비난에 견주어, 레비스트로스의 여행 비판론을 구별시켜 주는 그것만의 고유한 성격과 특수성이라 할 수 있다.

왜냐하면, 이 책이 발표되었을 당시만 해도, 통속적 여행 행태에 대해 상당히 오래전부터 관습적으로 표출되어 온 증오감을 또다시 분출한 것 자체가 완전히 참신한 시도라고 보기는 어렵기 때문이다. 실제로, 프랑스의 경우, 19세기 낭만주의 이후로, 여행에서 얻을 수 있는 쓰라린 교훈과 새롭게 알게 된 불편한 진실을 묘사하는 여행기, 여행의 환상에서 깨어나고 미몽으로부터의 깨어남을 강조하는 글들은 헤아릴 수 없을 정도로 많았기 때문이다. 이국풍의 환상들을 고발하는 서사들은 청년 레비스트로스가 브라질로 출발하기 앞서 이미 상당 기간 동안 만개했다. 몇 개의 작품을 언급하면 다음과 같다. 앙리 미쇼Henri Michaux의 『에콰도르*Ecuador*』(1929), 폴 니장Paul Nizan의 『아덴 아라비아*Aden Arabie*』(1931), 미셸 레리스의 『아프리카 유령*L'Afrique fantôme*』(1934).

이 대목에서, 다음과 같은 레비스트로스의 서술은 역사적 맥락에서 꼼꼼히 읽어 볼 필요가 있다. "정글을 누비고 다닌 이들 가운데, 백발의 선배가 된 나는 한 줌의 재 말고는 아무것도 건진 것이 없는 유일한 사람으로 남을 것인가? 오직 나의 목소리만이 그 같은 탈주의 실패를 증언할 것인가? 마치 신화에 나오는 원주민처럼, 나는 대지가 허락하는 한 가장 멀리까지 가 보았고, 세계의 끝자락에 당도했을 때, 나는 인간들을 비롯한 생명체들, 그리고 사물들에 물음을 던졌고, 신화 속의 그 원주민이 맛본 좌절감을 다시 경험했다."[193]

193 p.30(p.41), 번역본 145-146쪽.

따라서 레비스트로스가 자신의 유일한 목소리만이 탈주의 실패를 위해 증언할 수 있다고 믿는 것은 잘못된 믿음이다. 그럼에도 불구하고 그 같은 환상에서의 깨어남은 단순히 명민한 깨달음을 상호 보완할 수 있는 촉매제 그 이상의 보다 고차원적인 교훈이다.

따라서 『슬픈 열대』의 파격적인 첫 문장은 중층적 의미 작용을 담지하고 있는 독특한 언표로서 읽을 수 있을 것이다. 현장조사가 민족학을 특징짓는 필수적 요소가 된 이후부터 민족학자들이 발표한 글들 속에서 수많은 비슷한 경우들을 발견할 수 있는 다소 일반화된 발화 유형인 것이다. 그것은 프랑스의 경우, 대략 1930년대의 상황을 표상한다고 말할 수 있다. 문제의 핵심은 민족학자라는 직업으로 인해 실천해야 할 물리적 이동, 한편으로는 모험가와 리포터의 여행 사이의 경계선, 다른 한편으로는 관광객이 실천하는 여행과의 경계선을 긋는 일이다. "민족지학자의 직업에서는 모험은 낄 자리가 없다. 그것은 단지 하나의 속박이요, 지엽적 사항일 뿐이다."[194]

194 p.3(p.9), 번역본 105쪽.

아울러, 이 문제적 모두 발화문은 탐험가들에 대한 참조와 결부되어야 할 것이다. 1950년대 프랑스 대중에게 있어, 그 같은 암시는 명시적이거니와, 마찬가지로 레비스트로스가 "5배 또는 6배 가득 찬, 플레옐 강의실"[195]을 상기시키는 것은 당대의 탐험과 여행에 대한 열풍을 일러 주는 한 사례이다. 보다 구체적으로 여기서 말하는 공간은 세계지식협회의 강연들이 이루어진 곳을 말하는데, 1945년 창립된 이 단체는 프랑스탐험가협회와 긴밀한 관계를 맺고 있었다. 이 협회는 1955년, 총천연색 다큐멘터리 상영과 함께 이루어진 강연들에 매 시즌마다 100만 명의 청중들을 끌어모았다고 자랑한다. 또한 이 협회는 그 한복판에서, 『위대한 탐험가들』의 저자인 마르셀 그리올Marcel Griaule과 같은 유명 인류학자들을 초빙해서 강연을 개최하였다. 따라서, 레비스트로스에게 있어 핵심은 이 같은 대중 미디어의 유명세를 타고 있는 인물들과 거리 두기를 하는 일이었으며, 민족학에 대한 영웅적 개념과 자신의 민족학을 차별화시키는 것이었다.

---

195 p.4(p.10), 번역본 107쪽.

그렇지만, 이 같은 정황만으로는 증오라는 말을 설명하기에 부족하다. 이 표현은 무엇보다 이국풍적 모험의 이 같은 무분별한 돌풍 속에서 레비스트로스가 파악하는 이데올로기적 조작에서 기인한다. 그 같은 유행에서 그는, 지구의 다른 사회들에 맞서 서양 문명이 범한 파괴적 악업을 은폐하려는 '타 문화, 특히 이른바 미개발된 야만적 문화를 신비화시키는 과정'을 직시한다. 여행의 비약적 확산은 인간이 지구를 전유하는 과정의 궁극적 단계일 뿐이다. 그런데 역설적이게도, 인류가 단일 재배 속에 안주하고, 마치 사탕무처럼 문명을 대량으로 생산할 태세를 갖춘 바로 그 동일 시점에 겉으로는 다양성을 축성하고 고양시키고 있는 것이다. 여행들에 대한 증오는 무엇보다 현실 외면의 양상들을 띠고 있는 이 같은 거짓과 위선에 속지 않겠다는 단호한 거부를 의미한다.[196]

대중에 대한 이 같은 혐오는 의심할 나위 없이 전 지구의 과도한 근대화에 대한 비판과 산아제한론의 통찰을 내포한다. "팽창적이고 과도하게 흥분한 문명"이 그에게 불러일으키는 역

196 *Dictionnaire Lévi-Strauss*, *op. cit.*, pp.1101-1105.

겨움은 전 지구를 위협하는 인구 팽창과 무분별한 도시 개발을 목도하면서 그가 겪는 초조와 번민과 결합한다. 이 같은 초조는 단지, 레비스트로스가 먹여 살려야 할 인구와 가용 가능한 천연자원 사이의 불균형을 두려워하고 있다는 의미에서뿐만 아니라, 그에 못지않게 도덕적 근심에 속하는 것이다. 즉, 과잉 인구는 그것이 인류와 그것의 환경 사이에서 단절되는 균형이라는 차원에서 하나의 악인 것이다. 그 균형은 좋은 삶의 기본 조건이라 할 수 있다. 레비스트로스에게 있어, 여행에 대한 정치적·도덕적 비판과 생태학적 옹호 사이에는 보다 심오하고 내재적인 관계가 존재하는 것이다.[197]

끝으로 탐험가들에 대한 이 같은 비난은 서사의 원리들에 대한 비판과 짝을 이룬다. 실제로 『슬픈 열대』는 여행들 그 자체를 못마땅하게 여기기보다는, 여행기들을 비난한다. 그런데, 거부되는 것은 단지 '사진 앨범들'의 요란한 연출과 안일한 이국풍이 아니다. 다른 곳에서 고유한 삶을 영위하는 특정 공동

197 *Ibid.*, pp.1102-1103; Wiktor Stoczkowski, *Anthropologies rédemptrices, Le mode selon Lévi-Strauss*, Paris: Hermann, 2008, pp.255-261, pp.300-303.

체와 그들의 운명을 멋대로 왜곡하거나 미화시키기 위해 질서 정연하게 배열된 연대기적 나날들과 여행 단계들의 연쇄 속에서 제시하는 회고적 내레이션의 형식 그 자체를 문제시하고 있는 것이다. "아침 5시 30분, 우리는 레시프 항구의 정박지에 들어가고 있었다." 그리고 레비스트로스는 이렇게 자문한다. "그런 빈곤한 추억은 내가 그것을 고정시키기 위해 펜을 들어야 할 가치가 있는 것인가?"[198] 실제로 이 같은 서술은 이른 새벽 시간에 이뤄진 해상 이동을 암시할 뿐이다.

관찰 가능한 현실에는 가시적으로 필연적인 것은 결코 아무것도 없다. 그러나 현실이 서사로 전환되면 그 현실을 그렇게 나타나게 만들고, 모든 회고적 내레이션에 귀속된 회고풍의 규정은 필연적으로 연대기를 말없이 설정하는 것이다. 이것이 바로 그가 못마땅하게 여기는 여행 서사들의 진정한 기만인 것이다. "그리하여 나는 여행기들에 대한 사람들의 열정, 광기, 그것들의 기만성을 깨닫는다. 여행기들이란, 더 이상 존재하지 않지만, 당연히 계속해서 존재해야 할 것으로 둔갑한 것에 대

198 pp.3-4(pp.9-10), 번역본 106쪽.

한 환상을 가져다준다. 그 목적은 2만 년의 역사가 이미 흘러가 돌이킬 수 없게 되었다는 명백한 이치로부터 우리를 도망치도록 하기 위함이다."[199]

바로 이 점에서, 다시 한번 『슬픈 열대』는 단순히 여행기가 아니라, 여행 그 자체에 관한 책이라고 강조한 저자의 언급을 곱씹어 볼 필요가 있다.

그것은 과거의 순간들의 내재적인 속성들로부터 이루어지는 회상과 재구성의 작업이다. 여행들과 탐험가들에 대한 증오는 그것의 논리적 추론물로서 레비스트로스 자신과 독자들에게 두 개의 중요한 사실을 의식하게 만든다. 즉, 민족지학은 흥미진진한 모험으로 이루어지는 단순한 여행이 아닐 뿐만 아니라, 그것의 글쓰기 모델로서 관습적인 여행 서사를 취할 수 없다는 것이다. 따라서 민족지학은 고유한 서사적 형식들을 발명해야 할 계제에 놓여 있다는 것이 핵심 요지이다.

---

199 p.26(p.36), 번역본 140쪽.

2. 여행의 계보

『슬픈 열대』의 개요를 일목요연하게 압축하는 것은 어렵고도 무리한 작업이다. 이 책은 그만큼 이질적이라 할 정도로 너무나 다양한 주제들을 생산하고 있기 때문이다. 단순화시켜 말하면, 『슬픈 열대』는 민족학자라는 특정 직업 선택의 과정을 들려주는 책이라고 말할 수 있을 것이다. 요컨대, 그 책은 왜, 그리고 어떻게 레비스트로스가 민족학자의 길을 걷게 되었는가에 대해 이야기하고 있다. 『슬픈 열대』는 상이한 성격을 띠고 있는 여행들의 의미에 대한 비판적 사색이며, 민족학자라는 직업의 특성에 대한 성찰이다. 그가 들려주는 여행의 추억의 편린은 다채롭거니와, 초반부에서는 브라질에서의 체류 경험을 들려주고, 후반부에서는 인도와 남아시아, 중동에서의 여행 경험을 묘사하고 있다. 특히 곳곳에서 심오한 철학적 명상들과 사색의 씨앗을 파종시키고 있는데, 이를테면 위대한 탐험가들의 전통에서, 특히 브라질을 최초로 탐험했던 장 드 레리와의 계보적 관계 속에서 이 같은 명상을 이해할 수 있을 것이다. 400여년의 시차를 두고 브라질의 원주민들, 특히 투피족을 만나, 그들의 풍습을 관찰했던 두 사람 모두 자신들의 고국인 프랑스에 귀국해 수십 년이 경과한 시점에 향수, 상실감, 멜랑콜리 속에서 그들의 여행기를 집필했다는 점에서, 시간의 간극을 뛰어넘어 브라질 탐험의 선후배 관계로 맺어진 이 두 명의 위대한 인물은 상호 텍스트적 친화성을 갖고 있다고 말할 수 있다. 레비스트로스는 브라질에 체류하며 여행하는 내내 레리의 여행기 『브라질 땅에서 행한 여행』을 항상 휴대하고 다녔을 정도이며, 이 책에서도 모두 9번에 걸쳐 호명될 정도로, 정신적 선조인 레리에 대한 그의 시공을 초월한 흠모는 남달랐다.[200] 몇 구절을 인용해 본다.

"리우데자네이루는 그것의 작은 만에서 심장부까지 물어뜯긴 모습이었다. 우리는 마치 새로운 도시 이스Ys(역주: 서기 5세기 고대 프랑스의 브르타뉴 지방의 전설에 등장하는 도시로서 두아르느네 Douarnenez만에 위치함. 브르타뉴어로는 Ker-is라고 불리는데 Ker는 집,

---

200 이 점에 대한 자세한 논의는 다음 논문 참조. S. SILVER, "Cannibalism, nudity, and nostalgia: Léry and Lévi-Strauss revisit Brazil", *Studies in Travel Writing*, 15(2), 2011, pp.117-133.

is는 형용사 '아주 낮은'을 뜻함. 이 도시 '이스'의 존재는 입증된 바가 없음)가 그 절반이 파도에 집어삼켜진 것처럼, 도시의 한복판에서 하선했다. 사실 어떤 의미에서 리우데자네이루가 조금씩 바닷물 밑으로 가라앉은 것은 사실인데, 왜냐하면 최초의 도시 공동체는 단순한 성채로서 방금 전 우리가 탄 선박이 접근했던 바위섬 위에 있었기 때문이거니와, 그 시의 설립자인 빌게뇽이라는 이름을 여전히 간직하고 있다. 나는 옛날에 투파남바 촌락이 세워졌던 리우브랑쿠가의 땅을 밟고 있었으나, 나의 호주머니 속에는 민족학자의 애독서이자 필참서인 장 드 레리의 책이 있었다. 그는 지금부터 정확히 378년 전 같은 날짜에 리우데자네이루에 도착했다. 그는 자신의 학창 시절 동기생인 빌게뇽의 요청에 따라 칼뱅이 파견한 다른 10명의 제네바 프로테스탄트교도들과 함께 이곳에 왔다. 그는 구아나바라만에 정착한 이후 1년이 채 안 돼 이제 막 개종했다."[201]

이 밖에도 그는 장 드 레리의 『브라질 땅에서 행한 여행』을

201 p.67(p.87), 번역본 204-205쪽.

민족지학 문헌의 걸작으로 칭송하기도 했다.[202]

그렇지만 『슬픈 열대』는 결코 흔해 빠진 그렇고 그런 여행담이 아니며, 참된 여행과 여행 서사의 진정성을 추구하려는 부단한 노력을 통해 그 전범을 보여 주려 한다. 그것은 참된 여행의 서사이기 때문이다. 상투적 여행과 참된 여행의 차이를 깨닫기 위해서는 『슬픈 열대』의 출발점으로 다시 돌아가야 할 터인데, 그 이유는 온갖 위험과 시련을 극복하며 소중한 민족학의 자료들과 풍성한 증언들을 수집해 자신의 고국으로 다시 귀향하려면, 민족학자는 그 전에 고향과 헤어져 미지의 세계로 길을 떠나야 하기 때문이다. 그런데 떠나고 다시 돌아오는 데는 수많은 방식이 존재한다. 분명한 것은 『슬픈 열대』의 독특한 글쓰기에 일정한 여행 서사가 존재하고, 여행 문학의 정수가 담겨 있다는 사실이다.

레비스트로스는 자신이 아메리카라는 미지의 땅terra incognita을 탐험한 최초의 사람이 아니라는 점을 분명히 인식하고 있다. 그는 1935년 2월 4일, 대망의 브라질로 향하는 자신의 여행

---

202 p.70(p.90), 번역본 208-209쪽.

을 최초의 대서양 횡단 여행을 완수했던 콜럼버스와 브라질 바이아주의 수도인 살바도르Salvador de Bahia에 최초로 정박했던 포르투갈인 카브랄Cabral의 여행 행로를 다시 가 보는 경험으로 여겼다. 특히 15세기와 16세기의 탐험가들이, 이를테면 브라질을 탐험한 장 드 레리, 캐나다를 탐험한 자크 카르티에Jacques Cartier(1491-1557)를 비롯해 수많은 탐험가가 그보다 500년 전에 그 길을 터놓았고, 유럽에서 일찌감치 여행의 철학적·문학적 전통을 수립했다. 이 두 선구자가 남긴 글을 레비스트로스는 너무나 잘 알고 있었고, 그가 『슬픈 열대』 도처에서 인용하고 있는 여행 문학의 도서관이며 서재라고 말할 수 있다.

이 점에서 앞에서 주목했던 이 책의 엠블럼과 같은, 서두를 장식하는 모두 단락은 기존의 여행 전통과 유산에 대한 부정과 동시에 긍정이라는 완전히 대립된 의미를 갖는 것으로 보인다. 실제로 이 서사의 주인공인 레비스트로스는 콜럼버스의 항적을 따라 프랑스에서 브라질로 선박 여행을 떠나는 사람으로서, 여행 문학과 완전히 결별하지는 않기 때문이다.

다른 한편, 이 텍스트는 무엇보다 프랑스의 대문호 프랑수아르네 샤토브리앙François René Chateaubriand(1768-1848)의 지적 자장 속에 놓여 있으며, 레비스트로스가 선택한 주제들, 그가 선보인 독특한 여행 시학 등이 모두, 이 같은 아메리카 여행 선구자의 직간접적인 영향을 받고 있다는 점을 환기할 필요가 있다. 더구나 주지하다시피, 19세기는 여행의 문호를 일반 대중에게도 열어 놓음으로써 관광 여행의 대중화와 민주화를 실현할 수 있는 전환점을 마련했다는 점 또한 기억할 필요가 있다. 여행 자체는 특권층의 전유물이 되는 것을 멈추었으며, 레비스트로스의 민족지학은 바로 이 같은 여행의 관념과 실천에 대한 사회적 변천이라는 역사적 맥락에서 더 나아가 여행의 방법과 동시에 여행 서사를 재발명하기를 원하고 있다.

여기서 우리는 레비스트로스 이전의(대략 16세기부터 20세기 초까지) 여행의 계보를 대략적이나마 기억할 필요가 있다. 이들 여행기는 타자의 이미지에 대한 의도적인 구성을 제시하면서 자아의 이미지에 대한 의도치 않은 투영을 제공한다는 점에서 자기 성찰적이며 반성적인 성격을 띠고 있다고 볼 수 있다. 여행의 역사에 천착한 학자들은 종교개혁의 시대와 17세기 유럽의 여행가들이 충격과 놀라움에 압도당한 상황으로부터 아메리카 원주민들의 식인 풍습에, 겉으로 드러난 식인 풍속의 실재적이고 검증된 사실을 확인하기보다는 그 같은 자극적 소식이 당시 종교 전쟁의 맥락에서 가톨릭교도들을 공격하기 위한 신교도들의 빌미로 사용되며 엉뚱한 방향으로 일탈했다는 점을 논증한 바 있다. 이를테면 가톨릭의 영성체 의례를, 그들은 "신을 먹는 사람들"이라고 힐난했던 것이다. 그것은 마치 유럽이 브라질의 식인종들에 대한 담론에서 자신의 고유한 야만성을 발견했던 것처럼 아전인수 격의 해석을 통해 왜곡된 비교를 한 것에서 기인한다. 그 결과 식인 풍속에 대한 사유는 구세계의 논쟁들을, 가톨릭교회의 성체에서 몸과 피의 실재적 현존을 연상시켜 놓았던 것이다. 또한 이 같은 새로운 서사의 내부에서조차 순전히 교육적인 텍스트들과, 엄밀히 말해 허구적인 유토피아들을 구별해야 할 것이다. 교육적 텍스트들이 사회적·정치적·입법적 개혁들의 계획을 제시하고 있다면, 그 같은 여행이 약속하는 이동은 공간에서보다는 시간 속에서 이루어지는 것이며, 머나먼 다른 곳보다는 자신이 속한 사회의 미래에서 작동한다.[203] 반면 여행의 공간적 이타성은 서사적 유토피아

203 Olivier Sécardin, *op. cit.*, pp.5-6.

들 속에서 필수 불가결한데, 이 같은 유토피아에서 '여행자-서술자-글 쓰는 나'는 탐험의 보고서를 산출해야 한다.

그 결과, 18세기에 접어들어 여행기들은 그것이 사실적이건 허구적이건 간에, 대부분의 경우 자신들보다 선행해서 존재하는 일정한 상상계 속에 각인된다. 즉, 이 같은 불가능한 여행과 더불어, 제반 풍속들과 믿음들의 다양성에 대한 상대주의적 의미 부여에 따라, 유럽 사회의 철학적, 종교적, 사회적, 정치적 가치들에 대한 물음을 던지게 된다.

이곳과 다른 곳의 관계 맺기와 동시에 서로의 대질을 전제하는 비판적 외재성의 입장 선택 그 자체가 하나의 유토피아가 될 수 있다는 물음을 던져 볼 수 있을 것이다. '낯선 것'(이국적인 것)을 발견하도록 자극하거나 타자의 시선으로 '외부로부터' 스스로를 '낯선 이방인'처럼 행세하도록 자극하는 이 같은 사회학적 혁명은 18세기 계몽주의 시대에 만연했던 이중적 이국풍의 원리에 놓여 있다.

19세기 낭만주의 시대의 여행가들과 더불어 여행기를 쓴다는 것은 곧 쓰기 위해 여행하는 것으로 귀결된다. 다시 말해 여행가는 전문 직업의 위상을 획득하고, 여행가-작가는 작가-여행가로 변모한다. 그 결과 프랑스의 경우, 19세기 동안 거의 모든 작가는 자신의 작품 가운데 일정 몫을 자신이 행했던 여행을 추억하는 작업에 할애하고 있는데, 그만큼 그 시대는 낭만주의의 유행이 확산되면서, 북아프리카, 근동과 중동, 이탈리아, 스페인 등에서 이루어진 여행들에 대해 새로운 의미를 만들면서 현재적 의의를 부여했다. 유럽의 다른 나라들에서와 마찬가지로, 근대에서도 샤토브리앙에서 프로망탱Fromentin에 이르기까지, 낭만주의 작가들은 쓰기 위해서 여행을 했다. 낭만주의 시대의 여행가들이 갖고 있던 목적은 모종의 미지의 땅을 증언하기 위해서도 아니었고, 새로운 인간학을 정초하기 위해서도 아니었으며, 사회 비평을 표명하기 위한 것은 더더욱 아니었다.

요컨대, 회화 풍경 효과와 겉모습의 이국풍은 중요치 않았으며, 여행의 궁극적 목적은 문학적 성취에 있었다.[204] 그는 내레이션의 가능성들을 탐구하고 재현의 형식들을 새롭게 실험했

---

204 Roland Le Huenen, *Le récit de voyage au prisme de la littérature*, Paris: Presses de l'université de Paris-Sorbonne, coll. "Imago Mundi", 2015.

다. 다른 어떤 목적보다도, 낭만주의는 글쓰기의 여행 그 자체를 연출한다. 문학은 약속의 땅이 되고 글쓰기는 유일한 진정한 모험으로 나타난다. 문학적 소명이 여행의 동인이었음에도 불구하고 낭만주의 작가는 새로운 땅들의 발견자들의 서사로 만족하지 않았으며 항해자, 상인, 지질학자, 선교사와 경쟁하려는 야심을 품었다. 작가는 때로는 역사가, 여행가, 대사, 모험가, 글 쓰는 방랑자의 역할을 구현하고, 동시에 이 모든 것을 경험하고 싶은 욕망을 갖고 있었다.

또한 당시의 여행 작가들은 자신들의 여행기를 접하는 독서 그 자체가 하나의 탐사이기를 원했다. 그것은 독자에게 여행을 떠날 기회를 제공하고 스스로를 낯설게 만들어 볼 것을 권유했다. 낭만주의 문인들에게 여행은 한 편의 텍스트이며 문학은 그들이 궁극적으로 추구해야 할 광활한 대륙이었다. 낭만주의 시대의 여행은 그 목적지가 아무리 머나먼 곳이라 하더라도 무엇보다 내면의 여행이었다. 낭만주의 작가가 세계 속에서 여행한다면 그것은 무엇보다 타성에 젖어 있는 자신을 가두는 새장으로부터의 탈주, 그리고 그런 자신과 결별하기 위해서였다. 세계에 대한 내밀한 인식을 통해 파악해야 하는 것은 다름 아닌 자기 자신이었던 것이다.

19세기 중반에는 세계의 원주민들과 인간 무리들을 연구하는 새로운 학문인 인류학이 마침내 제도화된다. 제 사회의 의례, 사회 조직, 종교, 신앙, 풍속, 관습, 전통, 기술들이 그 자체로서 인류학의 연구 대상이 되었다. 이렇게 제도화된 인류학은 탐험가, 선교사, 식민지 행정 보고서 등의 정보들을 통해 보다 확장된 자료체를 획득한다. 그리고 근대 인류학의 초기에는 일종의 작업 분화가 이뤄져, 일부 인류학자들은 일차 정보들을 수집하는 데 전념하고, 다른 일부 학자들은 현장에서의 관찰을 통해 수집한 정보들을 해석하는 작업을 맡았다. 따라서 19세기의 상당수 인류학자들은 스스로 여행을 떠나 현장을 조사한 경험이 없었다. 요즘 말로 표현하면, 연구실에 틀어박혀 문헌만 연구하는 강단 인류학자들이었던 셈이다.

그러다 20세기에 들어와서야 인류학의 방법들이 변화했고, 레비스트로스는 그 자신이 『슬픈 열대』에서 언급하고 있는 현대 인류학의 설립자들이라 할 수 있는 브로니슬라브 말리노프스키Bronislaw Kasper Malinowski, 로베르트 하인리히 로위, 앨프리드 크로버Alfred Louis Kroeber, 프란츠 보애스Franz Boas 등이 기초를 닦으며 정초를 마련한 탄탄한 계보 속에 각인된다. 그 결과, 현대 인류학에서는 학문적 탐사 여행이 일반화되고 현장에서 직접 원주민들로부터 정보를 수집하는 목적을 수립하는 데 이른다. 이것이 바로 민족지학의 참여 관찰법에 해당되며, 이 점에 대해서는 다음 장에서 상세히 다룰 것이다.

따라서 『슬픈 열대』의 도입부를 이 같은 여행 인문학의 역사적 맥락에서 파악해야 할 것이다. 레비스트로스는, '다른 곳', '타자', '이국풍'에 대한 고정관념을 비난하면서 관광객 또는 리포터에 견주어, 그의 학문적 시도의 특이성을 단언하고 있다. 여행이라는 관념을 재사유해야 하며, 새로운 글쓰기를 찾아야 하고, 참된 여행을 수행해야 할 이유가 바로 거기에 있다.

그런데 벌써부터 주목할 사실은, 이 책의 1장 제목인 "출발 Départ"이 단수형을 취하고 있으나, 사실은 여러 개의 출발이 관련된다는 점이며, 첫 번째 출발은 1935년의 출발로서, 이것은 1941년과 1938년에 이루어진 여행 출발의 이야기를 들려준 이후에 서술된다는 점이다. 또한 1938년의 출발은 브라질에서 행한 남비콰라족 탐사 이전에 위치한다.

다른 한편, 브라질의 전체 모습tableau(제4부)은, 남아시아의 광경들과 풍경들을 다룬 3개의 장 덕분에 돌연 확대되고 있다. 끝으로, 귀환은 매우 신기한 방식으로 실행된다. 그는 상상의 여정을 차용하고 있으며 이 여정에는 남비콰라족의 나라에서 경험한 좌절과 우울의 번민들이 결합된다. 끝으로, 아시아 여행에 대한 묘사가 실려 있다.

이 방대한 여행 일주는 현대 프랑스사의 딜레마이자 정치적 모순의 결정체이자 비극이라 할 수 있는 알제리 독립전쟁 및 탈식민화 문제에 대한 성찰로 독자를 이끌고 가는데, 그것을 통해, 구세계의 다양한 문명들 사이에 존재하는 국제적 역학 관계에 대한 심층적 인식으로 유도한다. 이 책을 집필할 무렵인 1955년경, 레비스트로스는 알제리 전쟁이 프랑스 현대 정치사에 예고하는 재앙을 의식하고 있었다. 그러나 그는 민족학이 서구 열강의 식민주의 정책과 그로부터 민족의 독립을 추구했던 탈식민주의 사이에서 발생한 긴장과 모순을 해결하려는 당시의 프랑스 민족학자들과 지식인들의 급진적 시각과는 거리를 두었다.

이를테면 20세기 중반 당시 프랑스 인류학의 신세대 학자들은 민족학의 기능을 더 이상 원주민들과 식민 통치 권력 사이의 중개가 아닌, 피지배자의 자유와 권리를 옹호해야 할 수호자라는 보다 적극적인 역할로 파악했다. 요컨대 당시의 시대적 흐름에서 선명해진 반식민주의가 요청하는 시대적 역사성을 의식하는 방향으로 민족학의 방향을 다시 설정했던 것이다.[205]

그러나 이들의 입장에 견주었을 때, 레비스트로스의 입장은 보다 복합적이고 미묘했다. 본서 1장에서 잠깐 언급한 것처럼, 격렬한 논쟁을 불러왔던 그의 저서 『인종과 역사』에서 그는 문명화의 사명이라는 논리는 물론, 식민주의의 지적 기층 모두와 단절했다. 그렇지만 그가 옛 식민 통치자들 편 쪽에 자리 잡은 것은 아니었으며, 맹목적 진보 개념에 빠진 신생 독립국가들에 대해서도 경계했다. 레비스트로스는 서구 중심의 진보 개념을 시종일관 비판해 왔으며, 이들 신생 독립국가는 자신들과 비교해 미개발된 후진적 민족들에 대해 더 적대적이었기 때문이다. 바로 이런 맥락에서, 그는 당시의 탈식민주의의 투쟁이라는 시대적 흐름과 호흡을 같이하면서도 이들의 투쟁과 사조에 대한

205 Emmanuelle Loyer, *op. cit.*, pp.593-596.

공적인 지지를 천명하는 것을 자제했던 것이다. 한 대담에서 그는 이렇게 표명한 바 있다.

"당시 상황에는 이치에 맞지 않는 역방향contresens이 존재합니다. 내가 옹호해 왔던 제 사회 또는 내가 그들의 증인이 되려고 노력해 왔던 사회들은 식민화에 의한 위협보다 더 심하게 제3세계주의에 의해 위협받고 있었습니다. 자신들의 독립을 정복한 이들 나라의 정부들은, 여전히 자신들의 생활 방식 한가운데서 존재하는 이른바 뒤처진 문화들에 대해 전혀 호의를 갖고 있지 않았습니다. … 식민주의는 서구의 큰 원죄입니다. 그렇지만, 제 문화의 생명력과 다원성의 관계 속에서 본다면, 저는 식민주의의 소멸과 더불어 인류가 앞으로 큰 도약을 했다고는 생각지 않습니다."[206]

달리 말해, 여행가 레비스트로스는 일종의 세계일주의 완전한 원을 그리고 있다. 즉, 구세계로부터 신세계를 향해 출발해

206 Claude Lévi-Strauss, *De près et de loin*, *op. cit.*, p.213.

서 아시아를 통해 다시 유럽으로 귀환하고, 이 상징적 여행은 그가 1935년부터 1954년까지 행했던 모든 행적을 종합화시키고 있다.

모든 여행기에서와 마찬가지로, 독자는 이 책에서 그의 출발부터 귀환에 이르기까지 철학 여행가의 궤적을 추적할 수 있도록 해 주는 공간적-시간적 식별점들을 발견할 수 있다. 이를테면 정확한 체류 날짜들과 탐사 날짜들, 그가 방문했던 도시의 이름들과 동행자들의 이름도 명시되어 있다. 독자는 세밀한 묘사를 제공하려는 작가의 주도면밀함과 배려를 주목할 수 있을 것이다. 작가 레비스트로스는 자신이 직접 가 보고 체험했던 장소들에 대해 너무나도 생생한 묘사와 재현을 독자들에게 제공하고 있어, 마치 독자들에게 자신들이 직접 눈앞에서 보는 것과 같은 환영을 심어 줄 정도이다.[207] 필자의 견해로는 그의 탁월한 묘사 능력은 고대 그리스 수사학의 기법이자, 로

207 최근에 그가 남비콰라 부족들의 민족지학 관찰을 수행할 때 기록한 현장 조사 필사본이 프랑스국립도서관에서 디지털화되었으며 온라인 열람이 가능하다. Le Carnet Nambikwara (Ressources électroniques) les notes de terrain de Lévi-Strauss, 2020.

마 시대의 지리학과 군사적 전술로 활용되었던 기술인 활사법 ekphrasis에 견줄 수 있을 것이다. 이 같은 작가의 배려는 그가 촬영한 개인 사진들의 선택과 제시에 의해 확인된다.[208] 다른 여행기와 마찬가지로, 이 책에서도 다른 시간들에 비해 결정적인 시간들이 존재하는데, 이를테면 유럽인들이 살고 있는 구세계로부터 스페인에 의해 발견되고 식민화된 신세계의 다른 곳에로의 이동 등을 포함해 중요한 분할 선을 넘어설 때이다. 특히 8장 "적도 무풍대"는 남회귀선Capricorne의 열대를 다루는 장으로서, 『슬픈 열대』의 책 제목에서 사용된 '열대' 지역에 대한 상세한 묘사이다.

이 책의 첫 페이지들을 읽자마자, 독자는 이 책이 특이한 여행 서사라는 것을 알아차릴 수 있다. 왜냐하면, 이런 장르의 책

---

208 레비스트로스가 1935-1938년 동안 촬영해 『슬픈 열대』에 사용된 브라질 원주민의 사진들은 프랑스국립도서관이 소장하고 있는 다음 문헌에 수록되어 있다. Claude Lévi-Strauss, *Photographies destinées à l'ouvrage de* Tristes Tropiques, publié en 1995. 이 밖에 같은 기간 동안 그가 그린 42개의 데생을 소장하고 있다. *Dossier photographique relatif à l'ouvrage de Claude Lévi-Strauss* "Tristes Tropiques", publié en 1955.

들에서 흔하게 관찰할 수 있는 것과는 정반대로, 레비스트로스는 기상천외한 이야기를 통해 우리를 놀라게 하거나 마음을 사로잡으려고 애를 쓰기보다는, 설사 우리를 실망시킬 수밖에 없다 하더라도, 객관적으로 우리에게 정확한 정보를 알려 주려고 하기 때문이다. 양식 있는 민족지학자로서, 그는 여러 나라와 사람들을 그 자체로서 그것들의 진실 속에서 이해하려는 노력을 기울인다. 더구나 그 같은 진실은 통념에 사로잡힌 사람들을 매우 불편하게 만들 수 있다. 따라서 레비스트로스는 자신이 경험했던 풍경들과 인간들에 대한 그의 인상들과 감정들을 우리에게 전달하기보다는 타자와 다른 곳에 대한 정확한 이미지를 제시하려는 노력을 경주한다. 이를테면 현대 브라질은 마투그로수의 고원에 거주하는 원주민들에 대해서뿐만 아니라, 그것의 지리적, 역사적, 사회적, 경제적, 정치적, 문화적 양상들 속에서 정확하고 정밀하게 파악된다. 이 모든 것은 물론 상아탑 종사자, 즉 인류학자로서의 성실한 작업을 수행하려는 그의 학자적 의지에 기인한 것이다. 아울러, 최초로 신세계를 발견한 모든 유럽인과 마찬가지로, 그 역시 이국풍에 의해 영향을 받고 있으나, 그는 1장부터 단숨에 기존의 여행가들과 탐험가들의 결점과 한계를 반복하지 않기로 다짐한다. 바로 이 점이 20세기 초 프랑스의 또 다른 여행의 대가들이라 할 수 있는 피에르 로티Pierre Loti 또는 빅토르 세갈랑Victor Segalen과 그를 구별시켜 주는 대목이라 할 수 있는데, 그 이유는 우리가 이국적이라고 명명하는 것의 매력은 앙드레 지드André Gide가 말한 것처럼, "그것의 자연(본질)이 아름답다기보다는 그곳에서 모든 것은 우리에게 새롭게 보이고, 우리를 놀라게 하고, 우리에게 일종의 순수성과 처녀성에서 제시되기 때문이다." 로티 역시, 1877년 출판된 그의 여행기 『국화 부인*Madame Chrysanthème*』에서 다양한 여행들을 찬양하고 있는데, 그 이유는 그것들이 낯설게 만드는 경험들의 생소함 덕분에 감각들을 새롭게 갱신시켜 주기 때문이다. 이와 달리 레비스트로스는 싸구려 상품과 같은 이국풍의 감각적이며 안일한 감정의 전율에 기대지 않는다. 이국풍에 견주어서 레비스트로스가 취하는 경계의 태도는 이렇게 설명될 수 있다.

무엇보다 차이와 새로움을 고양시키는 것은, 이러한 종래의 여행가들이 기만적인 겉모습에 머무르고 마는, 건강치 못하고 불건전한 호기심으로 빈번하게 귀결되기 때문이다. 레비스트로스는 자신들의 고유한 차이들 속에서 다른 곳에서 삶을 영위하는 사람들을 이해하기를 원하나, 그는 그들이 우리와 공통적인 인간성(인류)에 속한다는 점을 망각하지 않는다. 바로 이 같은 맥락에서 타 문화를 이국풍의 시선으로 바라보려는 위험성에 대한 그의 경계와, 타자성은 결코 모든 인간이 공유하는 인간성으로 되돌리는 것이 불가능하지 않다는 점, 모든 인간은 똑같이 연약하며 가엾은 존재들이고, 원주민들의 문화들은 삶의 난관들을 해결하기 위한 동일한 지적 가능성들의 변이형들이라는 점에서 서구 문화들과 동일한 반열에 놓여 있다는 점을 상시적으로 환기시키려는 그의 집요한 의지를 엿볼 수 있다.

한곳에 정주하며 먼 곳, 다른 곳에 대한 환상을 품고 있는 사람들의 통상적 견해와 정반대로, 그가 수행했던 여행에는 결코 기쁨을 선사하는 것이 없으며 흥분시키거나 자극적인 것도 전혀 없다. 이와 달리, 다른 곳의 사람들을 그들의 타자성 속에서 발견하려 애쓰는 민족학자에게 여행은 참기 힘든 고역이나 필수적인 조건일 뿐이다. 레비스트로스를 매료시킨 유일한 참된 여행은, 자신의 여행 안내자로서 항시 필수적으로 소지하고 다녔던, 신세계의 진정한 발견자이자 발명가인 장 드 레리가 그 전범을 보여 준 발견의 서사이다. 이 같은 유형의 여행에 대해 그는 '참된 여행vrai voyage'이라는 표현을 사용하고 있다. 그리고 이 같은 향수에 젖은 소망이 피력된다.

"나는 그것의 모든 휘황찬란함 속에서 아직도 망가지지 않고, 오염되지 않고, 저주받지 않은 광경이 선사되는, 참된 여행들의 시절에서 살아 보았다면 하는 희망을 품어 본다. 나는 내 스스로가 이 대지의 울타리를 넘어서지 않았으면 하는 바람이었다. 그러나, 베르니에Bernier, 타베르니에Tavernier, 또는 마누치Manucci가 그렇게 한 것처럼… 일단 개시되면 추측의 놀이는 끝이 없는 법이다. 인도는 언제 방문하는 것이 최고의 적기였을까, 어떤 시기에 왔어야 브라질 야만인들에 대한 연구는 가장 순수한 만족을 가져다주고, 가장 덜 변질된 형식 속에서 그들을 알 수 있게 만들었을까? 브라질의 리우는 18세기 부갱빌Bougainville과 함께 방문하는 것이 더 좋았을까, 아니면 16세기 레리와 테베Thevet와 함께 방문했다면 더 나았을까?"[209]

---

209 p.31(p.42), 번역본 148쪽.

그것은 곧 "발견의 참된 여행"에 대한 향수로서, 두 번 다시 반복될 수 없는 것인데, 20세기에는 더 이상 그 같은 여행들이 가능하지 않기 때문이다. 바로 그런 명목에서 『슬픈 열대』의 1부는 "여행들의 종언"이라는 제목을 달고 있는 것이다. 이런 이유에서, 그는 1956년, 매해 여행과 탐험의 최고 서적에 부여하는 황금종려상을 거부하기도 했다.

3. 여행(서사)의 인식론과 고고학

전통적으로 여행의 성격은 출발 지점과 도착 지점 사이에서 이루어지는 여정과 그 동선으로 파악될 수 있다. 이를테면, 서양 여행 문학의 원형이라 할 수 있는 호메로스의 『오디세이아』에서 나타나는 것처럼, 주인공 오디세우스가 트로이 전쟁에 참여하기 위해 자신의 고향을 떠나 온갖 시련을 겪은 후에 귀향하는 과정이 보여 주는 공간적 순환성은 여행 서사의 보편적 규칙이다. 그러나 여행 서사가 공간 속에서 여행 코스를 조직화한다면, 그것은 또한 시간 차원에서도 그 여정의 실타래를 직조한다. 이 같은 시공간의 이중 직조 방식으로 여행기는 다양한 중간 통과 지점들을 표시하고 경이로운 발견들의 연속을 통해, 중간 기착지의 우회와 가로지르기의 연속적 교체, 또는 단지 나날의 흐름에 리듬화된 일정한 시간의 흐름 속에 각인된다.[210]

여행기를 읽는 독자에게, 이 여행은 그 자체가 시초, 중간, 끝을 구비하고 있는 고유한 행로이다. 그 여정이 허구이건 사실이건, 이 같은 기다림의 지평은 한 명 또는 다수의 여행가에 의해 유지된다. 개별 여행가의 전체적 모티브는 고향의 익숙함으로부터의 단절과 거리 두기라 할 수 있다. 호메로스의 작품에서처럼, 그리고 토머스 모어의 『유토피아*Utopia*』(1516), 몽테뉴의 『에세*Essais*』(1580)에서와 마찬가지로, 더 나아가 18세기의 유토피아주의자들을 비롯해 오리엔트의 이국풍을 향유했던 19세기의 낭만주의자들이 실천했던 여행들처럼, 핵심 관건은 이 '다른 곳'이 함의하는 것을 담론적, 시적-서사적 그리고 철학적 언어로 포착하는 작업이다.

이렇게 보았을 때, 『슬픈 열대』의 서술자인 레비스트로스가

---

210 여행의 계보에 대한 이 섹션은 다음 논문 참조. Olivier Sécardin, *op. cit.*

기존의 상투적 여행가들의 행태를 집요하게 비판하면서, 첫 문장부터 그 같은 기존 여행 행태의 부정을 선언함과 동시에 자신의 여행 서사를 개시하려 할 때, 독자의 기다림에는 찬물을 끼얹는 것과 같은 실망을 안겨 준다. 레비스트로스는 여행을 그저 자신들의 성공 수단으로 삼는 당시 여행가들의 노자성체 여행récit viatique의 전통에 견주어 자신의 여행기의 차별화를 강조하고, 특히, 여행을 돈벌이 수단으로 악용하는 파리의 플레엘 강연실을 가득 메우는 너무나도 표피적이며 겉치장의 이국풍이 압도하는 범속한 여행담들의 소개가 유행하는 것에 대해 개탄하고 노골적 혐오감을 여과 없이 표출한다. 그는 힘주어 말한다. 민족학자에게, 여행은 그 자체가 목적이 아니라, 그저 하나의 수단일 뿐이라고. 그러니까 아이러니하게도, 레비스트로스는 자신의 『슬픈 열대』를, 열대에게 이별을 고하면서 새로운 여행의 세계를 향해 착발시키고 있는 것이다.

호메로스의 모델 또는 헤로도토스의 보편사와는 정반대로, 민족학자의 위대한 서사는 상실된 그 무엇인가에 대한 슬픈 애도로 점철되어 있다.[211] 그 슬픈 애도는 근대 및 현대 서구 문명의 죄악과 반생태적 파괴에 대한 철저한 반성적 의식에서 시작해, 젊은 시절에 경험한 미지의 세계에 대한 개인적 감정의 향수에 이르기까지 복합적이고 다면적이다. 어쨌건 이 책은 결코 자신의 시시콜콜한 개인적 경험을 들려주는 단순한 여행서가 아니며, 저자의 목적은 여행 그 자체의 본질과 이유에 관한 책을 쓰는 것이고, 일종의 여행 이론을 겨냥하는 것이 핵심이었다는 점을 분명히 인식할 필요가 있다. 이렇듯 여행의 본질과 기능에 관한 기존의 통념에 대한 철저한 물음을 던졌다는 점에서 최소한 레비스트로스가 선보인 글쓰기의 도전은 당시의 비평계와 일반 독자층 모두에게 신선함을 선사했다. 이를테면, 그는 '가까운 것'과 '먼 것'을 어떻게 정의할 것인가의 문제를 고민하고 여행 서사가 그것이 재현하려는 현실과 맺고 있는 충실성을 어떻게 담보할 것인가라는 물음을 던지며, 요컨대 그 이야기는 과연, 여행 서사는 그 '다른 곳'을 얼마나 충실하게 반영하는가라는 본질적 물음을 제기하고 있는 것이다.

---

211 여행 인간학의 관점에서 헤로도토스와 레비스트로스의 접맥 가능성에 대해서는 다음 논문 참조. Pascal Payen, "Éléments d'une anthropologie du voyage Lévi-Strauss et Hérodote", *CARAVELLE*, vol.96, 2011, pp.179-200.

• 여행과 여행 서사들: 문화 인류학의 문턱 앞에서

서양 여행기의 효시와 그 기원은 호메로스가 재구성한 고대 그리스의 한 영웅의 신화적 일주인 『오디세이아』에서 찾을 수 있다.[212] 압축적으로 말해 『오디세이아』는 귀환과 기억의 서사시이다.[213] 독자의 이해를 위해 『오디세이아』의 끝부분에서, 주인공 오디세우스의 출발점과 도착점을 분리시키는 거리를 형상화하는 올리브나무의 오래된 이미지가 돌출하고 있음을 환기시키고자 한다. 주인공 오디세우스는 극단의 한계까지 스스로를 노출시키고, 미지의 탐험에 나선 인물이나, 분명한 것은 자신의 왕국, 즉 자신에게 익숙한 세계에로의 귀환을 선호한다는 점이다. 물론 그의 귀향길은 온갖 시련과 모험의 이야기들로 가득 차 있다. 자신이 태어나고 성장한 고향 땅에 대한 향수를 갖고 있는 여행가이며 모험가인 오디세우스는, 그에게 일어났던 기상천외한 사건들을 이야기하기 위해, 미지의 땅들과 바

---

212 이 점에 대해서는 다음 논문 참조. Olivier Sécardin, *op. cit*.

213 『오디세이아』와 『슬픈 열대』를 타자와 다른 곳의 시각에서 비교한 다음 문헌을 참조할 것. Alexandre Tornadakis & Hervé Dychêne, *Làutre et l'ailleurs: l'Odyssée, Tristes Tropiques, Un barbare en Asie*, Rosny-sous-Bois: Bréal, 1992.

다들을 묘사한 서양 여행 서사 문학의 최초의 서술자이다. 서사의 시간은, 그것을 재현하는 매체가 구술이건 문자이건, 여행을 마무리하는 궁극적 단계이다. 즉, 여행 서사의 시간성은 자신이 체험했던 여행을 기억해 내고 그것을 말 또는 글로 표현하는, 여행을 갈무리하는 최종 단계인 것이다.

여러 험난한 난관이 시시각각 닥친 그의 여행 일주 동안, 고대 그리스의 주인공, 오디세우스는 백과사전적 지식을 축적한다. 그런데 주목할 사실은 그가 쌓은 지식은 결코 선형적인 것이 아니라 원으로 이루어진 앎의 형태를 띠고 있다는 점이다. 그것을 일러 쿠클로Kuklo라고 부르는데, 그것은 완결된 전체로서, 그 주인공은 한 바퀴를 돌고, 여행에서 얻은 삶의 교훈을 자신의 동시대인들과 후대에 전승하려는 교육적 목적의 성격을 띤 유일무이한 서사를 창조함으로써 그 같은 목적을 실천할 채비가 되어 있다. 그렇지만, 오디세우스는 결코 행복한 여행가는 아니다. 주지하는 바와 같이, 트로이 전쟁에 참전하기 위해 떠났던 그의 여행은 스스로 선택한 것이 아니며, 이 점에서 볼 때 그의 여행 일주는 차라리 혹독한 삶의 시련을 가져다준 저주라고 보는 것이 더 정확할 것이다. 그러나 오디세우스는 그 시련의 소용돌이 속에서도 하나의 중요한 강령을 되새긴다. 요컨대 그가 단호하게 물리치기로 결단한 치명적 위험이란, 조국의 존재를 망각하는 것이며, 다른 곳에 몸을 맡겨 일신의 영달을 위해 피신하고, 자신의 존재 이유를 포기하고 스스로를 이방인으로 형상화하려는 유혹에 빠지는 상황이다.

20세기 프랑스 철학자, 시몬 베유Simone Weil가 설파한 것처럼, 인간의 정체성이 자신이 태어난 곳에 뿌리를 내리는 데 있다면,[214] 오디세우스는 바로, 실존의 해체를 가져다줄, '뿌리 뽑힘déracinement'을, 한 인간의 정체성을 위협하는 최대의 적으로서 경계했던 것이라고 볼 수 있다. 따라서 고군분투하며 고향 항구로 다시 돌아가 닻을 내려야 하며, 생명의 균형을 위한 신진대사의 원리를 설명하고 있는 생물학의 용어를 빌려 온다면, 스스로를 배려하는 일정한 정체성의 항상성의 상태homeostasie로 돌아가야 한다. 강조해서 말하거니와 오디세우스는 다른 나라의 풍습과 문화를 접하고, 자신의 고국 동료들에게 그것을

---

214 Simone Weil, *L'Enracinement, prélude à une déclaration des devoirs envers l'être humain*, Paris: Gallimard, 1949.

전달하는 한가한 상호 문화적 매개자가 아니다. 풀어 말해, 오늘날의 전문 여행가들처럼, 각종 매체를 통해 자신의 여행담을 들려주고 외국 문화를 소개하는 안일한 여행가의 이미지와 혼동해서는 안 된다는 점이다.

• 끝나지 않은 여행

프랑스 비평가 로제 바스티드Roger Bastide는 『슬픈 열대』에 대해 "레비스트로스 또는 민족지학자, 잃어버린 시간을 찾아서"라는 제목의 서평을 쓴 바 있다. 이미 다수의 비평가들이 시도한 바 있듯이, 현대 프랑스 문학의 대문호인, 프루스트와의 접맥을 시사한 것은 적절한 관점이라 볼 수 있는데, 그 이유는 레비스트로스의 인류학적 탐험과 진리 탐구의 밑바탕에 스며 있는 삶과 현대 문명의 본원적 의미를 추구함에 있어, 그의 경험은 프루스트의 걸작의 심장부에 놓여 있는 문학의 본질에 대한 추구와 나란히 놓일 수 있기 때문이다. 물론 한 가지 근본적 차이점이 있음을 간과해선 안 될 것이다. 『슬픈 열대』는 '다시 찾은 시간'의 관점에서 집필되었다는 점이다.[215]

저자는 자신의 노력과 수고를 정당화시켜 줄 수 있는 나름대로의 저술 동기와 합리성을 찾아냈고, 자신이 들려줄 서사의 존재 이유를 추구한 끝에 마침내 획득한 그 같은 특권화된 관점에서 이 책을 쓴 것이다. 두 저자가 봉착한 문제는 인물의 시간과 서술자의 시간 사이의 연속성을 확보해 줄 합리성이라 할 수 있다. 주지하는 바와 같이 프루스트의 소설은 작가와는 구별되는 한 인물과 더불어, 즉 3인칭에서 시작한다. 마지막에 가서야, 두 인물은 병합되고, 우리는 마르셀이 프루스트의 '페르소나persona'라는 것을 알아차리게 된다. 반면, 레비스트로스는 서술자인 '나'와 더불어 시작하고 그의 젊은 시절의 자아를 '타자'로서 가리키고 있다. 앞에서 본 것처럼 『슬픈 열대』의 시작은, 자신들의 여행 이야기를 쓰는 기쁨을 갖기 위해, 세계의 절반을 누비고 다니는 과시적 행태의 여행가들, 레비스트로스의 표현을 빌리자면, 비사실적 여행가들에 대한 비판으로 시작하고 있으며, 또는 비사실적이면서도 멀리 동떨어진 자연의 총천연색 슬라이드를 무감각해진 대중들 앞에서 소개하는 기쁨을 누리

215 레비스트로스의 글쓰기와 프루스트의 소설 양식과의 친화성에 대해서는 다음 논문 참조. Eugenio Donato, "The Endless Journey", *MLN*, Vol.81, N.3, 1966, pp.270–287.

려는 세속적 여행가들에 대한 힐난으로 글을 시작하고 있다.

레비스트로스는 단도직입적으로 묻는다. 왜, 이런 수고들은 결국 실패할 수 없는 것인가? 그 사실은, 이들 여행가는 야만인의 고유한 타자성의 발견에는 관심이 없다는 점에서 기인한다. 이들 여행가의 책을 읽거나, 강연을 듣는 대중 역시 모종의 인류학적 경험을 체험하려는 참된 욕망에 의해 동기부여가 된 것이 아니다. 여기서 말하는 인류학적 체험은, 이를테면 아마존의 원주민 또는 아프리카 토착 원주민과 자신들을 동일시할 수 있도록 해 줄 것이다. 여행가의 목적은, 그가 제아무리 먼 곳을 여행하더라도, 그 자신과 그가 살고 있는 사회 사이에 어떤 거리를 두더라도, 그가 속한 사회적 무리의 산물이자 희생물로 남을 수밖에 없다는 점을 환기시키고 있다. 그 많은 통속적 여행가들은 진정으로 무엇인가를 발견하거나 새로운 깨달음을 얻기 위해 여행하는 것이 아니다. 그들 여행가는 남들에게 보이기 위해 여행한다. 그 여행은 여행가에게 명성과 부를 가져다줄 수 있는, 여러 장애물을 극복했다는 과시일 뿐이다. 그 점에 있어 그가 선택하고 주파한 여행 경로는 단지 하나의 장애물에 불과한 것이다. 그 길이 어려운 것일수록, 그의 발걸음에 대한 찬사가 더 높아짐은 물론이다. 여행가는 이들 대중의 마음을 사기 위해 이런 어려운 발걸음을 실천하나, 사실 그것들은 부질없거나 쓸모없는 임무들일 뿐이라고 꼬집는다.

그의 관객들 역시, 여행가만큼이나 신비화되는데, 그 이유는 관객들이 탐험과 여행의 수행자에게 요구하는 것은 자신들을 먼 곳의 동떨어진 야생적 문화에 대한 참되고 고유한 이타성으로 이끌고 가 달라는 것이 아니기 때문이다. 타자의 이타성을 인정하는 것은 곧 자신을 그들과 동일시하는 것을 인정하는 것이 될 것이다. 그러나 우리 사회가 이국풍으로부터 요구하는 것은 세계의 나머지 다른 곳들이 우리의 존재와는 전적으로 상이하다는 것을 보여 주는 데 있고, 우리 스스로를 이 같은 차이의 차원에서 규정하는 데 있다. 그런데 이것은 자신의 정체성을 부정하는 데 이르는데, 왜냐하면, 한 사람의 존재는 어쩔 수 없이 그 같은 타자와 결속되어 있기 때문이다.

그런데 대부분의 사람들은 자신을 타자와 구별되는 다른 존재로 바라보기를 좋아한다. 저속한 여행가의 본성은, 같은 인간종에 속하는 동료를 상이한 존재로 보면서, 자신이 맡은 문학적 소명의 난관을 영예롭게 만드는 낭만적 작가와 비슷하다.

그렇지만 그가 추구하는 그 같은 차별화 목적의 순수성은 그의 글쓰기 그 자체에 의해 배반된다. 그가 차별화되고 싶은 바로 그 낯선 타자들을 위해 글을 쓰고 있기 때문이다. 그 같은 철저한 타자화의 시도에 동의하는 독자들은, 그들이 영광스럽게 추앙하는 가짜 '우상들'과 한통속인 것이다. 그들이 그 여행 작가에게 요구하는 것은 다른 먼 곳의 원주민과 야만인, 즉 타자들을 자신들의 상상력을 만족시킬 수 있는 객체들(대상들)로 묘사해 달라는 것이다. 그 같은 상상의 대상 차원에서 그들은 자신들의 정체성을 보다 확실하고 쉽게 단언할 수 있기 때문이다.

스스로의 닫힌 세계에서 살아가고 있는 야만인은 서구 세계를 필요로 하지 않는 반면, 서구 세계는 특정 타자의 존재를 추구하면서 야만인을 필요로 한다. 그 같은 서구의 타자 추구는 그 야만인에게서 다른 에고alter-ego를 발견하기 위해서가 아니라, 그의 욕구와 필요에 적합한 환상적 이미지들을 심어 줄 수 있는 버팀목을 찾기 위한 불순한 목적이다. 그렇지만 그 같은 시도는 패배로 귀결될 수 밖에 없다. 서구의 문명인이 갖고 있던 욕망은 충족되지 않은 상태로 남아 있고, 그가 추구했던 대상에 맞선다. 그의 욕망은 단순한 소유의 욕망이 아니라, 인식과 인정의 욕망이었기 때문이다. 즉, 야만인에 있어 그의 개별성을 알아볼 수 없게 된 상태에서 그는 자신의 실패의 책임을 그 야만인에게 전가시키려 한다. 즉, 그 자신이 확립한 특정 이미지에 타자를 모델화시키고, 따라서 또 타자의 고유성을 훼손시키면서까지, 타자의 정체성을 변화시키려는 시도를 하는 것이다.

그 같은 여행들이 우리에게 알려 주는 첫 번째 것은 청정무구한 세계가 아니라, 서구 문명이 노출하는 최악의 양상들이다. 야만인에게서 동료 인간을 찾을 수 없게 된 여행가는 단지 그 야만인에게서 자신의 사회의 거울 이미지를 볼 수 있을 뿐이다. 레비스트로스는 이렇게 말하고 있다.

"팽창적이고 과도하게 흥분한 어떤 문명이 바다의 침묵을 영원히 동요시키리라. 열대의 향기와 생명 존재들의 신선함은 우리의 욕망을 괴롭히고 절반은 이미 부패한 추억들을 채취할 수밖에 없는 운명에 빠지게 만들, 상한 기미가 있는 발효에 의해 오염되었다."[216]

"콘크리트로 파묻힌 폴리네시아의 섬들이 남쪽 바다들의 밑바닥에 무겁게 정박한 항공모함들의 모습으로 탈바꿈한 곳, 아시아 전체가 병약한 지대의 얼굴을 띠고 있는 곳, 판자촌들이 아프리카를 침식하고 있는 곳, 상업용 군용 비행기가 아메리카의 삼림 또는 멜라네시아 삼림의 순진무구함을, 그 처녀성을 파괴하기 전에조차도, 말라 죽게 하는 곳, 바로 이런 곳들에서, 이른바 여행의 탈주라는 것이 우리의 역사적 존재의 가장 불행했던 형태들에 직면하는 것 이외의 다른 무엇을 성공할 수 있단 말인가?"[217]

"그런 연유에서 나는 그 많은 기행문에 대한 사람들의 열정, 광기 그리고 그런 여행기들이 지니고 있는 기만성을 알아차린다. 그런 기행문들이란, 현재는 더 이상 존재하지 않지만 마땅히 계속 존재해야 할 것으로 기대하는 것의 환영을 가져다준다. 그런 환상이 필요한 이유는, 2만 년의 역사가 이미 흘러가 더 이상 돌이킬 수 없다는, 견디기 어려우나 명백한 자명성을 우리가 애써

216 p.26(p.36), 번역본 139쪽.

217 p.26(p.36), 번역본 139-140쪽.

회피하게 만들기 위해서이다. 이제는 더 이상 할 수 있는 것이 아무것도 없게 되었다."[218]

"대중은 이런 총천연색 사진 앨범의 매개를 통해 당신들이 갖고 있는 매력을 자기 것으로 체화시킬 수 있다고 믿는 것일까? 당신네 원주민들의 삶을 초토화시킨 것에도 만족하지 못하고 당신들을 파괴시켰다는 사실조차 의식하지 못한 채 대중은, 이미 일찍이 그대들을 굴복시킨 역사에 대한 향수 어린 식인 풍습을 당신들의 환영을 통해 열광적으로 포식하지 않고서는 성이 안 차는 것이다"[219]

여행가가 처한 이 같은 당혹감과 곤경은 단순히 개인적 맥락 안에서 이해되어서는 안 되며, 그가 속한 출신 사회와의 관련성에서 파악되어야 한다. 그는 사회적 무리가 그를 필요로 하는 만큼이나, 그의 청중을 필요로 한다. 여행가의 경우는 단지

---

218 p.26(p.36), 번역본 140쪽.

219 pp.29-30(pp.40-41), 번역본 145쪽.

사회적 무리의 신비화의 과정의 한 양상이었을 뿐이다. 왜냐하면, 그는 단지 그의 사회가 그로 하여금 기대한 것을 찾을 수 있기 때문이다. 서구 사회가 여전히 고유하고 변질되지 않은 원시 세계의 신화를 믿고 있다면, 그 이유는 그것이 그 자신의 역사적 본질을 인정하기를 거부하기 때문이다. 그 점을 확인하기 위해서는 레비스트로스가 언급한 것과 달리 2만 년 전으로 거슬러 올라갈 필요가 없다. 그 발달 과정에서 서구 세계는 그것의 문화적 경계선들 외부에 존재했던 원시 세계를 파괴했다. 따라서 그의 여행에서 여행가는 더 이상 존재하지 않는 것을 보는데, 그 이유는 그의 존재가 자신이 태어나고 자란 사회의 신화들에 뿌리를 두고 있기 때문이다. 인류학자는 약간 다른 위치에 놓여 있다. 그는 서구 세계가 자신의 역사적 진리를 목격하는 것을 차단시키는 신화들에 대해 상대적으로 덜 취약한 편이다. 그래도 그는 여전히 역사성을 갖고 있는 자신이 속한 문화의 산물이며 그의 인식론은 그의 사회적 맥락을 통해, 그의 정신적 범주들을 지배하는 역사적 차원에 뿌리를 내리게 될 것임에 틀림없다.

그러므로 인류학자조차 그의 태생적인 문화적 한계를 극복할 수 없다는 점에서 그 자신이 속한 특정 사회의 역사적 차원은 야만인의 타자성을 이해하는 것을 불가능하게 만들 것이다. 따라서 인류학자가 보는 것과, 그가 이해할 수 있는 것 사이에는 분열과 경계선이 생겨날 수밖에 없다. 따라서 비록 여행가가 그의 탐색을 시작하는 진심 어린 인류학자로서 사심이 없고 선의로 가득 차 있더라도 그는 여전히 그 출발부터 그 자신의 문화에서 태어난 자식으로 남아 있을 수밖에 없는 숙명적 한계에 봉착한다.

요컨대 문명 세계로부터 벗어나 있는 외부 세계에 대한 인류학자의 이해는 그의 역사에 의존할 수밖에 없다. 최초의 위대한 탐험가들은 20세기의 여행가가 그의 눈으로 본 것과 동일한 사회들을 보았다. 그 사회의 청정무구한 휘황찬란함의 상태에서 그 사회들을 보았을 것이다. 그렇지만 그들은 자신들 앞에 펼쳐진 것을 정확히 이해할 수 없었다. 청정무구한 순수 속에서 한 사회를 발견하려는 바람, 그것을 이해할 수 있기를 바라는 것은 한낱 환상일 뿐이다. 그들은 자신들이 이해할 수 없는 것을 단지 보는 데 머물렀다. 즉, 그들은 자신의 인식의 한계를 벗어난 것을 관찰했을 뿐이다. 서구 사회가 이 같은 원시적 야만인들을 그것들의 총체성 속에서 이해할 수 있을 정도로 성숙해졌을 때, 그들은 더 이상 무대 위에 없을 것이다. 이 점에 대한 레비스트로스의 목소리를 경청해 보자.

"이제 내 앞에는 넘어설 수 없는 원이 존재한다. 제 문화가 덜 소통할수록, 즉 그들의 접촉을 통해 부패하는 일이 드물어질수록, 그들 문화에서 보낸 각각의 사신들이 이 같은 다양성의 풍요로움과 의미를 자각할 수 있는 경우는 적어질 것이다. 결국 나는 하나의 양자택일의 포로가 될 수밖에 없다. 때로는 모든 것, 또는 거의 모든 것이 자신의 인식 한계에서 벗어나는 휘황찬란한 광경에 직면한 옛 시절의 여행가가 되던가 —최악의 경우엔 비웃음과 혐오감을 불러일으킨다— 아니면 때로는 근대적 여행가로 자처해, 사라져 버린 어떤 현실의 잔재들의 뒤를 쫓아다니는 것이다. 이 두 개의 구도 모두에서 나는 패자가 된다. 더구나 그 같은 패배는 겉으로 보이는 것보다 훨씬 더 혹독하다. 왜냐하면, 이런 어렴풋한 형체들 앞에서 한탄하고 있는 나는, 바로 이 순간 형태를 취하는 참된 광경에 대해 둔감하고 헤아릴 수 없거니와, 그 광경의 관찰에 있어서도 나의 인간성의 정도가 그것을 파악하기 위해 요구되는 감각을 결여하고 있기 때문인 것이 아닐까? 수백 년이 흘러, 이 동일한 장소에서, 나만큼이나 절망한 또 다른 여행가는, 내가 볼 수도 있었으나, 나의 한계에서 벗어난 것의 사라짐을 두고 슬픔의 눈물을 흘릴 것이다. 이중의 불구의 희생양인 셈이다. 내가 보고 느끼는 모든 것은 나에게 상처를 주고, 아울러 충분히 사물을 쳐다보지 않는다고 쉼 없이 자신을 나무라야 하기 때문이다."[220]

위의 인용문은 마치 성서에서 표현된 익숙한 역설을 생각나게 만든다. "눈이 있되 보지 못하고, 귀가 있되 듣지 못한다." 그렇지만 이 같은 딜레마는 결코 해소 불가능한 것은 아니다. 물론 여행을 통해 추구하고 탐색하는 바에 그릇된 동기부여가 되고 자기중심적인 한에 있어서는 계속해서 딜레마로 남아 있을 것이다. 그런데 바로 이 순간에 과거와 현재 사이의 연속성을 재수립하기 위한 그릇된 일시적 딜레마를 붕괴시킬 수 있는 원근법의 완결된 전복이 발생할 수 있다. 사라져 가는 현실을 추

220 p.32(p.43), 번역본 148-149쪽.

구하는 여행가는 그 자신의 노력과 수고의 진리를 발견할 것이다. 타자들을 찾아 나선 여행가는 마침내 스스로를 찾게 된다.

"오랫동안 나는 이러한 딜레마로 마비된 채 지냈으나, 그럼에도 불구하고 그런 액체처럼 흘러가는 불안과 혼미가 잠잠해진 것 같다. 점점 희미해지던 형태들이 명확하게 모습을 드러내고, 혼돈은 서서히 해소된다. 세월이 달아나 버린 것 이외에 정작 무슨 일이 일어났단 말인가? 망각은 나의 추억들을 자신의 밀물 속에 둘둘 말아 넣고 다지면서, 그것들을 단순히 닳아 떨어지게 하고 망각의 늪에 묻어 버리는 것에 머무르지 않았다. 내 추억의 파편들을 가지고 망각이 건설해 놓은 깊은 바닥의 건조물은, 내 발걸음이 닿을 때마다 보다 안정된 균형을 이루도록 해 주고, 또 나의 시야로 하여금 보다 명료한 구도를 파악하도록 한다. 이를테면 망각에 의해 건설된 건축물에서 하나의 기둥 양식(세상 이치ordre)이 또 다른 기둥 양식(세상 이치)으로 대체된 것이다. 지금은 거리를 두고 떨어져 있는 나의 시선과 그것의 대상이라는 이 두 낭떠러지 사이에서, 이 둘 모두를 무너뜨린 세월이 부스러기들을 쌓기 시작했다. 날카로운 모서리는 얇게 무뎌지고, 전체 면이 붕괴

된다.

여러 시간과 장소가 서로 부딪치고 서로 포개어지거나 아니면 서로 뒤바뀌기도 하는데, 그것은 마치 오래된 지각판의 요동으로 단층이 생긴 침전물들의 형상과도 같다. 아주 미세한 태곳적의 작은 것이 뾰족한 봉우리의 산처럼 용솟음치는가 하면, 나의 과거의 모든 지층이 흔적도 남기지 않은 채 내려앉는다. 뒤얽힌 시절들과 장소들로부터 도래한, 겉보기에는 아무 연관성이 없어 보이는 사건들이 서로 스며들면서, 내 자신의 이야기보다 더 현명한 어떤 건축가가 깊은 사색을 통해 설계했을 일종의 작은 성에서 갑자기 정지된다.

… 예기치 못하게, 시간은 삶과 나 자신 사이에 지협을 연장시켜 놓았다. 옛 경험과 얼굴을 마주 대하기에 이르기까지 20년이라는 망각의 세월이 필요했다. 그 기나긴 시간 나는 무엇인가를 추구해 세계를 주파했건만, 세계와 인류는 내가 그 의미를 깨닫는 것을 이미 오래전부터 거부했고, 그것의 내밀함과 아늑함을 맛볼 수 있는 기회도 앗아 갔다."[221]

221 pp.32-33(pp.43-44), 번역본 150쪽.

• 철학 여행voyage philosophique의 교훈들

『슬픈 열대』의 초판본 표지 날개에 실린 소개 글은 이 책이 서구에서 16세기부터 20세기까지 계승된 여행 문학에 의해 예시화되는 철학 여행의 전통과 다시 관계를 맺기를 원했다고 표명하고 있다. 물론 의심할 나위 없이, 편집자가 작성했을 이 짧은 단락은 저자의 의중을 반영하고 있다. 레비스트로스는 일반 대중이 이해하기 어려운 학문적 엄격성에서 과감히 탈피해, 동시에 이국풍의 감각적인 것에 대한 추잡한 취향도 경계하면서 자아의 참모습을 찾아나서기 위해 세계를 누비고 다니는 진정성 있는 여행가의 모습을 부각시키고 있다. 이렇듯 철학 여행의 유구한 전통을 계승하고 있음에도 불구하고, 레비스트로스는 특정 철학 형식과 학파, 특정 종류의 여행 서사에 대한 혐오감을 표출하고 그것들에 대해 가차 없이 혹평한다. 그런데 역설적으로, 일반인들에게 철학 여행을 언급할 때, 그들의 머릿속에 떠오르는 것은 그가 혐오하고 혹평하는 그 같은 관습적 철학 형식에 기초한 여행 서사라는 점이다. 그런데 이 대목에서 이 책의 본질적 성격을 환기해야 할 터인데, 그 의도, 동기, 이를테면 그 책의 열쇠는 또 다른 이름을 담고 있는데, 그것은 민족지학이며, 레비스트로스의 여행에 그것의 참된 의미, 유일한 의미를 부여하는 것 역시 민족지학이다.[222] 이 점을 우리는 다음 장에서 살펴볼 것이다.

철학의 방향을 설정하고, 철학을 구습과 인습에 빠뜨리는 것을 막는 것은 바로 그 같은 민족지학이다. 이 책의 모든 풍요로움과 다양성에 그것의 특별한 색채와 향기를 선사하면서 이 저서의 통일성을 만드는 것 역시, 다름 아닌 민족지학이다. 문학적 자서전과 논증적 글쓰기 등, 글쓰기의 다양한 장르들로부터 최상의 방식을 차용하는 이 책을 특정 범주에 갇히도록 만들지 않게 해 주는 것이 바로 그 점이기 때문이다. 여행 서적에 부여하는 문학상을 수여했을 때, 저자는 서둘러 그것을 사양했다. 그렇다면, 차라리, 그가 자신의 스승으로서 흠모했던 장자크 루소의 고백록처럼, 고백록이라는 장르에 위치시키는 것이 더 적절한 것이 아닐까라는 물음도 던져 볼 수 있을 것이다. 어쨌건, 그것은 훌륭한 문학 작품이며, 프랑스어권 최고의 문학상

---

222 이 점에 대해서는 다음 논문 참조. Jean Cazeneuve, "*Tristes tropiques*: les leçons d'un voyage philosophique", *Annales, Economies, Sociétés, Civilisations*, 13ème année, N.4, 1958, pp.781-786.

인 공쿠르Goncourt의 심사위원들은 그들이 직접 뽑는 최고의 수상 소설 작품에 대해서 논의할 때만큼이나 열성적으로 그 책에 대해 상찬을 한 바 있다.

프랑스 역사학계의 태두인 뤼시앵 페브르는 『슬픈 열대』를 상당한 열의를 갖고 읽었다고 말한 바 있다. 그의 찬양과 흠모는 역사학적 가치 평가라는 또 다른 관점에서 기인한 것이 아닌가라는 생각을 해 볼 수 있는데, 어쨌건 그의 적극적 관심이 이 책에서 사유되고 쓰인 것에 대한 역사학자로서의 개인적 안목과 취향에서 비롯된 것임은 분명하다.

우리는 『슬픈 열대』가 다양한 이야기들, 생동감 넘치는 묘사들, 심오한 성찰들과 명상들로 화려하게 수를 놓고 있다는 점, 또한 이 같은 개별 요소들 각각이 그 자체로서 걸작품들이고, 그 스타일의 탁월함으로 빛나고 있음을 알게 되었다. 이 책의 정수에 대한 정확한 관념을 제시하기를 원한다면, 이 책의 특정 양상에 연연하기 전에 먼저 어떤 수미일관성과 통일성을 언급해야 할 터인데, 왜냐하면, 자신의 개인적 생각의 토로, 풍경화, 개인적 성찰, 역사적 사실들의 상기, 여행길의 일정, 감동적이거나 때로는 유머의 색채를 띠는 추억들, 학자적 관찰들, 철학적 성찰들이 산포되어 있기 때문이다. 이 책의 매 페이지 배후에서 우리는 민족학자를 다시 발견하게 되고, 민족학자의 배후에서, 우리는 한 인간, 작가, 그리고 예술가로서의 모습을 만나게 된다.

따라서, 자서전과 동시에 철학 여행을 만나는 것은 당연한 귀결이다. 자아를 찾아나서 세계를 주파한 것은 레비스트로스가 스스로의 모습을 발견하는 것이 자신을 민족지학자로서 삼으면서이기 때문이다. 그는 민족지학이라는 학문에 대해 언급하면서 우리에게 이렇게 말하고 있다. "민족학은 나의 성격과 나의 삶을 화해시킨다." 그 같은 화해 덕분에 적도 반경에서 일어났던 일들의 상기는 동시에 저자의 영성적 여정의 모습을 그려내고 있다. 그는 일고의 관용도 없이, 철학적 논증 글쓰기라는, 그가 보기엔 무미건조한 놀이들에 입문시킨 스승들의 초상과, 아울러 그에게 여행할 수 있는 기회를 제공했던 스승들의 초상을 그려 내고 있다. 뒤마 교수와 부글레 교수가 그들이다.

민족지학의 여행이 선사하는 핵심적 교훈들은 무엇인가? 첫 번째 교훈은 막연한 이국풍의 미몽에서 깨어나야 한다는 가르침이다. 『슬픈 열대』라는 민족지학적 고백을 하나의 대서사로,

그리고 신세계의 발견과 관련된 몇몇 환상의 종언에 대한 슬픔의 표현과 초상 의례를 한 권의 책으로 만든 원천은 다름 아닌 이 같은 미몽에서의 깨어남이라 할 수 있다. 『슬픈 열대』는 '다른 곳'과 '타자'에 대한 환상적 발견들의 죽음을 애도하며 치르는 초상 의식이다. 16세기 대발견 시대의 항로를 다시 취하면서, 레비스트로스는 공간의 축과 동시에 시간의 축에서도 여행한다. 그는 식민주의와 제국주의가 신세계를 제물로 삼아 그곳의 태초의 문명과 원주민들에게 자행한 유린과 그로 인해 신음하고 절규했던 비탄의 광경을 발견한다. 이런 맥락에서 그는 "여행들이여, 이제 그대가 우리에게 무엇보다 먼저 보여 주는 것은 인류의 면전에 투하된 우리 자신의 오물이다"[223]라는 상당히 호전적인 발화를 여과 없이 생산한다.

한편, 식민주의에 착근한 유럽 중심주의는 원주민들의 문화를 파괴했으며 원주민들을 서구 문화식으로 희화화시켜 놓았다. 여행가가 가져다줄 수 있는 유일무이한 보물 역시, 그 본성상 추상적·개념적 차원의 파악에서 벗어나는 여행지의 생경

---

223 p.26(p.36), 번역본 140쪽.

한 풍경들과 구체적인 분위기들과 향기들의 묶음이다. 따라서 그것은 개념적 지식 그 이상의 것이다. 인문과학의 한복판에서 객관적인 학문적 지식의 기획이 태생적으로 지닐 수밖에 없는 한계라 할 수 있는데, 그 이유는 그의 문화와 상이한 것에 대해 민족지학자가 가져다주는 것, 즉 그의 여행의 열매는, 과학적이라기보다는 미학적 차원에 속하기 때문이다.

그런데 민족학자가 수행하는 여행으로부터 얻을 수 있는 두 번째 교훈은 자신의 세계관과 가치관을 투영하여 다른 사회를 파악하려는 시도의 필연적 실패 그 자체와 결부되어 있다. 우리 사회와 매우 상이한 사회들의 발견은 인간 사회의 모델을 구성하고, 현재 우리 사회의 불행들을 바로잡는 것을 가능케 할 수 있다고 믿는 것은 헛된 것이다. 그 이유는 레비스트로스의 말에서 찾을 수 있다. "어떤 사회도 반드시 좋은 것은 아니다. 아울러 어떤 사회도 반드시 나쁜 것은 아니다."[224] 판단의 진리는 곧 판단의 상대성인 것이다. 한 문화의 풍요로움은 내재적 속성의 자격에서 존재하는 것이 아니며 그 사회에 견주어

---

224 p.414(pp.462-463), 번역본 694쪽.

서 관찰자가 놓여 있는 상황에 달려 있기 때문이다. 즉, 우리는 어느 정도의 이해관계가 개입하는 특정 원근법에서 벗어날 수 없는 것이다.

따라서 민족지학적 여행은 민족학적 의심으로 귀결되고 심지어 민족학의 원죄로 치닫는다. 이를테면 레비스트로스는 인류의 일부분이 다른 인류를 하나의 대상으로서 취급할 수 있는 권리를 부당하게 취득했던 폭력의 시대의 시녀인 인류학을 생산했던 역사에 대해 서글퍼한다.

4. 여행과 풍경: 레비스트로스의 풍경관

『슬픈 열대』는 그 전체가 현대 문명에 대한 한 편의 풍경이라 할 수 있다. 또한 40개의 개별 장에는 때로는 황홀경에 빠지게 만들 정도의 휘황찬란하게 아름다운 풍경 묘사가 제시되는가 하면, 또 때로는 슬픔에 빠지게 만드는 풍경이 등장하는 등, 마치 실물을 직접 대면하는 듯, 실감을 불러일으키는 생생한 풍경들로 가득 차 있다. 이런 맥락에서 이 책을 읽는 또 다른 독법 또는 주제 가운데 하나는 풍경이라 할 수 있다. 레비스트로스가 묘사하는 풍경의 다채로움을 파악하기 위해서는 그가 자연 현상에 대해 묘사하는 풍경들의 변화무쌍함을 감상해야 할 것이며, 그가 다른 저서에서 상세히 다룬 서양 회화사에서의 풍경의 위상과 의의를 비롯해, 치밀한 관찰력을 통해 제시된 도시 풍경 묘사에 대한 상세한 분석이 필요하다. 앞서 자세히 다루었던 대서양의 석양 장면도 레비스트로스가 선사한 풍경 묘사의 백미 가운데 하나로 손꼽힌다. 뿐만 아니라, 풍경 차원에서 이 책을 다시 읽으면 풍경 묘사의 보석 같은 다수의 구절들을 재발견하여 음미할 수 있을 것이다. 아래 단락은 브라질의 쿠이바를 떠날 새벽 무렵에 관찰한 풍경 묘사이다. 특히 그가 유럽 풍경과의 대비를 시사하고 있다는 점에서 독특한 비교풍경론을 제시하고 있음을 알 수 있다.

"완전히 다른 세계가 펼쳐지고 있었다. 젓빛, 초록색의 거친 잡초도, 사암질로 형성된 기반의 표면 분해로 인해 생겨난 백색, 분홍색, 또는 황토색의 모래를 숨기고 있지는 못했다. 식물군은 두꺼운 껍질, 유약을 바른 것처럼 반짝이는 나뭇잎들, 그리고 가시에 힘입어 한 해의 7개월 동안이나 맹위를 떨치는 건조함과 가뭄에 맞서 보호받고 있는, 마디가 많은 형태를 띤 듬성듬성 흩어져 있는 나무들만 있었다. 이 황량한 초원 지대가 정원으로 탈바꿈하는 데는 비가 며칠 정도 내리는 것으로 충분했다. 풀은 초록색으로 물들여졌고, 나무들은 밝은 하얀색과 보라색의 꽃들로 뒤덮였다. 그러나 이곳에서 받는 주된 인상은 모종의 광대함과 무한성이다. 그곳의 지면은 너무나 평평했고, 너무나 나지막한 비탈길들만이 있을 뿐이어서, 지평선은 수십 킬로미터까지 장애물 없이 펼쳐졌다.

아침부터 하나의 풍경을 명상하는 데 반나절을 보냈는데, 그 전날 가로질렀던 풍경을 그 다다음 날에도 판박이처럼 정확히 반복함으로 인해 지각과 추억은 부동 상태에 홀린 망상 속에서 혼란스럽게 뒤섞였다. 대지가 제아무리 동떨어져 있어도 그것은, 어떤 불규칙성도 결여할 정도로 너무나도 한결같고 단조로웠기 때문에, 하늘 높은 곳에서 보면, 멀리 있는 지평선을 구름들로 착각할 정도였다. 그 풍경은 단조롭게 보이기에는 너무나도 환상적이다. … 유럽에서의 풍경은 확산되어 가는 빛 아래서 정밀한 형태들을 선사한다. 그런데 이곳에서는 우리가 생각해 왔던 하늘과 땅의 전통적 역할이 역전된다. 캄푸campo의 우윳빛의

띠 너머로 구름은 가장 기상천외한 형태의 건축물을 세운다. 그곳의 하늘은 온갖 형태들과 볼륨들이 생겨나는 지대이며, 그곳의 대지는 지구 태곳적 시대의 부드러움과 연약함을 간직하고 있다."[225]

레비스트로스의 풍경론을 압축하고 있는 또 다른 구절을 감상해 보도록 하자.

"모든 풍경은 무엇보다 각자가 부여하기를 선호하는 의미를 선택할 수 있도록 내버려 두는 방대한 무질서로서 그 모습을 드러낸다. 그러나, 농업적 고려, 지리적 사건들, 역사와 선사의 변신들을 넘어, 모든 의미 가운데 가장 최고의 의미는 다른 의미들에 선행하고, 그것들을 제어하고, 그리고 대부분에 있어 그것들을 설명하는 의미가 아닌가? 그 연하고, 희미한 선들과 바위 쪽의 형태와 밀도 속에서 감지하기가 어려운 그 차이는, 현재 내가 목격하고 있는 이 척박한 대지에 태곳적에는 두 대양이 이어졌음을

225 p.199(pp.241-242), 번역본 395-396쪽.

증언하고 있다. 그 흔적을 따라, 그것들의 수천 년에 걸친 정체의 증거들을 추적하면서, 그리고 절벽, 낙반, 가시덤불, 경작지 같은 장애물을 뛰어넘어 앞으로 나갈 때, 울타리건, 오솔길이건 개의치 않고 사람들은 시간과 반대 방향으로 움직이는 것처럼 보인다. 그런데 이 같은 불복종은 아마도 모호하나 하나의 중핵의 의미를 다시 찾아보려는 것이 그 유일한 목적이다. 다른 의미들 각각은 이 중핵의 의미의 부분적이거나 왜곡된 전이에 불과한 것이다."[226]

레비스트로스가 제시한 수많은 풍경은 크게 두 개의 독서 격자에 기초한다. 자연과 문화 사이의 긴장을 전면에 내세우는 해석이 하나이며, 다른 하나는 시간성과 비시간성을 모두 아우르는 시간의 역할을 강조하며 그 둘의 긴장에 초점을 두는 독서 격자이다.[227] 첫 번째 원근법에서, 풍경은 이중적으로 포착된다. 한편으로는, "어느 정도 집중화된 요소들의 집합"에 상응

---

226 pp.44-45(p.59), 번역본 169쪽.

227 이 점에 대해서는 다음 논문 참조. Olivier Mongin, "Les paysages de Claude Lévi-Strauss. Une pensée du sensible", *Esprit*, août-septembre 2011.

하는 자연환경 사이에 존재하는 대결의 경험으로서, 다른 한편으로는, 자연과 문화 사이의 긴장이 작동하는 신체적 체험으로서다. 또는 자연과 문화의 긴장은 회화의 시각적 재현을 통해서 감지될 수 있다. 즉, 풍경이라는 주제가 문화를 우선시하는 방향에서 진화하면서 자연의 후퇴를 가시화시키는 회화적 재현의 경험을 통해서 그 같은 긴장을 읽어 낸다. 두 번째 원근법에서, 즉 시간적 독서 격자에서, 두 개의 시나리오가 관심을 끌 수 있다. 먼저, 도시 풍경들의 시나리오는 세계의 구석구석에서 채취된 것으로서, 시간적 이접들과, 회로 단절들을 가능케 하는 것들이다. 이는 "현실보다 더 현실적인 초현실"에 대한 접근성을 부여하는 시간의 지연을 말한다.

『슬픈 열대』에서 풍경은 지리적 이동의 결과물이다. 레비스트로스에게 있어 풍경이란 사물의 위에서 굽어보거나 산 정상에서 관조하며 내려다보는 동떨어진 대상이 아니다. 그가 주목한 풍경은 사물의 외관을 관통해서 파악해야 할 모종의 심층이며 우리와 가장 가까이 있는 어떤 근접성이다. 아울러 그에게 있어 풍경이란 우리의 상투적 지각과 인식에서 벗어나는 것이며, 디테일이 우선시되어야 하고, 가지런하게 정리 정돈된 전체로 환원될 수 없는 구체성과 특이성이라 할 수 있다.[228] 왜냐하면, 디테일은 필연적으로 방대함에 비해 우세하기 때문이다.

"인간들이 침묵을 고수한다면, 대지가 스스로 말하게 해 보자. 이 강변을 따라 나를 유인했던 경이로움을 넘어, 대지는 마침내 나의 기도에 답하고, 자신의 비밀스러운 속살을 내게 알려 주리라. 모든 것이면서 동시에 아무것도 아닌 이런 외관들의 혼돈스러움을 넘어, 그 비밀의 순수성은 도대체 어디에 움트고 있단 말인가? 나는 몇몇 경치들을 선택해서 그것들을 그 이외의 나머지와 분리시킬 수 있다. 이것은 여기 있는 이 나무인가, 이 꽃인가? 그것들은 다른 곳 도처에 있을 것이다. 나를 완전히 다른 세계로 데려다 주고, 그 각각의 부분은 고립해서 취할 경우, 달아나 버리는 이 모든 것은 한낱 거짓이란 말인가? 내가 만약 그것을 실재하는 것이라고 고백한다면, 나는 최소한 그것의 마지막 요소에서 완결될 때까지 그 실재에 도달하고 싶다. 나는 방대한 풍경을 거

228 Olivier Mongin, "Une pensée du sensible: les paysages de Claude Lévi-Strauss", *Synergies Brésil*, n° spécial 2, 2010, pp.53-65.

부하고, 시야를 좁혀 본다. 그리고 이 같은 점토 해변과 잎의 새순으로 나의 시야 범위를 축소시킨다."[229]

이 같은 시각에서 그는 『슬픈 열대』의 풍경론과 관련해 가장 많이 인용되는 32장에서, 자신이 정서적으로 애착을 갖고 있는 세 개의 풍경을 묘사한다. 바닷가, 고산과 아담한 높이의 산(예컨대, 레비스트로스가 빈번하게 방문했던 세벤산Cévennes),[230] 아마존의 숲이 그것이다. 이 세 개의 풍경에서 레비스트로스는 자연과 문화 사이의 대결 구도를 설정하고 있는데, 이 같은 대결 구도를 통해 그는 풍경을 우리의 인식과 시야 속에 포섭할 것을 주문하고 있으며, 그 결과 여행가는 "순간의 생동하는 다양성이 여러 나이를 병치시키고 영속화시키는 특정 공간을 탐구할 수 있도록 해 준다."[231]

이 같은 집중성은 우리의 시선에, 가능한 한 가장 밀도 높은 광경을 제공하기 위해, 시간과 장소들이 융합되고 접맥되는 제

229 p.350(pp.397-398), 번역본 605쪽.

230 pp.355-360(pp.404-408), 번역본 613-620쪽.

231 p.45(p.59), 번역본 169쪽.

형태가 불균등하게 집결되고 차별화된 환경들을 지시한다. 첫 번째 경우는, 바닷가와 해변들은 "너무나 용해되고, 느슨하고, 퍼져 있고 흘러가는 풍경, 탈중심화된 풍경"을 제공한다. 이와 달리, 산의 경우에서 풍경은 바닷가 위에서만큼이나 우리의 지각에서 벗어나지 않는데, 나라는 자아의 알맹이를 세계에 전이시키는 것을 가능케 하고, 그 반대의 경우도 가능케 한다. 그런데, 이 두 번째 형상에서, 두 개의 축은 서로가 서로에게 외부에 있는데, 그 이유는 경험이 너무나 요구하는 것이 많고 까다롭기 때문이다. "우리들 자신의 최상의 것을 제공하도록 요구하면서 말이다." "내가 서서 이 풍경을 주파하는 데 소모하는 신체적 노력은 내가 양보했던 그 무엇이었으며, 그것을 통해, 그의 존재는 나에게 현존한다."[232] 숲의 경우에, 이 같은 외재성은 사라지는데, 내부와 외부의 내밀하면서도 심오한 대결을 선호하는 세 번째 풍경을 의미한다. 그 자체로 닫혀 있는 우주, 숲의 상층부에 의해 뒤덮인 외피라 할 수 있는 숲은 "영혼의 가장 근접한 이 같은 감각들"을 자극한다. "청각과 후각이 그것이

---

232 p.357(p.406), 번역본 615-616쪽.

다."[233] "큰 산맥들에 비해 덜 확장된 숲의 닫혀 있는 지평은 곧 바로 축소된 우주를 가두어 놓고 있다. 사막의 탈출구만큼이나 완결되게 고립시키는 이 같은 축소된 우주, … 식물 세계와의 내밀성은 바다가 이제 우리를 거부하는 것을 양보하고 내놓는다. 산이 비싸게 그 대가를 지불하도록 하는 것이 바로 그것이다."[234]

만약, 아마존의 숲이 외부로부터 "고정된…" 내부로 들어가면 모든 것은 변화한다.

내부에서 보면, 숲은 하나의 기념비적 우주가 되고, 지상의 무질서가 되는 것을 멈춘다. 외부로부터 내부로 들어가면서, 숲은 기호들의 휘황찬란함을 채집한다. 그 같은 휘황찬란함은 도시적 경험의 그것이기도 하다. 숲의 상층부 체험은 도시의 마천루에서 아래를 쳐다보는 경험과 흡사하다.

이 같은 세 종류의 풍경들의 주파로부터 얻을 수 있는 교훈은 무엇인가? 두 가지를 생각해 볼 수 있다. 여행은 그것이 여행자

---

233 p.358(p.406), 번역본 617쪽.

234 pp.358-359(pp.406-407), 번역본 617-619쪽.

를 감싸고 있는 만큼 보다 유의미하고 강력하다. 아울러, 형태들과 기호들의 집중화된 공간인 만큼 보다 풍요롭다. 그것의 복수성 속에서 오브제들로 넘쳐나고, 감각들에 자양분을 제공한다는 점에서 풍요로운 것이다.

이 밖에도 『슬픈 열대』에는 도시 풍경과 초현실성의 주제가 담겨 있다.[235]

요컨대, 시간의 직선적 연속의 무미건조한 따분함에서 어떻게 벗어날 것인가라는 본질적 물음에 대한 해답의 단초를 발견할 수 있다. 현재의 시간이 덧없이 사라져 감을 아쉬워하고 그 같은 자연법칙을 극복하려는 사람들에게는 두 개의 가능성이 주어질 수 있다. 하나는 시간을 연장하거나 지연시키는 수단이며 다른 하나는 시간을 일시적으로 중단시키는 방법이다. 전자

---

235 메가폴리스 등의 과밀화와 집중화로 인한 도시 문제 등은 기술한 레비스트로스의 도시인류학으로부터 직접적 영감을 받은 프랑스 도시인문학의 대표적인 3인의 연구물을 참조할 것.

1. Marcel Hénaff, *La ville qui vient*, Paris: L'Herne, 2008.
2. Olivier Mongin, *La condition urbaine*, Paris: Seuil, 2007.
3. Thierry Paquot, *Mesure et démesure des villes*, Paris: CNRS Editions, 2020.

는 상이한 시간의 엇갈림과 교차를 통해 실현되고, 후자는 시간의 모든 방향을 주파하면서 시간의 흐름을 거슬러 올라가며 구현될 수 있다.

시간의 자연 법칙을 초월하는 첫 번째 가능성, 즉 시간의 연장 방식은 도시 풍경들의 실천에 의해서 가능해진다. 두 번째 출구 전략은 일몰에서 음악적 선율의 풍경 형태를 찾아내는 오페라의 음악적 체험에 의해 가능해진다. 레비스트로스에게 있어 도시는 이중적 체험으로 귀결된다. 즉, 그것은 자연과 문화를 결합시키는 체험이다. 아울러 현재의 순간과 과거의 순간을 결합시키는 체험이다. 이 점에 있어, 『슬픈 열대』의 아래 단락은 도시 인문학에서 빈번하게 인용될 정도로 유명하다.

"하나의 도시를 한 편의 교향곡 또는 한 편의 시에 비교할 수 있는 권리를 —사람들이 빈번하게 그 같은 비교를 한 것처럼— 갖는 것은 은유적 방식으로가 아니다. 그것들은 동일한 본질에 속하는 대상들이다. 아마도 보다 더 소중한 도시는 자연과 인공물이 합류하는 곳에 위치한다. … 그것은 자연의 대상임과 동시에 문화의 주제이다. 개인과 무리, 체험되고 꿈꿔지는 것, 그것은 탁월하게 인간적인 그 무엇이다."[236]

이 도시는 구체적으로 무엇인가? "남부 브라질의 합성 도시", 또는 활력을 상실하고 있는 도시 공동체들과 대립하는, 유럽 도시에 대한 일정한 이미지, 또는 저 머나먼 곳의 카라치 또는 인도에서 발견하는 붕괴 직전에 있는 도시들과 대립되는 유럽 도시의 이미지이다.

"구세계의 무기력해진 도시들이건, 신세계의 태아적 도시 공동체들이건, 우리가 물질적 · 영성적 차원에서 최고의 가치들을 결합하는 데 익숙한 것은 도시의 삶이다."[237]

레비스트로스는 도시를 마치 실재와 비실재가 초현실성을 위해 상호 교차하는 배회와 소요의 공간인 것처럼 언급한다. 이때 초현실성은 실재 그 자체보다 더 실재적이다. 그 결과 파

236 p.112(p.138), 번역본 267쪽.

237 p.122(p.151), 번역본 284쪽.

리는 초현실적이라보다는 더 아마존적이다.[238]

과거로 거슬러 올라가고 시간을 앞서가는 도시 기계가 특권시된다면, 이 같은 초현실성의 순간들을 추격하고 가능케 함으로써 가능한 것이다. 그런데 또 다른 방도가 존재한다. 그것은 바로 기계를 고장나게 만들고, 시간을 허구적으로 부동 상태로 만드는 것이다. 여기서 바로 오페라가 개입하는데, 이것은 『신화지』에서 신화들과 결합되어, 흐르는 시간을 멈추게 만들려는 의지를 음악적 표현으로 구현한 창조적 매개물이다. 그 결과, 석양을 오페라의 서곡에 비교하는 이미지가 창발한다. 그 풍경은 작은 음악이 되고, 시간을 벗어난 공간이 된다. 일몰, 사라져가는 풍경, 시간적 접근법과 감각적 접근법, 시각과 청각을 결합시키는 공감각과 융합의 공간, 그것은 곧 스밈의 미학이며, 바로 레비스트로스의 꿈인 것이다. 시간을 지연시키려는 프루스트의 욕망, 모든 차이적 편차와 변이를 공시태의 관점에서 하나의 유일무이한 순간과 계기 속에 결집시키려는 구조주의

238 Vincent Debaene, "'Un quartier de Paris aussi inconnu que l'Amazonie', Surréalisme et récit ethnographique", *Les Temps modernes*, n.628, 2004.

적 갈망을 나란히 놓고 비교하며 읽어 내는 것도 흥미로운 독법이 될 것이다. 비록, 이 책에서 의아하게도 '구조주의'라는 단어가 단 한 번도 사용되지 않았다고 해도 말이다.

5장
현대 민족지학의 독보적 성취

1. 현대 민족지학의 성취

『슬픈 열대』에서 레비스트로스는 철학 형식의 글쓰기 스타일을 실천하면서 독특한 장르의 여행기를 시도하고 있는데 비평가들은 그런 양식을 일러 철학 여행기라고 부르기도 한다. 그렇지만 이 명저의 의도, 동기, 이를테면 그 본질을 파악할 수 있는 열쇠는 철학이 아닌 또 다른 이름을 담고 있는데 그것은 다름 아닌 민족지학의 작품이라는 점이다. 이를테면, 저자의 여행에 유일무이한 의미를 부여하는 것은 무엇보다도 그가 평생의 소명으로 삼은 민족지학이라는 학문이다. 풀어 말해, 청년 레비스트로스의 생각으로는, 현 세계에서 철학의 새로운 방향을 설정하고, 철학을 구습과 인습에 빠뜨리는 것을 막아 줄 수 있는 방어막, 또한 철학의 한계를 벗어나 타 문화와 타자를 만날 수 있도록 해 줄 출구를 마련해 줄 수 있는 비밀 병기는 민족지학이라는 나침판이다.

이 책의 모든 풍요로움과 다양성에 그것의 특별한 색채를 부여하면서 이 저서의 통일성을 만드는 것 역시 다름 아닌 민족지학이다. 인류학, 문학, 비평, 시론, 철학, 자전적 글쓰기, 여행기 등의 다양한 담론들과 장르들로부터 최상의 스타일과 텍스트적 특성을 차용하고 종합화시키고 있는 이 명작을 특정 범주의 틀 속에 갇히지 않게 해 주는 것은 바로 그가 보여 준 민족지학적 상상력이다. 그런 맥락에서 이미 다른 사람의 손을 거쳐 꾸며진 피상적이고 주관적 인상에 머무르는 고리타분한 내용의 상투적 여행기, 타 문화를 왜곡하며 해를 가져다주는 저질의 이국풍 여행기와 이 책을 혼동하는 우를 범하는 것을 경계해야 할 것이다. 요컨대 그가 실천한 민족지학의 체험과 그것의 서사적 본질을, 심오한 사상이 담겨 있는 한 편의 인문 여행의 전범으로서 사유해야 할 것이다. 한 걸음 더 나아가, 어떤 의미에서는 기존의 여행 범주의 궤도에서 일탈한 전혀 다른 여행의 상상계를 구축해야 할 것이다.

더구나 레비스트로스가 힘주어 강조하고 있는바, 민족지학자의 연구 현장은 평범한 의미에서의 낭만적이거나 쾌락을 가져다줄 여행 체험을 위한 공간이 아니다. 그 이유는 단지 보통의 여행과 달리 그가 겪어야 할 고단한 체류 기간이 몇 달 또는 몇 년에 이르는 긴 기간이라는 데서 기인하는 것만이 아니고, 그가 연구하는 사회와 맺는 정서적 친화성과 친밀도의 차이만으로도 온전하게 설명될 수 없다. 그보다 더 본질적인 이유는 민족학자가 수행하는 현장 탐사 여행이 상이한 문화들의 근본적 차이를 추구한다는 사실로부터, 그 같은 현장 체험에 바탕을 둔 여행은 타 문화에 대한 특정 지식이 추구하는 대상의 성격을 선험적으로 규정하도록 허락하지 않고, 그 같은 관념적 지식의 선부른 이론적 체계와 주장을 허락하지 않기 때문이다. 타자와 타 문화의 '다름'은 결코 자기중심적 범주화의 재단을 통해 안일하게 파악될 수 없으며 인내심을 갖고 장시간의 관찰과 대화를 통해 설명해야 할 난해한 문제이다. 요컨대, 독자가 눈여겨봐야 할 핵심 대목은 레비스트로스가 자신의 여행 경험의 의미와 가치를 부각시키고 동시에 그의 여행 서사의 차별성을 합리화시키려는 노력을 경주했다는 점이다.

• 민족지학의 탐사

레비스트로스는 특히 3개의 장에서 민족학의 정체성과 민족학자의 직업적 특징 및 작업의 어려움, 아울러 민족학을 선택하게 된 자신의 인생 경로를 다분히 문학적 언어로 기술하고 있다. 4장 "권력의 추구"에서는 민족학에 대한 윤리적 성찰의 역사, 그것이 표상하는 권력의 쟁점들을 다루고 있다. 본 장 끝부분에서 상세하게 다룰, 아이러니, 번민, 초조의 감정들을 묘사하고 있는 37장과 38장은 각각, "아우구스투스의 신성화", "럼주 한 잔"이라는 제목을 달고 있다. 이 세 개의 장에서는 권력과 예속, 자유와 필연에 대한 철학적 성찰의 거의 강박적 전개가 이어진다. 자신에게 소외감을 준 프랑스 대학 권력의 치사함과 인색함에 대한 시시콜콜한 이야기로부터, 남비콰라족에서 사용하는 정치적 장치들의 분석, 루소의 인류학적 사상에 대한 성찰, 마르크시즘의 궁극적 주제와 불교의 화두의 절묘한 종합, 이어서, 아이러니하고 신비로운, 대단원의 종결부에서 집착으로부터의 벗어나기, 즉 해탈의 지혜에 이르기까지, 다소 이질적인 주제들이 다소 혼란스러울 정도로 가파른 속도로 다루어진다. 그러나 잊지 말아야 할 점이 있는데, 이 책의 얼개는 탄탄한 서사 체계와 구조를 갖고 있으며, 특히 구조적 방법의 요청에 부응하고 있다는 사실이다. 즉, 문명 세계, 원주민 사회, 인간 정신 등의 차원을 다루는 이 책의 구성은 장들과 부들 사이에서의 명시적 또는 암시적 지시를 조직화시키고 있다. 예컨대, 남비콰라족의 일부다처제에서 여성의 위상과, 투피족에서의 여성의 위상, 카두베오족의 신체 회화와 보로로족의 마을 구조, 남아메리카, 아시아, 유럽 사이의 비교 등이 체계적으로 제시된다. 모든 것은 마치, 하나의 상호 텍스트성의 원리에 기초해서, 서사의 특정 부분이 다른 부분의 텍스트를 상기시키면서, 상이한 텍스트들을 아우르는 상위 얼개의 전체 집합에 대해 전반적 시야를 마련한 것처럼 진행된다.

더 나아가, 우리는 이 책에서 다양한 패러다임들의 분절을 목격할 수 있다. 그 결과, 연구된 4개의 브라질 원주민 문화 사이에서, 카두베오족에 대한 묘사는 예술적 창조들, 스타일의 개념을 강조하고, 보로로족에 대한 묘사는 거주지들과 의례 분석에 초점을 두고 있으며, 남비콰라족에 대한 묘사는 가족 구조와 정치 구조의 분석에 주안점을 두고 있고, 투피족에 대한 기술은 특정 문화의 와해 현상을 강조하고 있다. 제반 사회들의 상대적으로 번창하고 행복한 상태로부터 출발해, 카두베오족과 보로로족, 남비콰라족에서는 그들의 생존의 조건들의 가능한 한계를 다루고, 투피족에게서는 그들의 해체의 순간을 이야기한다. 이 점에 있어, 엄밀히 따져 민족지학의 현장 조사들로부터, 서술자는, 문데족과의 최초의 그리고 마지막 접촉에서, 그가 여전히 이해하지 못한 특정 문화의 한계에 도달함과 동시에, 그 종말의 순간에 도달한다. 그 두 사례로서, 마지막 남은 몇몇 투피족 사람들이 처한 비천함의 장면에 대한 묘사와 문데족(그는 '나의 야생인'이라 칭한다)을 최초로 접촉했을 때, 느낀 그의 감정 묘사를 적어 본다.

"모두 합해 봐야 여섯 명의 여자들과 일곱 명의 남자들 정도였는데, 남자 중 한 사람은 청년이었고 세 명의 어린 계집아이들의 나이는 각각 한 살, 두 살, 세 살배기쯤 되어 보였다. 아마도, 가장 비루하고 어려운 환경 속에서 살고 있던 무리 가운데 한 무리가, 최소한 13년 동안이나, 다시 말해 아바이타라의 부락이 사라진 이후로 외부 세계와 일체의 접촉이 단절된 상태에서 근근이 삶을 이어 가는 데 성공할 수 있었으리라고 누가 상상이나 할 수 있었겠는가? 이들 가운데는 하반신이 마비된 두 사람이 있었다. 젊은 처녀는 두 개의 지팡이의 도움을 받아 몸을 지탱하고 있었으며, 한 명의 청년 역시 다리가 없는 앉은뱅이처럼 땅바닥 위에서 몸을 질질 끌고 다녔다. 그의 양 무릎은 살점이 뜯겨 나간 다리 위로 불쑥 솟아 있었는데, 다리 안쪽 부분이 부어올라 있었으며, 장액으로 가득 찬 것처럼 보였다. 왼쪽 발의 발가락들이 움직임이 없었던 반면, 오른쪽 발은 이동성을 간직하고 있었다. 그렇지만, 이 두 명의 불구자는 숲속에서 이동하는 데 성공했고, 심지어 겉으로는 손쉽게 숲속의 먼 장거리 경로를 완수하는 데 도달한 것 같았다. 그들이 앓고 있던 질병은 소아마비였을까, 아니면 어떤 다른 바이러스의 감염으로 인한 것이었을까?"[239]

열광적으로 시작된 그의 문데족 탐사 모험이 남겨 준 공허감

239 pp.363-364(p.413), 번역본 626쪽.

을 레비스트로스는 다음과 같이 서술하고 있다.

"나는 야생성의 극단까지 가 보기를 원했다. 나보다 앞서 누구도 본 적이 없고, 이후로 아무도 다시 볼 수 없는 이 다정다감한 원주민들 덕분에 나의 욕망이 충족되었던 것이 아닌가? 흥분 상태에 도취되어 수행한 탐사 코스가 끝날 무렵 나는 나의 야생인들을 손이 닿을 수 있는 곳에서 마주하였다. 슬프도다! 그들은 너무 지나칠 정도로 야생적이었다. 그들의 존재가 나의 탐사 여행 마지막 순간에서야 드러났기 때문에, 그들을 알기 위해 필요한 시간을 마련할 여유가 없었다. 내가 구비하고 있던 한정된 재원들, 나의 동료들과 내 자신이 처했던 신체적 쇠약은 —여러 번의 비에 노출되어 계속된 열병들은 상황을 더 악화시키고 있었다— 수개월의 연구 대신, 마치 학교를 빼먹는 것처럼 짧은 대면 시간만을 허락했다. 그들은 나에게 그들의 풍습과 신앙을 가르쳐 줄 준비가 되어 있었으나 나는 그들의 언어를 몰랐다. 거울 속 이미지처럼 나에게 가까이 있었으나, 나는 그들을 만져 볼 수 있었으나, 이해할 수는 없었다."[240]

• 참여적 민족지학 방법의 이론과 실천

강조해야 할 사실은 여행담의 형식을 취하는 이 같은 학문은 엄밀한 논증을 금과옥조로 여기는 외재적 객관성의 조건에 의해 제약받지 않는다는 점이다. 이를테면 구조주의 또는 실증주의 전통의 방식을 통해 도달하려는 외재주의적 객관성을 말한다. 그와는 정반대로, 레비스트로스의 과감한 결단은 관찰자를 그의 관찰 대상 속에 재통합시키는 데 있다. 쉽게 말해 학문적 객관성을 확보하기 위해 자신이 연구하고자 하는 사회의 외부에 남아 있으려는 태도는 레비스트로스의 선택이 아니다. 『슬픈 열대』는 분명히 한 편의 여행기라는 범주에 속하나, 그것은 또한 민족지학적 현장 조사의 서사이며, 그가 선택한 특정 학문의 방법과 요령을 일러 주고 있다. '선량한 야만인'을 찾아 길을 떠난 레비스트로스는 다름 아닌, 자신의 연구 대상, 즉 원주민들과의 직접 접촉을 시도한 민족지학을 실천했던 것이다. 이 점에 대해 현대 프랑스 사상사의 권위자인 도스François Dosse는 그의 저서, 『구조주의의 역사』에서 "관찰은 일차적이며, 일체의

---

240 p.349(pp.396-397), 번역본 603-604쪽.

논리적 구성에 선결적이다"라는 지적을 통해 참여 관찰법의 핵심을 짚어 낸 바 있다.

이처럼 현장에서 이루어지는 참여 민족학 방법을 실천함에 있어 핵심 관건은 공통적 조건의 공유 속에서 인간 무리, 특정 사회, 특정 민족을 관찰하고, 연구하고, 이해하려는 태도를 취하는 데 있다. 쉽게 말해, 참여 민족학은 의례, 제도들, 음식과 요리 등, 원주민들의 생활 방식과 그들의 활동들을 공유하면서, 한 사회를 연구하는 데 그 특징이 있다. 그 같은 방법은 민족학의 발전에 있어 근본적인 방법론적 혁신을 성립한다. 이와는 정반대로 학문적 객관성을 중시하는 사회과학 조사의 실천들은 이 같은 참여적 방식과 과정의 상반된 노선을 추구한다. 즉, 관찰자의 영향력을 제거하고 연구 대상이 되는 사회에 견주어 유지해야 할 이른바 거리 두기는, 가능한 한 가장 객관적이기를 원하는 그 같은 외재적 절차와 과정의 규범들을 성립한다. 서구 학문의 우월성을 무의식적으로 뇌리에 각인시킨 기존의 민족학자는 자신이 문화적 이타성들이 증언하는 보편성을 증명할 수 있는 유일한 사람이라고 확신했다. 그러나 레비스트로스의 탁견에 의하면, 정작 기존 민족학자는 다름 아닌 서구가 근대 학문의 무기들과 그것의 민족 중심주의의 철학으로 인해 저지른 것들의 이름으로, 동시에 그의 정체성을 생산한 문명의 이름으로, 보편적 인간성 그 자체를 주창하고, 그것에 호소한다. 그러나 전통적 민족학자의 이른바 외재성은 환상에 불과할 뿐이다.

사실상, 학자에게는 다른 어떤 선택의 여지가 없다. 가까이 있건 멀리 있건, 민족학자가 어떤 사회에 속하건, 그것을 관찰하는 순간부터, 그는 그 사회에 참여하는 것이다. 더 나아가, 단 하나의 시선만으로도 그는 이 사회를 아무도 모르게 변형시킬 수 있다. 모든 관찰은 이미 일정한 개입이며, 이제까지 장려된 외재성의 입장은 환상적이거나 이론적인 입장에 불과할 뿐이다. 참여적 민족학은, 자신이 수용하려는 문화에 대한 최대한의 이해를 도모하고, 상투적인 일체의 묘사를 최소화하려는 시도로서, 긍정적 의미에서의 문화적 상대주의를 옹호한다고 말할 수 있다. 최대한 자신의 문화가 설정해 놓은 틀에서 벗어나, 자신의 문화에서 형성된 시각이 아닌, 보다 다원적이고 개방적인 마음으로 다른 문화를 있는 바 그대로 이해하려는 노력으로서, 그렇게 하려면 도덕적·문화적 판단은 객관적 기술을 위해 중단된다. 달리 말해, 그것의 목적은 다른 어떤 여과 또는 중개 없이, 관찰하려는 사회의 내부를 체험할 가능성을 발굴하는 데 있다. 요컨대 그것의 미덕은 민족 중심주의를 경계하고 일체의 본질주의의 위험성을 막는 데 있다

한편, 레비스트로스는 민족지학적 관찰법의 이점과 동시에 그 한계와 딜레마를 언급하고 있다. 이를테면 참여 관찰법을 통해 생경하고 낯선 원주민들의 풍습을 더 깊게 이해할수록, 그것들이 본래 갖고 있던 생경함은 사라진다. 그렇다고 내가 살던 곳에서만 머문다면, 타 문화는 영원히 미지의 상상계로 남아 있을 것이다. 이 같은 두 극단 사이의 동요에 대해 그는 다음과 같이 서술하고 있다.

"나는 나의 보상과 나의 벌을 받고 있었다. 왜냐하면, 인간들이 늘 같은 인간들인 것은 아니라고 믿는 것은 나의 잘못, 그리고 민족지학이라는 나의 직업의 잘못 때문이 아니었던가? 그들의 피부와 그들의 풍속들이 우리를 놀라게 만들기 때문에, 더 많은 관심과 주의를 끌 수 있는 가치가 있다고 믿었던 것도 그 같은 잘못 때문이 아니었을까? 내가 그들의 성격을 얼추 이해하는 데 성공

했다면, 그들은 이제 그들의 생소함을 거두어 낼 것이다. 그런데 이와 달리 나는 나의 고향 마을에 머물렀을 수도 있을 것이다. 또는 여기서와 마찬가지로, 그들은 그 같은 생소함을 간직한다. 그렇다면, 그 같은 생소함을 만들어 내는 것을 내가 파악할 수 있는 능력조차 없기 때문에, 그 같은 생소함은 나에게 아무짝에도 쓸모가 없다. 이 두 개의 극단 사이에서, 어떤 모호한 경우들이 우리가 체험하는 변명을 가져다주는 것인가? 제 관찰을 통해 우리의 독자들에게 야기될 이 같은 동요로부터 ―이 같은 관찰들은 상당히 정교해져 그것들을 판독 가능하게 만드나, 그럼에도 불구하고, 이 같은 관례들이 자명한 사람들과 비슷한 존재들을 놀라게 할 수 있기 때문에, 중간에서 멈출 수 있다― 최종적으로 가장 속아 넘어가기 쉬운 사람은 누구인가? 우리의 허영심에 구실을 제공한 이 같은 잔재를 용해시키는 데 도달하기 전에는 만족할 권리를 갖지 못하는 우리들, 또는 우리 자신들을 믿는 독자인가?"[241]

---

241 pp.349-350(p.397), 번역본 604쪽.

2. 민족지학과 문학의 절묘한 만남: 독특한 글쓰기 스타일의 발명

• 『슬픈 열대』 문학성의 백미: "석양"

독자는 이 책의 제2부를 마무리하는 "석양"이란 제목을 달고 있는 너무나도 아름다운 문학적 묘사의 장을 접하게 된다. 그리고 이 장의 끝에서, 완전히 분리되어, 이탤릭체로 쓰인 특이한 텍스트를 접하는데, 작가는 그 주제와 그 화려한 문체를 통해 문학적 글쓰기가 도달할 수 있는 최고 솜씨를 발휘하고 있다.[242] 거두절미하고 일몰의 묘사 부분은 이 책의 백미로 손꼽힌다. 1955년, 이 책이 출간된 후 30년이 흘러, 레비스트로스는 유명 방송인과의 인터뷰에서 이 텍스트가 본래는, 자신이 시도했으나 곧 포기해 버린 소설의 시작 부분이라고 고백한 바 있다. 소설을 포기한 이유는, 그의 표현에 의하면 "너무 형편없었기 때문이었다."[243] 아울러, 그 대담 기회를 이용해, 그는 소설

---

242 pp.51-57(pp.67-74), 번역본 178-187쪽.

243 프랑스의 문학 평론가, 방송인 베르나르 피보와의 대담[1984년 5월 4일, 프랑스 국영방송 TF1 독서 프로그램 '아포스트로프'(Apostrophe)] 참조.

또는 극본 등의 문학 작품을 완성시켜 보지 못한 것에 대해 자신의 아쉬움을 토로한 바 있다. "연극 대본 작가가 되어 보고 싶었습니다."

어쨌거나, 다름 아닌 그가 포기한 이 소설 작품이 『슬픈 열대』라는 제목으로 탄생한 것이다. 그것은 화려한 무용담의 일부분, 일종의 문학에 대한 고별사, 신세계로 가기 위해 구세계를 떠나는 것처럼, 글쓰기의 해묵은 형식들을 떠나보내는 일종의 통과 의례라 할 수 있다. 따라서 이 작품에서 문학에 대한 참조는 아이러니한 것이고 매우 미묘하며, 전적으로 부정적인 것만은 아니다. 끝으로 서술자는 어떤 상황들과 국면들에서, 어떤 근심 속에서 그가 선상에서 이 텍스트를 써 내려갔는가를 자세히 들려주고 있다.

대서양 한복판에서 불쑥 솟아 수평선 밑으로 가라앉는 해가 연출하는 저녁노을의 광경에 의해 매료되고, 자신이 결코 명상해 본 적이 없는 수평선의 사방에서 펼쳐지는 광경에 흠뻑 빠져, 서술자는 바로 그 순간 글쓰기의 실천을 제안한다. "수많은 해들이 흘러간 이후, 이제 내가 그 당시의 은총 상태에 다시 놓일 수 있을까? 손에 수첩을 든 채, 사라져 가고 늘 새로운 모습을 띠는 이 형태들을 나로 하여금 부동의 것으로 만들어 줄 수 있는 표현을 매 초마다 적어 갔던 그 열광적 순간들을 다시 체험할 수 있을까?"[244]

다른 한편, 또 하나 주목할 사실은 이 명저가 선명하게 음악적 구성을 채택하고 있다는 점이다. 이를테면, 총 9부 중 제1부와 제2부는 이 같은 미지의 세계를 암시하는 '신세계의 교향곡'의 전주곡에 해당된다고 말할 수 있다.

이 부분에서 '출발', '인생에서의 초반부들', '배제', '힘의 효과들'의 주제들을 구성하면서, 이 전주곡은 '석양-오페라'의 한 조각으로 이동되고 있다. 우리는 그때부터 서사적·철학적 전개들의 유도선이 자리 잡고 있음을 간파할 수 있다. 그 여행은 그의 삶에서 본질적 상징성을 갖고 삶의 종합을 표상하는 중요한 여행이다. 이 전반부에서 한 인간의 삶(유년기부터 종합적 평가와 지혜에 이른 나이)이 소묘되고, 어느 정도는 고백된 감정으로서 형상화된 지적인 여정, 현장에서 획득한 지식, 그가 접했던 특정 학문에서 훈련받은 인식론의 획득 과정, 자신의 조국인 프

---

244 p.51(p.67), 번역본 178쪽.

랑스에서 벌어진 정치적 상황의 경험(편협한 대학 환경으로서, 유대인을 축출한 나라로서의 프랑스뿐만 아니라 무슬림들을 통합하고, 서구의 위대한 문명들을 화해시킬 수 있는 프랑스) 등이 주마등처럼 스쳐 지나간다. 몇 개의 단락을 적어 본다. "이런 관점에서 보면, 철학 교육은 나의 지능을 단련시킴과 동시에 나의 정신을 메마르게 만들었다."[245] "기표는 어떤 기의와도 전혀 관계를 맺지 못했고, 더 이상 지시체도 존재하지 않았다. 수완과 요령이 진리를 보는 안목을 대체했다."[246] "그렇지만, 나는, 철학으로부터 나를 멀어지게 하고, 마치 구원의 널빤지에 매달리듯, 민족학에 매달리도록 했던 철학에 대한 혐오감의 밑바탕에 깔려 있는 개인적인 이유들을 추측해 본다. 몽드마르상고등학교에서 강의를 함과 동시에, 짜임새 있는 수업 교안을 만드는 데 1년을 보낸 이후에, 나는 발령받은 새 부임지인 랑에서 새 학기가 시작되자마자, 나의 남은 인생이 철학 수업을 평생 반복하며 보내는 데 있다는 사실을 문득 깨달으니, 소름이 돋았다."[247]

---

245 p.39(p.53), 번역본 162쪽.

246 p.40(p.54), 번역본 163쪽.

247 p.40(p.54), 번역본 163쪽.

이 책의 초반부에서 이국풍의 나라들을 여행하며 찍은 총천연색 사진으로 대중을 현혹하는 세태를 비판했던 레비스트로스는 붓과 물감, 사진기 대신 단어들을 갖고 일몰이 연출하는 색을 묘사하고 있다. 그는 그 찬란한 장관을 감상하는 순간을 일러 하늘이 창조하는 서사의 세계로 여행을 떠나는 것이라고 말하고 있는데, 어떤 비평가는 그것을 자연이 연출하는 마술에 대한 서정적 시가로 읽을 것을 제안하기도 한다.[248]

그는 낱말들의 묘사력이 갖고 있는 잠재성을 최대한 확장시켜 하늘을 수놓는 변화무쌍한 색들의 향연을 자신의 독창적 언어로 옮기는 데 몰입해 총 8쪽에 걸쳐 자신이 경험했던, 일몰에 몰입된 무아지경의 상태를 포착한다. 레비스트로스가 주목한 것처럼, 일몰은 낮과 밤이 뒤바뀌는 전환 지대이다. 낮과 밤이 자리를 교환하고 색조의 변화와 시간과 더불어 반전을 예고한다. 그 전반적 형태가 하나의 배경에서 펼쳐지기에 충분할 정도로 신속하게 전개됨과 동시에, 우리가 순간순간의 매 전환을

---

248 Rebekah Rutkoff, "The Art of Transcribing a Sunset", *Interval(le)s*, II.2-III.3(Fall, 2008/Winter, 2009), pp.767-774.

주목하고 기록할 수 있을 정도로 완만한 이중의 시간적 레지스터 속에서 A라는 상태가 B라는 상태로 생성되는 과정을 우리의 맨눈으로 접근할 수 있는 매우 희소한 현장이다. 일몰의 현장에서 낮 동안 바다와 하늘이 보여 준 선명한 정체는 해체되며, 구름의 모양들과 분홍색과 자주색이 쏟아져 하늘을 색의 향연이 펼쳐지는 화려한 정원으로 만든다. 레비스트로스의 구상 언어 사용은 또 다른 종류의 전환을 중심으로 그가 관찰하는 세밀한 감각 데이터를 모아 놓고 있다. 이를테면 하늘 상태의 전환이 미술 형태들과 연계되고, 그의 독특한 은유들을 특징짓는 비교에 의한 상상력의 도약은 오페라의 전주와 도입부 등과 같은 예술과 문화의 인공물들을 노을이 수놓는 하늘에서 찾고 있다.

한편, 비록 그가 목격한 일몰의 몽상에서 레비스트로스 자신이 '마술'이라는 단어를 호출하고 있지는 않으나, 마술은 그의 일몰 묘사에서 계속해서 맴돌고 있음을 직감할 수 있다. 마술의 정수는 압축되고 신속한 형태의 변화무쌍함에서 비롯되는 놀라움과 만족감의 연속에 있기 때문이다. 또한 마술에서 일어나는 새로운 질적 변화 상태는 비마술적인 현실 세계의 물질적

형태와 정신적 내면성에서 이루어지는 시간적 지속들을 저지시키며 성립되기 때문이다.[249]

3. 레비스트로스의 지적 형성과 민족학자의 운명: 허무와 구원

이렇듯, 그의 인생 여정의 방향을 정하도록 도와준 것은, 대학에서 만난 스승들과 강단 철학이 아닌, 그의 개인적 취향들, 지질학에 대한 열정, 정신분석학과 마르크스주의의 발견, 베르그송 철학, 현상학 또는 그것의 실존주의적 연장 등, 특정 철학 사조 및 교리들에 대한 그의 혐오감이었다. 그의 주장에 의하면, 지질학, 정신분석학, 마르크시즘과 마찬가지로, 민족지학은 유일하게 구체적 열매를 맺을 수 있는, 세계와 타자를 이해하려는 노력에 매달리고, 하나의 현실 유형을 다른 현실 유형으로 갖다 놓을 수 있다. 레비스트로스에게 있어, 탐구의 유일한 최고 목적은, 실재 세계를 존중하고 그것의 숨겨진 의미를

249 Rebekah Rutkoff, *op. cit.*, pp.769-770.

발견하는 일종의 초-합리주의이다.

"오늘날 나는 이따금, 그 점을 스스로 깨닫지 못한 채이긴 하나, 민족학이 연구하는 문명들과, 나 자신의 사고 구조 사이에 존재하는 친화성이라는 이유에서, 민족학이 나를 불러낸 것이 아닌가 자문해 본다. 해마다 수확을 거둘 수 있는 일정한 토지를 무난하게 경작하고 있을 능력과 적성이 내게는 결여되어 있다. 내가 갖고 있는 지능의 종류는 신석기 시대의 지능이라 할 수 있다. 원주민들이 미개간된 숲속에서 경작지를 만들려고 내는 불과 흡사하게, 나의 지능은 때로 개간되지 않은 토지에다 불을 지른다. 아마도 그 땅에서 조급하게 수확을 얻어 내려고 비옥하게 하는 것일 텐데, 다시 황폐해진 토지를 뒤에 남겨 놓은 채 다른 곳으로 이동하는 것이다."[250]

또 다른 단락에서는 정신분석학에 대한 예찬을 찾을 수 있다.

---

250 p.41(p.55), 번역본 164쪽.

"1920년에서 1930년까지의 시기는 프랑스에 정신분석 이론들이 확산되던 시기였다. 그 이론들을 통하여 나는 제반의 정태적 이율배반성들이 결국은 하나의 무의미한 놀이로 귀결된다는 것을 알게 되었다. 철학 교수들은 그 같은 이율배반성을 중심으로 우리의 철학 논술들, 그리고 나중에 가서는 우리의 철학 수업 내용 —그 같은 논술은 이성적이고 몰이성적이며, 지적이고 정서적이며, 논리적이고 선논리적인 것을 모두 아우른다— 을 구성할 것을 조언했다. 무엇보다, 이성적인 것을 넘어서 보다 더 중요하고, 보다 더 풍요로운 범주인, 기표의 범주가 존재하는데, 그것은 '이성적인 것'의 최고 수준의 존재 양식이나 우리의 스승들은(아마 스위스의 언어학자인 소쉬르의 『일반언어학 강의』보다는 베르그송의 『의식에 직접 주어진 것들에 관한 시론』을 명상하는 데 더 몰두하고 있었기 때문에) 소쉬르라는 이름조차 발설하지 않았다."[251]

이어서 그는 지질학과 정신분석학의 공통점으로서 외관을 넘어선 심층의 파악 능력과 섬세한 감수성을 선사할 수 있다는

---

251 pp.43-44(pp.57-58), 번역본 167-168쪽.

미덕을 손꼽고 있다.

"내가 프로이트의 이론들을 알게 되었을 때, 그 이론들은 나에게는 너무나도 당연하게, 마치 지질학이 그 규준을 표상했던, 특정 방법의 개별 인간에 대한 적용으로서 보였다. 그 두 경우에서, 연구자는 외견상 침투할 수 없어 보이는 현상 앞에 단번에 놓이게 된다. 또 두 경우 모두, 연구자는 복잡한 한 상황에 담긴 요소들의 목록을 작성하고 또 평가하기 위해서 섬세함의 자질, 즉 감수성, 직감, 그리고 안목을 작동시켜야 한다."[252]

그리고 그는 자신이 민족학의 길을 걷게 된 명분을 다음과 같이 자세히 기술하고 있다.

"민족학은 나에게 모종의 지적 만족을 가져다준다. 세계의 역사와 나의 역사라는 양극단을 결합시키는 역사로서, 그것은 동시에 그 둘의 공통적 근거를 계시한다. 민족학은 나로 하여금 인간

252 p.45(pp.59-60), 번역본 170쪽.

을 연구할 것을 제안하면서, 회의로부터 나를 해방시켜 주었다. 그 이유는, 민족학이 단 하나의 문명에만 적합한 사람들을 배제시키면서, 모든 인간에게 의미를 갖는, 이 같은 차이들과 변화들을 연구하기 때문이다. 이처럼 특정 문명에 속하는 사람들은 그들 문명의 외부에 머무르기를 선택한다면 스스로 와해되고 말 것이다. 끝으로, 민족학은 풍속과 습관과 제도의 다양성을 갖춘, 실질적으로 무한한 자료를 나의 성찰에 보장해 주면서, 앞에서 내가 언급했던 이 같은 불안하고 파괴적인 욕구를 진정시켜 준다. 민족학은 나의 성격과 나의 삶을 화해시킨다."[253]

세계를 주파하면서, 그리고 민족학자의 직업을 수행하면서 그는 자신의 참된 소명을 찾았으며, 그때부터 그의 모든 저술과 활동은 인간과 인간의 문명들에 대한 지식을 쌓는 데 공헌했다. 구체적인 것, 실재적인 것에 애착을 가진 레비스트로스는 모든 것을 매우 높은 곳에서 보려 한다. 바로 그 점으로부터, 이 책의 쓸쓸한 결론이 도출되는데, 그 결론부에서 레비스트로

---

253 p.47(p.62), 번역본 173쪽.

스는 우리의 인간 조건, 우리의 위대함을 긍정하도록 우리를 초대하면서도 동시에 우주의 해체라는 무한대의 과정 속에서 차지하는 미미한 자리에 인간을 위치시키고 있다. 인류는 역사의 행진 속에 놓여 있으며 그 행진의 참여자 또는 조력자일 수는 있으나, 우주의 큰 흐름은 인간 세계를 단지 불활성, 운명의 날, 허무로 완결시킬 것이라고 전망한다.

위의 인용문에서 확인한 바와 같이, 레비스트로스는 『슬픈 열대』에서 세계의 표상과, 자아의 표상을 연결시키고 있다는 점에서, 우리가 제시해야 할 핵심적 물음은 과연 어떤 유형의 자아의 연출(미장센)이 관건이며, 이 같은 특수한 자아의 연출이 그가 추구했던 지식의 기획과 맺는 관계는 무엇인가라는 물음이다. 민족학자 레비스트로스는 그의 실천 속에서 자신의 정체성을 표상하고 있으며, 민족학 지식의 정초를 비롯해 그 같은 지식이 제시되는 글쓰기의 방식들에 대해 탐문하고 있다. 레비스트로스가 자신에게 하나의 이상형을 표상하는 것으로 보이는 것에 대해 발화하는 방식을 기억할 필요가 있다. 다음의 인용문은 『슬픈 열대』의 6장의 발췌로서, 대부분의 레비스트로스 연구자들이 빈번하게 인용하는 구절이기도 하다.

"스스로가 인간적이기를 원하면서, 민족학자는 인간을 충분히 고차원적이고 멀리서 바라보는 관점으로 판단해서 특정 사회 또는 특정 문명에 특이한 우발성들로부터 인간의 본질을 추출하려고 애쓴다. 민족학자의 생활 조건과 노동 조건은 그를 오랜 기간 동안 그의 무리로부터 절연시킨다. 그가 노출된 제반 변화들의 돌변성으로 인해, 일종의 만성적인 실향 상태에 빠진다. 그는 그 어느 때보다 어디에서도 자신의 고향에서 느끼는 편안함을 느끼지 못한 채, 심리적으로 절단된 상태로 남아 있을 것이다."[254]

여기서 민족학자가 스스로의 모습을 포착하고 있는 위치는 그에게 예외의 위상을 부여하는 상승과 거리 두기를 통해 은유적으로 설명됨을 알 수 있다. 물론, 그 역시 한 명의 '인간'이나, 위의 인용문에서 레비스트로스는 민족학자를 자신의 고유한 인간성의 주인으로 만들면서 그를 신성하게 만든다. 마치 그것이 하나의 선택의 결과로부터 비롯된 것인 것처럼, 아울러 그를 모든 사람의 위에 위치시키면서 말이다. 민족학자에게 있어

254 p.43(p.57), 번역본 167쪽.

핵심은 자신을 탈사회화시키고 그를 속박하는 조건으로부터 스스로를 분리시키는 태도이다. 또한 민족학자의 책무는 그에게 타자들에 대한 지식에 접근하는 것을 열어 놓는, 특히 일체의 차이를 넘어 인간적인 것을 파악할 수 있도록 해 주는, 아마도 유토피아적인 고차원의 관점에서 인간들을 아우르는 위치를 점유하는 데 있다.

인간학적(인류학적) 지식에 대한 이 같은 특권화된 접근과, 그로부터 전개되는 영예는, 그렇지만 상이한 문장들에서 발화된 하나의 대가를 치러야 한다. 무엇보다, 상당 기간 계속되는 고립과 분리, 이어서 '만성적인 실향 상태déracinement chronique', 끝으로, 고유한 장소의 돌이킬 수 없는 상실이 그것이다. 그 같은 희생이 묘사됨에 따라, 그것은 더욱 고통스러운 것이 되고, 마침내는 신체가 잘려 나가는 손상처럼, 하나의 정신적 절단으로서 묘사된다. 민족학자의 운명은 따라서 영예로운 것이며, 동시에 희생이 동반되는 이중성을 띠고 있거니와 그 희생은 분명, 그에게 궁극적으로 돌아갈 영광의 밑거름이다. 그런데, 이 책의 다른 곳에서 민족지학의 경험의 서사는 이 같은 이상형과는 사뭇 다르게 나타난다. 그 결과, 『슬픈 열대』의 제9부 37장 "아우구스투스의 신성화"[255]에서는 탐사 과정에서 겪는 실패와 정신적 혼란 상태가 여과 없이 생생하게 발화된다. 한 단락을 읽어 보도록 하자.

"특히 좌절을 안겨 준 숙영지는 캄푸스노부스였다. 80킬로미터 후방에서 그들을 꼼짝달싹 못 하게 만들었던 전염병으로 인해 동료들과 헤어진 나는 전신국 마을의 언저리에서 하릴없이 마냥 대기하는 수밖에 없었는데, 그 마을에선 열두어 명가량의 사람들이, 말라리아, 리슈마니아 기생충병, 십이지장충병으로 인해, 그리고 특히 기근으로 죽어 가고 있었다."[256]

민족학이라는 직업에 수반되는 희생 차원은 여기서 악화되

---

255 이 37장의 심오한 의미에 대해서는 대부분의 비평가들이 놓치고 있었는데, 몇 편의 연구가 이 같은 공백을 메워 주었다.

1. Christopher Johnson, "Cinna's Apotheosis: *Tristes tropiques* and the Structure of Redemption", *French studies*, 48(1994), pp.299-309.

2. Nathan Wachtel, "La quête de Cinna", *Critique*, n.55, 1999, pp.123-138.

256 p.402(p.449), 번역본 673쪽.

고 변질된다. 그가 유럽을 떠나고, 그와 동반했던 사람들과 동떨어져, 일체의 사회와 단절되었을 때, 여행가는 그의 연구 대상들로부터도 역시 단절된다. 그의 희생은 따라서 쓸데없는 것으로 나타나며, 그 반대급부로서, 발견과 지식의 만족감도 느낄 수 없다. 왜냐하면, 원주민들은 그에게 볼거리가 되기를 거부하고, 예고도 없이 사라졌기 때문이다.[257] 민족지학의 시도는 소강상태에 빠지고, 좌절의 징후 속에 놓인다. 민족학자 레비스트로스는 자신과 함께 현장 탐사에 참여한 동료들을 공격한 질병들을 운 좋게 모면했으나, 그럼에도 불구하고 그 역시 사기가 저하되고 있었다. 그가 끔찍하고 극한의 감정 상태로서 연출하는 모든 것은 그가 당시 처했던 극단의 심리 상태와 체험을 웅변적으로 말해 준다.

"이런 우울한 분위기에다, 그곳 원주민들은 자기들 나름대로 상황을 더 악화시키는 데 일조했다. 캄푸스노부스에서 마주쳤던 서로 적대적인 두 무리가, 당장이라도 폭력을 사용할 기세로, 나

257 p.403(p.450), 번역본 674쪽.

에게 대해서조차 그다지 부드럽지 않은 악감정들을 키워 가고 있었다. 나는 경계 태세를 취해야 했고, 민족지학 작업은 실제로 불가능하게 되었다."[258]

적들의 무리가 관측되지 않을수록, 그의 우울은 심해지고, 이 같은 위기에는 연구 대상의 가치 절하가 동반된다. 레비스트로스는 그가 민족학자임에도 불구하고, 아마도 원주민들을 경계하면서 이 시기를 상기하게 된다. 심지어 무시와 더불어 상기한다. 그는 여기서 원주민들을 "가까워진 소멸의 운명에 처해져, 주로 서로 이를 잡아 주거나 잠자는 데 시간을 보내는 수십 명의 불행한 사람들",[259] 또는 "인류의 쓰레기"[260]라고 언급한다.

그것은 끔찍한 은유로서, 민족학적 이해의 태도와 맞서, 그로 하여금 원주민들을 폄훼하는 유럽인의 언어를 취하게 만든다. 정보 제공자가 일탈하고, "그 같은 민족학의 작업은 … 실질적으로 불가능해진다." 그 결과 민족학자의 몸짓들은 그 의미가

258 pp.402-403(pp.449-450), 번역본 673-674쪽.

259 p.403(p.450), 번역본 674쪽.

260 *Ibid*.

텅 비게 된다.

"이곳 캄푸스노부스의 경우처럼, 원주민의 기분이 노골적으로 좋지 못할 때는 사태가 악화된다. 원주민들은 심지어 자신들의 모습을 보이기조차 꺼린다. 예고도 없이 여러 날 동안 사냥하러 나가거나 식량 채취를 위해 모습을 감춰 버린다. 그럴 때는 별수 없이 그토록 힘들여 획득한 우호 관계를 다시 회복하기를 희망하면서, 그저 기다릴 수밖에 없다. 제자리걸음을 하거나, 우왕좌왕하거나, 아니면 옛날의 노트를 끄집어내어 다시 읽어 보거나, 필사하거나 해석을 해 보거나, 또는 이야말로 정말 이 직업의 희화라고 할 수 있는 일이거니와, 난로와 난로 사이의 거리를 재 본다거나, 사람이 살고 있지 않은 오두막의 건축에 쓰인 나뭇가지를 하나하나 자세히 검사해 본다거나 하는, 세밀하지만 무의미한 일을 해 보거나 하면서 소일한다."[261]

실제로 민족학자가 내포하는 이미지란 위의 인용문에서 언

261 p.403(p.450), 번역본 674-675쪽.

급된 희화화된 모습에 걸맞는데 그 이유는 그는 무료한 시간을 메우기 위해 어쩔 수 없이 쓸데없는 작업들로 소일해야 하기 때문이다. 서술자가 정상적인 민족지학적 상황을 묘사할 때, 그 좌절은 여전히 그의 논지를 오염시키고 있다.

> "정상적 조건들에서도, 현장 작업은 이미 시련의 연속으로 드러난다. 동이 틀 무렵 기상해서 원주민들이 최후의 한 사람까지 잠자리에 들 때까지 깨어 있어야 하고, 때로는 그들이 잠에서 깨어나는 것을 감시해야 한다. 그들과 함께 있을 때도 그들의 시선을 끌지 않도록 조심해야 한다. 모든 것을 보고, 모든 것을 기억하고, 모든 것을 기록해 놓고 있어야 하며, 굴욕적인 실수를 저지를 각오가 되어 있어야 하며, 코흘리개 어린애에게 정보를 구걸해야 하며, 그들이 기분 좋을 때나 경계심 없이 마음이 풀려 있을 때를 이용할 줄 알아야 한다."[262]

6장 "어떻게 민족학자가 되는가"에서 발화된 민족학의 고상

---

262 pp.402-403(pp.449-450), 번역본 674쪽.

한 정의는 여기서 다시 순전한 부정성의 레지스터 속에서 취해진다. 희생은 무겁고 굴욕적인 것이 되며, 일체의 영예를 결여한다. 원주민이 종적을 감춘 텅 빈 캄푸스노부스에서 레비스트로스는 자신을 사로잡는 공허감에 직면해 그가 선택한 직업의 존재 이유와 특수성에 대해 회환을 토로하고 일종의 자아의식의 점검을 실천한다.

“이럴 때는 으레 이런 자문을 하게 된다. 나는 무엇을 하러 여기 왔는가? 무슨 기대를 걸고? 무슨 목적으로? 도대체 정확하게 말해서 민족학 조사란 게 무엇이란 말인가? 연구실과 실험실이 자택에서 수천 킬로미터 떨어진 곳에 있다는 차이점은 있다고 하더라도, 이것이 도대체 다른 직업에서와 같은 정상적인 직업의 수행이라고 할 수 있단 말인가? 아니면 내가 태어나서 자라난 생활 체제를 비판하고 재고한 나머지, 내가 극단적인 직업 선택을 한 결과란 말인가? … 도대체 누가, 또 무엇이 나로 하여금 내 인생의 정상적인 진로를 폭파하게 만들었단 말인가? 혹시 그것은 장차 내게 유리하게 작용하게끔 되어 있는 어떤 이점을 덧붙여서, 다시 나를 본래의 인생 궤도로 되돌아오게 하려는, 내 자신이 꾸민 하나의 술책 내지 교묘한 우회로가 아니었을까? 그것도 아니라면, 내가 취한 결정이 내가 소속하고 있는 사회집단과 나와의 공존 불가능성을 예고하고 있었단 말인가? 그래서 그 결과로 나는 기어코 그 사회와 더 격리된 상태에서밖에 살지 못하게 운명 지어져 있었단 말인가? 이상한 역설이지만 나의 모험 생활은 어떤 새로운 세계를 내 앞에 전개시켜 주지는 않고, 오히려 이전의 세계를 내 마음속에 소생시켜 주었고, 반면 내가 찾아 나섰던 세계는 점점 내게서 멀어져 가는 것이었다."[263]

민족지학에 대한 물음은 레비스트로스의 개인적 운명과 밀접하게 결부되어 있으며 그 결과 실존적 위기의 연속성 속에 각인된다. 그 같은 대안은 민족학자를, 모종의 깨달음을 얻어 보다 성숙한 상태로 자신의 고향으로 귀환하기 위해 스스로 멀어지는 사람으로서 그린다. 또는 심지어 떠나기 이전부터 어쩔 수 없이 멀어진 사람으로서 파악되기도 한다. 어쨌거나 그 출발의 목적이 타자의 발견과 이해로부터 얻는 만족을 향하는 사

263 p.403, 번역본 675-676쪽.

람으로서 겨냥되지 않는 것이다. 이 장의 초반에서 모든 것은 영예스럽고, 소중하게 획득된 어떤 지식의 꿈과 충돌한다. 바로 이 같은 상황 속에서 레비스트로스는 그의 고유한 문화 속에 다시 잠수한다. "만성적인 실향 상태"는 일시적이었을 뿐이었다. "새로운 세계를 그에게 열어 주는 대신, 그의 모험적 삶은 그에게 옛것을 다시 복원시켰다."[264]

그가 갈망하는 새로움을 확인시켜 줄 그 이름 자체를 통해, "캄푸스노부스"라는 장소에서 그에게 다시 돌아온 것은 "그의 과거를 통해 저장된 이미지들"이며, 그는 그 과거에 대해 그것들이 현실을 대신해서 존재할 때조차도 "그 어떤 가치를 부여하지 않았다."[265]

그 결과 모든 가치 체계는 붕괴된다. 민족학자는 그가 투사했던 새로운 우주를 위해 유럽을 평가 절하한다. 이 같은 층위는 그때부터 전복되어, 기대하던 가치 자리에서 그에게는 부정된 과거의 이미지들이 그에게 부가된다. 그 결과 원주민들이 치러

264 p.404(p.451), 번역본 676쪽.

265 *Ibid*.

야 할 비천함의 대가, 그리고 그 자신이 너무나 소중하게 얻은 그들의 이웃 속에서 지불해야 할 대가는 공허한 것이 된다.[266]

4. 고백의 담론과 윤리적 기능: 최초의 민족학자, 루소

레비스트로스는 이 책에서 두 개의 심오한 물음을 자문하고 있다. 왜 자신은 고국을 등져 머나먼 브라질로 떠나갔으며, 어떤 연유와 과정을 통해 귀향했는가라는 물음이 그것이다. 이어서 그는 스스로에게 묻는다. 어떤 실수, 어떤 잘못, 어디서 그리고 언제 범해진 그 같은 잘못이 그의 삶에 부담을 주는가? 한마디로 『슬픈 열대』는 레비스트로스의 '고백록'이다.[267] 이 책의 모든 장은 되돌아오기와 생략, 회개와 가로지르기, 문제 제기 등으로 이루어지고, 사건들의 연대기적 질서, 내레이션의 통일

---

266 p.403(p.450), 번역본 675쪽.

267 『슬픈 열대』를 집필할 당시의 저자의 정신 상태와, 그 책의 수용 양상에 대해서는 다음 문헌 참조. Emmanuelle Loyer, *op. cit.*, chap.15, "Les confessions de Claude Lévi-Strauss". 상세한 연구로서는 『슬픈 열대』를 다룬 저서 설명문 참조. Claude Lévi-Strauss, *Œuvres*, *op. cit.*, p.1675-1721.

노력과 독서의 유도선을 동요시킨다. 이 같은 동요에 대해 간략하게 살펴본다.

『슬픈 열대』는 자신의 기억에 의존해 1인칭으로 써 내려간 여행기로서, 자신이 겪은 구체적 경험의 일화들을 구비하고 있는 한 인간의 이야기이다. 대서양 횡단, 그가 본 풍경들, 그가 품고 있었던 지구 상상계에 관한 미몽을 깨 버린 두 개의 열대, 그가 방문했던 민족들과 종족들, 프랑스 철학에 대한 비판들 및 그가 제시하는 성찰들과 세계관 등이 제시된다. 세계의 의미가 차곡차곡 쌓여 있는 이 같은 정신적 지대와, 자신이 선택한 민족학자라는 직업에 대한 소명 의식, 세계가 인간들에게 간절히 요청하는 기본 도리와 의무에 대한 그의 도덕적 감수성, 세계에 대한 비전과 자아의식의 강력한 통일성, 이 모든 것은 일정한 독서, 즉 프루스트의 소설 『잃어버린 시간을 찾아서』의 독서와 관련될 수 있다.[268] 프루스트의 자전 소설에서처럼, 내레이션의 주

---

268 레비스트로스는 디디에 에리봉과 나눈 대담에서 자신이 선호하는 작가들을 언급한 적이 있는데, 대표적인 작가들로서 콘라드, 발자크, 샤토브리앙, 프루스트, 루소 등을 손꼽을 수 있다. Claude Lévi-Strauss, *Œuvres*, *op. cit.*, p.230. 또한 일부 비평가들은, 레비스트로스의 『슬픈 열대』 작품에 스며 있

체는 도처에 존재하나, 그가 사용하는 '나'와는 달리 『슬픈 열대』의 서술 주체는 그 정체가 완전하게 파악될 수 없다. 그의 말과 글쓰기 스타일 정도를 제외하고는 뚜렷한 통일된 정체성을 엿보기 어렵다. 그 스타일은 변화무쌍하면서도 견고하다. 프루스트의 소설 세계에서와 마찬가지로, 그것은 개인의 자아가 아니며, 책의 말미에 가면 증오받는 것으로서뿐만 아니라, "우리와 무 사이에 자리를 갖지 못하는" 존재로서 소환된다.[269]

『잃어버린 시간을 찾아서』의 총체화된 우주에서처럼, 서술 주체와 그의 자아 세계에 대한 분석은 『슬픈 열대』의 특정 지점에 진입함으로써 이루어질 수 있다. 그렇지만, 인류학이 필연적으로 그 같은 글쓰기로 귀결되고, 앞서 언급했던 "석양"에서 겉으로 드러나는 이별의 인사가 단절을 의미하기보다는 민족학과 문학 사이의 필연적이고 상호적인 관계의 인정을 의미한다면, 그 이유는 또 다른 이유에서이다. 그것은 1935년, 순전

는 프루스트의 영향을 언급하기도 한다. 심지어, 이 책의 각 장들의 제목 선택을 비롯해, 책의 전반적 구성에서 그 같은 영향의 흔적을 읽어 낼 수 있다고 주장한다. Claude Lévi-Strauss, *Œuvres*, *op. cit.*, p.XXIX.

269 p.444(p.496), 번역본 743쪽.

히 문학적이었던 묘사로부터, 민족지학적 기술로 이동하면서, 1955년에는 민족지학으로부터 문학으로 다시 돌아가야 했기 때문이다.

왜 그런가? 왜냐하면, 레비스트로스는, 인류학자는 어떤 순간, 『고백록』으로 돌아가야 했기 때문이다. 그는 "민족학자는 고백록이 아닌 다른 무엇을 쓸 수 있단 말인가?"라고 고백하고 있다. 이 점에서 샤토브리앙과 프루스트에 대한 참조를 떠나, 레비스트로스와 루소를 보다 명시적으로 이어 주는 참조와 지시 체계, 즉 두 사상가의 상호 텍스트성에 주목할 필요가 있다.

1) 루소의 독창성: 최초의 인간과학 설립자

루소, 인류학의 시조, 우리들의 스승, 우리들의 형제

여러 번에 걸쳐, 특히 『슬픈 열대』의 끝부분에서, 레비스트로스는 실제로 루소라는 인물과 그의 저술에 대한 찬탄을 서슴지 않는다. 그는 특히 루소라는 인물과 그의 저술 각각에 대해, 현대 인류학이 신세지고 있는 도덕적·철학적 부채를 주창한다. 그 빚의 정확한 본질은 레비스트로스가 1962년, 루소에게 헌정하면서 발표한 한 편의 글에서 찾아야 할 것이다. 레비스트로스의 눈에, 루소가 '인간과학의 설립자'로서 나타난다면, 그 이유는 『불평등기원론』이 '최초의 일반 민족학 개론서'를 표상하기 때문이다.

특히, 루소는 진정으로 인류학적인 일체의 수순과 절차가 필요로 하는 인식론적, 도덕적, 실존적 거리의 조절과 우회라는 근본적 조건을 일찌감치 간파했고, 사유했을 것이라는 것이다. 루소는 이렇게 말한 바 있다. "인간들을 연구하기를 원한다면, 자신의 가까이서 쳐다봐야 할 것이다. 그러나 인간을 연구하기 위해서는 그의 시야를 멀리 내다보아야 할 것이다. 인간의 속성들을 발견하기 위해서는 무엇보다 차이들을 관찰해야 할 것이다."[270]

그 결과, 인류학자의 책무는 고전적 도덕주의자의 숙제와는 철저하게 상이하다. 인류학자는 그의 시야로 먼 곳을 봐야 하고, 그 목적은 차이점들을 인식하는 데 있기 때문이며, 이것은 바로 인간 본성의 '속성들'을 인식하기 위한 것이다. 일반적으

---

270 Jean-Jacques Rousseau, *Essai sur l'origine des langues*, chap.Ⅷ.

로, 이 같은 우회는 레비스트로스 인식론의 문제 설정 속에 전이되어 전개되면, 다음과 같이 표현될 수 있다. 인간성이 도처에서 동시에 동일하고 상이하다면, 따라서, 그 보편성의 종의 법칙이 다양성의 법칙이라면, 인간을 안정적이고 성립된 실재로 이해할 수 없으며, 인간이라는 유의 모든 개인에게서 관찰될 수 있는 속성들의 컬렉션으로서 이해할 수 없을 것이며, 순전히 사회적이고 역사적인 존재로서 이해할 수 없을 것이다.

각각의 문화에 존재하는 보편적 성격과, 문화들에 존재하는 문화들의 다양성의 성격 사이에 놓여 있는, 인간을 성립하는 긴장 그 자체 속에서 인간을 인식해야 할 것이다. 그 같은 심오한 인식은 인간과학 일반을 정초해야 할 의무이며, 다른 학문 가운데서도 민족학을 수립하고, 인간을 다루는 다양한 학문들을 통섭하고, 영감을 불어넣어야 할 소명이다. 왜냐하면, 그것의 소명, 원칙, 본질에 힘입어, 민족학만이 인간성과 인류를 동일성과 영속성의 변증법적 놀이에서 입체적으로 인식하기 위해 이타성의 우회를 실천하기 때문이다.

레비스트로스가 루소를 호명할 때, 그것은 인류학의 현장에 단 한 번도 가본 적이 없는 그 누군가에 대한 경의를 표하는 순간이다. 그에 의하면 루소는 이미 사회들 속에서 참된 의미에 대해 과연 무엇이 있는가를 꿰뚫어 보고 있었다. 그리고 그는 가능하다면, 자신의 사회를 바꾸는 방식이 무엇인지를 알고 있었다. 그는 루소에 대해 이렇게 말하고 있다.

"나는 이 같은 문제들에 대해 격론을 해 본 결과, 이 문제들에 대해 루소가 제시했던 해답 이외에는 그것들이 그 어떤 답도 허용하지 않는다고 확신한다. 현시점에서 너무나도 비난받고 있는 루소는 과거 그 어느 때보다도 잘못 알려져 있거니와, 특히 그에게 자연 상태를 예찬하였다는 점을 전가시킴으로써 터무니없는 비난에 노출된다. —이 같은 자연 상태의 찬양에서 디드로의 오류를 볼 수 있을지언정 결코 루소의 오류라고 볼 수는 없다— 왜냐하면, 루소는 정확히 그것과는 정반대의 것을 말한 바 있고, 그의 적수들에 끌려다녀 우리들을 방황케 했던 그 모순들로부터 어떻게 벗어날 수 있을 것인가를 보여 준 유일한 인물로 남아 있기 때문이다.

루소는 철학자 가운데서 가장 민족학자에 가까운 인물이다. 비록 그는 결코 머나먼 대지들을 여행해 본 적이 없었으나, 그의 문헌 조사 및 수집은 그의 시대의 한 인간에게 가능했던 가장 완결된 성취였다. 그리고 루소는 —볼테르와는 달리— 시골 사람들의 풍습과 민간 사상에 대해 동감으로 가득 찬 호기심을 통해, 그 같은 문헌 조사에 생동감을 불어넣었다. 우리들의 스승 루소, 우리들의 형제인 루소에 대해 우리들은 너무나 큰 배은망덕함을 보여 주었으나, 내가 쓴 이 책의 낱낱의 쪽수는, 루소에 대한 나의 찬사와 경의가 감히 그의 위대함을 기억하는 데 있어 자격 미달이 아니라면, 그에게 헌정될 수 있었으리라."[271]

레비스트로스가 루소에게 갖고 있는 부채 의식, 절대적 존경, 민족학의 계보적 의식, 특히 루소의 독창성에 대한 흠모는 다음과 같이 피력된다.

"민족학자의 위치에 귀속된 고유한 모순으로부터 벗어날 수 있는 유일한 길은, 우리가 제시할 수 있는 설명을 위해, 루소가 제시한 방식을 반복하는 것 이외에 다른 도리가 없기 때문이다.

---

271 p.418(p.467), 번역본 700-701쪽.

그 방식이란 『불평등기원론』이 남겨 놓은 파손의 잔해들로부터 『에밀』이 그 비밀을 계시하고 있는 『사회계약론』의 폭넓고 상세한 구축으로 루소를 진전시켰던 그의 사상적 전개 과정을 말한다. 우리는 모든 질서를 전멸시킨 후에도 여전히 새로운 질서의 수립을 가능케 하는 원리들을 어떻게 발견할 수 있는가를 알려 준 루소에게 신세를 지고 있다."[272]

루소의 소환이 우리에게 시사하는 바는 무엇인가?

무엇보다, 자연적 인간과 순진무구한 사회는 오직 사고의 가설을 통해서만 존재할 뿐이라는 사실이다.

그리고, 이 점이 중요하다. 자연 상태라는 순전히 가설 발견적인 이 같은 대상은 우리가 모든 사회를 사고할 수 있는 작동 모델이다. 우리는 그 모델 덕분에 각각의 사회를 비판할 수 있고, 우리가 살고 있는 현재 사회의 변형을 도모할 수 있으며, 우리라는 공동체가 운영하는 사회는 유일한 삶의 터전이며, 따라서 다름 아닌 우리 자신이 그 사회를 개선할 수 있는 당사자이다.

---

272 p.418(p.468), 번역본 701쪽.

"이들 야만인에 대한 연구는 유토피아적 자연 상태의 계시가 아닌 다른 그 무엇, 또는 숲속 깊은 곳에 존재하는 완벽한 사회의 발견이 아닌 다른 것을 제시한다."

즉, 그 같은 연구는 우리로 하여금 인간 사회의 이론적 모델을 수립하는 것을 도와주는데, 그 같은 이론적 모델은 관찰될 수 있는 그 어떤 현실에도 상응하지 않지만, 그것의 도움을 받아 우리는 "인간이 보여 주고 있는 현재의 본성에서 본원적인 것과 인공적인 것을 구별해 내고, 더 이상 존재하지 않고, 아마도 과거에도 결코 존재하지 않았으며, 필시 영원히 존재하지 않을, 어떤 상태를 인식하는 데 이르도록 해 준다. … 루소의 사상은, 언제나 그의 시대를 앞서갔으며, 이론사회학과, 그가 그 필요성을 파악했던 실험실 조사 또는 현장 탐사를 분리시키지 않았다. 자연 상태의 인간은 사회에 선행하는 것도 아니고, 사회의 외부에 놓여 있는 것도 아니다. 사회 상태에 내재하는 자연 상태 인간의 형태를 다시 발견하는 작업은 우리의 몫이거니와, 사회 상태를 벗어나서는 인간 조건은 상상조차 할 수 없는 것이다."[273]

2) 고백의 윤리적 기능: 서구 문명의 원죄와 용서를 구함

이 같은 고백록은 따라서 깨달음에 입문하는 여행 이야기를 형성한다. 서술자는 조심스럽게 여러 접근법의 위험성들, 타자의 현존의 기호들, 배고픔의 시련, 기후와 질병의 시련을 언급하고 있다. 아울러 그 같은 고백은 민족지학 현장 조사의 의례에 입문하는 과정이다. 만약 내가 그것을 말하는 방식으로, 현장 연구 속에 연루되어 있다면, 민족지학적 관계는, 연구된 문화들의 특질들과 동시에, 관찰의 과정 속에 도래한 작은 돌발적 사고들과 사건들, 즉 민족학자 자신이 겪은 고유한 사건들, 그 과정을 특징지을 수 있었던 정서들을 되찾는 일이다. 타자를 향한 여행이 민족학자 앞에 갖다 놓은 고행길, 다시 말해 타자가 체현하고 실현하는 인간성의 한계를 향한 여행에서 숙명적으로 겪어야 할 고행을 떠맡는 것이다. 그 같은 의심은 너무나 진지해, 레비스트로스는 스스로에게 그 점을 표명하고, 그것을 정리하기 위해 한 장 이상을 필요로 한다. 어떤 사회도 이 같은 불완전성들로부터 면제받지 못하며, 사회생활은 그 같은

273 p.420(pp.469-470), 번역본 703-704쪽.

불완전성을 제거하려 하나, 도달하지 못한다. 그 같은 불완전성들은 각 개별 문화의 특수한 향기를 만들어 낸다(그가 38장에서 묘사하고 있는 마르티니크섬의 럼주 속에 있는 불순물처럼).

우리 사회와 마찬가지로, 민족학자가 연구하는 제 사회는 모두 각자의 불순물을 갖고 있다. 이런 맥락에서, 최초의 시간에서 민족학은 최소한 그 같은 새로운 학문이 없이는 발견할 수 없었던 본질적 사실을 발견하게 만들었던 미덕을 갖고 있다. 요컨대, "어떤 사회도 반드시 좋은 것은 아니다. 아울러 어떤 사회도 절대적으로 나쁜 것은 아니다."[274]

민족학자는 여기서 과학적 객관성에 필요한 중립성의 위상을 다시 발견한다. 동시에 그는 사회철학과 도덕철학에 중요한 깨달음을 가져다준다. 그 핵심은, 서구 문명의 한 번도 분명하게 표현된 적이 없는, '죄가 있음'이다. 그런데 모든 죄처럼, 이 죄 역시 고백하는 순간부터 용서받는다. 이 같은 기적을 정신분석학과 동시에 인식론의 차원에서 이해할 필요가 있다. 어떤 죄의 인식, 고백 속에서 그 죄에 대한 고백, 그 고백은 이 같은

---

274 p.414(p.463), 번역본 694쪽.

죄를 고치고, 죄의 파급 효과들로부터 보호해 준다.

그러나, 이 같은 최초의 죄에 대해 대답하면서, 서술자는 두 번째 죄를 상기하는 데 이르는데, 그것의 회개는 그 자체로서 사면을 포함한다. 실제로 같은 장에서, 레비스트로스는 민족학자와 서구의 시초의 관계를 분석하는 데 이른다.

> "사람들은 이따금 서구 사회가 민족학자들을 배출한 유일한 사회라고 말한다…."[275]

이는 강력하게 아이러니한 텍스트이다. 왜냐하면, 레비스트로스는 이어지는 텍스트에서 한 명의 유대인(그 자신)을, 서구의 죄악들, 특히 다른 문명들을 게걸스럽게 삼켜 버린 죄에 대해 회개하는 예수 같은 사람으로 삼기 때문이다. 그러나 그 죄는 다행스러운 죄felix culpa라고 할 수 있다. 그 이유는 아메리카에는 잔인무도한 식인 문명들이 존재했기 때문이며, 그 문명들은 도를 넘어선 문명들이었기 때문이다. 그리고 그 하나의 이유

---

275 p.417(p.466), 번역본 698쪽.

때문만은 아니다. 그것이 우리에게 다음과 같은 회개의 가치를 지닌다는 점에서도 그러하다. "우리는 이 식인괴물들의 숫자에 속한다…."[276]

실제로, 보다 정통적인 기독교 신학에서도, 민족학자가 자신의 문명의 죄들을 책임진다고 말하는 것 이상으로 더 잘 말할 수 없을 것이다. 그는 희생을 감수하고, 위험들(죽음의 위험을 포함)에 용감하게 맞서고, 경멸과 부당한 비난들에 맞서 용맹하게 싸운다. 『슬픈 열대』라는 책은 따라서, 민족학자의 소명과 태생적으로 맥을 같이하며, 그의 직업의 실천과 공통적 실체를 갖는, 모든 죄의 고백이 제시된다. 루소의 책과 마찬가지로, 이 책은 서구의 독자들에게 건넨 메시지로서, 그들 모두의 폐부를 찌를 수 있는 이 같은 원죄를 의식하도록 만들기 위한 것이었다. 그렇지만, 사람들은 서구가 자신의 이름으로 파괴시킨 모든 문명에 대해 용서를 구할 수 있을 것이다.

물론, 남비콰라족이 이 같은 죄의 고백들을 읽을 리 만무하며, 그것들이 의미하는 요구를 경청할 리 만무하다. 그러나, 문

---

276 p.417(p.466), 번역본 698쪽.

학의 차원인 상징적 차원에서는, 용서의 요구가 실제로, 그 용서를 빌고자 하는 사람들과 만날 필요는 없다. 인류의 세계에서 표명된 그 같은 요구는 모든 인간에게 당도하며, 그들 각자에게 간청한다.

5. 민족학자의 자아 탐구와 비극의 글쓰기: 자연과 문명사회에서 민족학자의 고뇌

레비스트로스가 들려주는 그의 모험과 탐험의 서사는 의미의 중층성과 애매모호함을 내포한다. 민족학자는 '다른 곳'과 '타자'를 탐구하기 위해 자신의 고향과 이별해 머나먼 길을 떠나 견뎌 내야 할 가시밭길을 숙명으로 받아들이면서도, 동시에 그 같은 이동의 부질없음을 한탄하며 자책한다. 그는 문명사회로부터 동떨어진 남아메리카의 황야에서 고립무원의 상태에 놓여 있으나, 그곳에서 그가 수행하는 것은 엄연히 민족지학적 관찰이라는 서구 학문 활동이다. 자연과 문명을 사이에 두고 시공간의 물리적 세계와 그의 정신세계에서 이루어지는 이 같은 왕복 운동 동안 레비스트로스를 늘 번민의 늪에 빠뜨리는 것은 의미의 부재와 공허감의 심연이다. 그렇지만 그는 그 같은 일종의 신세타령의 넋두리를 늘어놓는 가운데서도 우연에 내맡겨진 자신의 방랑에 가까운 인생 역정을 애써 정당화한다.

특히 자신의 탐사 여행이 결정적 시련에 처해, 저주스럽고 파괴적인 체험이 될 때, 적대적 환경과 고통스러운 상황들을 물리치기 위해 그가 의탁하는 것은 다름 아닌 불후의 음악작품의 선율로부터 샘솟는 영감, 침잠, 글쓰기이다. 그 결과, 이 책의 마지막 부분인, 제9부 "귀환"의 첫 장을 개시하면서 레비스트로스는 브라질의 캄푸스노부스고원에서의 권태와 폭서 속에서 하릴없이 보낸 나날들에 대한 회상을 "아우구스투스의 신성화"라는 미묘한 제목을 달고 있는 37장에서 묘사하고 있다. 이 장은 민족학, 문학, 음악학의 다양한 관점에서 10여 편의 주석과 논문을 통해 주목을 받은 바가 있을 정도로, 중층적이며 밀도 높은 의미망을 형성하고 있다.[277] 실제로, 불과 8쪽의 짧은 텍스

---

277 필자가 참조한 논문을 언급하면 다음과 같다.

1. Dorine Rouiller, "L'apothèose de l'éthnographe: *tristes tropiques* ou le voyage vers soi", *ASDIWAL. Revue genevoise d'anthropologie et d'histoire des religions*, n.7, 2012, pp.99-117.

트에서 펼쳐지는 문학적 짜임에 녹아 있는 예사롭지 않은 복잡성을 통해 그 비범성을 증언하고 있는데, 특히 17세기 프랑스의 대문호 피에르 코르네유의 비극 작품 '시나Cinna'를 개작하여 수일 만에 신들린 듯 써 내려간 그의 글쓰기가 선보이고 있는 서사의 문학적 깊이로 인해 연구자들의 각별한 주목을 받았다. 비록 그가 아무도 없는 브라질의 적막한 고원에서 단 며칠 만에 집필한 이 극작품은 미완성된 초고 상태[278]에 머물렀다는 아쉬움이 있으나, 고독과 우울의 심연으로 그를 몰고 간 실존적 균열과 소외감을 몰아내기 위해 실천했던 일종의 문학적 주술

---

2. Laura Levi Makarius, "Ethnologie et structuralisme. L'apothéose de Cinna. Mythe de la naissance du structuralisme", *L'homme et la société*, n.22, 1971, pp.191-210.
3. Raphaëel Piguel, "Une ritourenelle dans le desért: écriture tragique et conjuration chez Claude Lévi-Strauss", *Littérature*, n.173, 2014, pp.86-101.

영미권에서 나온 두 편의 연구를 제시하면 다음과 같다.

4. Josué Harari, *Scenarios of the imaginary*, Ithaca, NY: Cornell University Press, 1987.
5. Christopher Johnson, *op. cit.*, pp.299-309.

278 이 초고는 플레야드 선집판의 보록 부분에 실려 있다. "L'apothéose d'Auguste", *in* Claude Lévi-Strauss, *Œuvres*, *op. cit.*, pp.1632-1650.

행위를 표상하는 레비스트로스 글쓰기의 결정체라는 것이 비평가들의 중론이다.

본장에서는 레비스트로스가 민족학자로서 겪은 절망감, 그리고 비극 작품의 글쓰기, 자연과 문명 사회라는 두 개의 삶의 궤적 사이에서 그가 겪은 쓰라린 치열한 번민과 자아 탐구라는 인간학적 차원에 주목하고자 한다.

1) 민족지학자의 정체성에 대한 성찰: 회의와 절망

앞서 민족학자의 운명을 다룬 장에서 자세히 살펴본 것처럼, 레비스트로스는 민족학자라는 직업의 정체성에 대한 회의와 절망을 브라질에서의 현지 탐사와 현장에서 수행해야 할 민족지학적 작업의 극단적 곤경 속에서 혹독하게 경험한 바 있다. 그 결과, 캄푸스노부스에서의 쓰라린 경험은 37장의 화두를 생성시키는 결정적 영감의 원천이 된다.

"거의 어떤 시선들도 명상해 본 적이 없었던 구역들 속으로 길을 떠나면서, 그 비천함이 내가 수천 년의 기간을 거슬러 올라가기 위해, — 먼저 그들 자신에 의해서 치러진 민족들의 존재를 공유하면서, 나는 그 어떤 것도 지각하지 못했으며, 단지 프랑스 시골의 덧없는 비전들뿐이었다…."[279]

이는 불필요한 비천함인데, 그가 정복에 나선 인간들과 풍경들은, 그것들을 소유하는 순간, 그가 희망했던 의미를 상실하는 순간부터 그러하다.[280] 실패의 고백은 그것이 민족지학적 수순을 제국주의적 시도로 동화시키면서 그 본질을 변질시키는 용어들로서 정식화된다는 점에서보다 두드러진다. 고국을 떠나 외국으로 간 사람은 정복하는 여행자로서, 정복자conquistador로서 표상된다. 그는 소유물들을 획득하려고 애를 쓰나 성공하지 못한다. 캄푸스노부스의 "실망스러운 이미지들"을 대신하여, 그 반명제로서, 당시까지 부정되었던 프랑스 시골의 이미지가 대치된다. 마지막 제9부의 제목인 "귀환"은 따라서 단순히 편도 여행 이후에 계속되는 통상적인 공간적 이동을 통한 귀향을 지칭하는 것이 아니라, 레비스트로스가 모종의 새로운

---

279 p.404(p.451), 번역본 676쪽.

280 *Ibid*.

우주에 접근하고, 그것을 통해 자신의 삶의 선택의 의미를 정당화할 수 있는 새로운 조건에 놓여 있을 때, 그의 기억에 다시 떠오르는 모종의 깨달음과 예술적 영감을 시사한다.

"서쪽 마투그로수고원에서 수 주 동안, 나는 내 주변에 의해서가 결코 아니라, 그것을 나는 결코 다시 보지 않을 것이었거니와, 나는 나의 추억이 여전히 빈곤하게 만들었던 한 편의 닳아빠진 선율에 의해 강박되었다. 그것은 쇼팽의 작품번호 10, 연습곡 3번의 선율이었다. … 왜 쇼팽인가? 왜 그의 가장 평범한 작품이 황량한 고원 속에서 나의 뇌리에 집요하게 떠올랐는가?"[281]

바로 민족지학자의 활동의 그 서스펜스의 순간에 레비스트로스의 정신에, 연극 작품 한편의 아이디어가 떠올랐다. 그 작품의 초고는 보존되어 있으며, 그는 이 장에서 그것의 줄거리와 당시 이 미완성 작품을 쓸 때의 조건을 이렇게 하고 있다.

---

281 *Ibid.*, 번역본 676-677쪽.

"… 원주민들은 사라졌다. 6일 동안 나는 아침부터 저녁까지, 어휘들, 크로키, 족보로 가득 찬 종이 뒷면에 글을 써 내려갔다."[282]

마치 과학적 방법으로는 포착될 수 없는 정서와 선율을 담고 있는 높은 음악성을 내포하는 문장을 분석해야 할 때와 마찬가지로 한 편의 희곡 작품 기획은 객관성을 추구하는 학문의 영역에서 텅 빈 상태로 남겨진 자리에 천착한다. 주변의 모든 것은 잠자고 있고, 자신의 연구 대상인 원주민들은 사라졌으며, 더 이상 학술 어휘들이 들어설 자리는 없다. 민족지학 작업이 대면하는 것은 사람의 흔적이 없는 황량한 대지일 뿐인 상황에서 연극 작품은 마치 그의 학문적 낭패와 좌절을 보상하기 위한 것처럼 학술적 작업을 대신하게 된다.

2) 비극의 탄생

미완성된 비극 작품이라 할 수 있는 "아우구스투스의 신성

---

282 p.405(p.452), 번역본 679쪽. 이 작품의 초고에 대해서는 다음 연구 참조. "En marge de *Tristes tropiques*", *in* Claude Lévi-Strauss, *Œuvres*, *op. cit.*, pp.1632-1650.

화"에는 두 개의 층위가 존재한다. 하나는 민족학자가 겪은 정신적 균열의 발현이고, 다른 하나는 그 같은 번뇌를 문학적 차원에서 해소하는 원리라 할 수 있다. 특히, 그의 심상에 불현듯 떠오른 쇼팽의 작품번호 10, 연습곡 3번의 선율은 자신의 민족지학 작업의 실패와 그 좌절감에서 야기된 내면적 갈등을 가장 잘 설명할 수 있는 비극이라는 문학적 방식으로 변형된다.[283]

"그렇다면 여행이란 이런 것이란 말인가? 이를테면 여행이란 나의 주변을 에워싸고 있는 황야를 탐험하는 것이라기보다는 오히려 나 자신의 기억 속에 존재하는 황야를 탐구하는 것이란 말인가? 폭서에 억눌려 만물이 곤히 잠들어 버린 어느 날 오후, 나는 답답한 공기를 더욱 숨쉬기 어렵게 만드는 촘촘한 얇은 천으로 만들어진 모기장 안의 해먹에 몸을 웅크리고 누워 있었고, '페스트' —그곳 사람들은 그렇게 불렀다— 로부터 보호받고 있었는데, 그때 문득 나는 나를 번뇌하게 만든 고민들이 희곡의 소재를 제공할 수 있을 것이라는 생각이 들었다. 마치 그 작품이 이미 다

283 Raphaëel Piguel, *op. cit.*, pp.86-101.

쓰인 것인 양, 그 내용이 선명히 착상되었다. … 그 이후, 한참 작업을 하던 중 영감은 나를 떠났고 다시 돌아오지 않았다. 내가 당시 끄적였던 습작을 다시 읽으면서, 나는 그 작품을 마무리 짓지 못한 것에 대해 후회해야 한다고 생각지는 않는다."[284]

다시 기억이 호출되고, 기억의 지평에 부과되는 것은 다름 아닌 '황량함'이다. 첫 번째 비유는 무의식적 수순으로 이뤄진 안전장치를 마련하려는 합리화의 시도에 속하는 반면, 지질학적, 정신적 두 개의 층위로 이루어진 두 번째 비유의 사용은 시술자의 당혹감을 보여 준다. 쇼팽의 작품번호 10, 연습곡 3번이 머릿속에 떠오르더니, 음악적 탐구의 직접적 효과로서 어떤 변환이 갑자기 발생한다. 모든 문제가 한 편의 연극 작품 속에서 형식화된다. 그가 구상하고 소묘한 극작품은 37장의 나머지 부분에 실려 있다. 한편으로, 그 비극은 아침부터 저녁까지 그를 붙잡아 둔 제어 불능의 충동에 의해 부과되었다는 점에서, 그에 앞서 그의 심상에 떠오른 쇼팽의 연습곡과 마찬가지로, 그

---

284 pp.405-406(pp.452-453), 번역본 678-679쪽.

의 머릿속에서 이미 쓰인 것일 수 있으나, 며칠 만에 이내 창조적 영감은 갑자기 사라졌다. 서술자의 창조적 역할의 이 같은 완곡화에다 다른 한편으로는 『슬픈 열대』를 집필하는 순간, 그가 한물가고 서투른 것이라고 스스로를 비판하는 "끄적였던 습작"이라는 자기 폄하가 첨언된다.

"아우구스투스의 신성화"는 그가 놓여 있던 삭막하고 공허했던 환경의 허무 속에서, 그리고 그것에 맞서 각인된다. 자신의 연구 대상인 원주민들이 돌연 사라짐으로써 글쓰기 행위가 촉발되었던 것이다. 풀어 말해, 연구 대상의 부재로 인해 민족지학자라는 연구자의 활동이 불가능하다는 분명한 증거들 속에서 비극의 집필이 개시된 것이다. 저자가 두 명의 역사적 인물인 아우구스투스와 시나에게 자신을 억압하고 있던 갈등의 상황을 체현하는 임무를 부여한 후에, 그 작품은 일종의 심리극의 역할을 맡는다. 그 같은 역할은 사물의 본질을 일깨워 주고, 문제를 해소하거나 치료하는 역할이라 할 수 있다. 그 작품은 글로 적기 이전에 이미 레비스트로스의 무의식 속에서 공연된다.

하나의 허구를 매개로 하여, 레비스트로스는 민족지학이라는 학문을 선택하기보다는 세속적 사회를 선택했을 사람의 운명에 대해 상상의 나래를 펼친다. 그것은 분명 고향에 돌아간 그 자신의 운명과는 다른 운명이라 할 수 있다. 이것을 위해, 그는 두 개의 역할이 대칭적으로 위치하고, 일정 방식으로는 둘 모두 실패하는 한 편의 연극 작품을 착상한다.

> "내가 착상한 연극 작품의 제목은, '아우구스투스의 신성화'였으며, 시나의 새로운 버전으로서 제시되었다. 그 작품은 두 명의 남자를 무대에 제시했는데, 유년 시절 친구들로서 그들 각자에게, 그들의 상이한 활동 경력들의 결정적 순간에 다시 만나게 된다. … 그들 둘 모두는 서로에 의한 서로의 파괴 속에서, 심지어 죽음의 대가를 치르면서까지, 그들 과거의 의미를 구하려고 애를 썼다."[285]

그 줄거리의 정교한 미묘함은 알레고리의 투명성을 명시적으로 보여 준다. 아우구스투스는 출세가도를 달릴 수 있는 탁

---

285 pp.405-406(p.453), 번역본 679쪽.

월한 사회성을 갖춘 존재이며, 레비스트로스가 염두에 둔, 상아탑에서 성공하기 위한 대학에서 요구하는 이상적 조건들을 두루 충족한 "보다 현명한 그의 동기생들"을 표상한다. 또한 이들은, 레비스트로스 자신과 마찬가지로, 한때는 정치에 관심을 가졌던 사람들로서, 현재에는 국회의원이고, 곧 장관들이 될 동기들을 가리킨다. 반면, 시나는 민족지학자 레비스트로스를 형상화하고, "문명에 맞서 다른 길을 선택한"이라는 구절을 통해 그 자신의 정체성을 암시한다.

시나라는 인물의 성격 규정은 상이한 층위에서, 쇼팽의 선율에 할애된 서사 전개와 더불어 특이하게 공명한다. 시나와 레비스트로스는 그 같은 대안을 포기한다는 점을 공유하고 그로부터 본래의 장소로 다시 돌아갈 수 있다는 가능성 또는 필연성을 공유한다. 그 결과 극예술 장치는, 서로 맞서는 역할들의 전개를 통해, 레비스트로스로 하여금, 그의 귀환을 예기하면서, 그가 쇼팽의 선율로부터 고독하게 끌어낸 교훈을 허구적으로 사회적 관계의 시련 속에 갖다 놓는 것을 가능케 한다. 극예술의 캔버스는, 민족지학자가 그의 사회적 무리 속에 재통합되는 것의 조건들과 그 효과들을 실험하기 위한 실험실로 사용된다. 그것으로부터, 로마 궁정을 다룬 코르네유의 연극 작품을 소시민적 가치들의 프랑스 사회로 전이시키는 레비스트로스의 '다시 글쓰기' 작업이 탄생한다. 권력 동요를 주제화하는 정치 비극의 모델을 선택한 것은 민족지학자의 이 같은 극예술 투영에 적합하다. 그는 자신이 태어난 곳, 그리고 자신이 성장한 곳의 시스템에 대한 문제 제기 속에서 그의 소명의 개연적인 기원들의 하나를 목격했다고 생각했다. 그러나, 레비스트로스는 이 같은 극예술 모델을 보다 더 잘 자기 것으로 전유하기 위해, 그 모델을 동요시키는 데 몰두한다. 그의 시나, 여행가는 "원주민들에게 다시 돌아간다."

모든 것은 시나라는 인물 속에서 고통받는 민족지학자 레비스트로스의 모습을 알아보도록 만든다. 그의 이 같은 모습은 이 장의 첫 부분에 묘사되어 있다. 그 점에서 레비스트로스는 그의 연극 작품의 재료를 제공하였던 셈이다. 시나는 그의 가족들과 동료들을 떠났고, 세계와 더불어 특권화된 관계 속에서, 그의 동시대인들보다 더 높은 곳으로 상승하려는 여행가가 되려는 꿈을 품고 있었다.

"아우구스투스에게 약속된 운명에 질투심을 갖고 있던, 시나는 자신의 것보다 더 광대한 제국을 소유하기를 원했다. … 나는 우주와 나 사이의 새로운 관계를 창조한다고 확신했다."[286]

그렇지만 그 같은 갈망은 실패로 귀결된다.

"그 노력이 끝날 무렵. 시나는 아무것도 찾지 못했다. … 각각의 복제물은 나에게 먼지가 나는 오솔길, 불에 탄 관목들, 모래에 의해 충혈된 눈동자를 상기시킨다."[287]

시나와 레비스트로스 사이에서 찾아낼 수 있는 유추는 다수이다. 실망 속에서, 원주민들을 '인류의 쓰레기'라고 성격 짓게 되는 레비스트로스, 자신이 만난 민족들을 향해 일체의 동감을 상실했던 시나, 심지어 가장 인간적인 것도 그 자신에게는 비인간적인 것이 되었다. 레비스트로스와 마찬가지로, 그가 알고

---

286 p.408(p.455), 번역본 683쪽.

287 *Ibid.*, 번역본 683-684쪽.

있었던 것과는 철저하게 상이한 것일 수밖에 없는 것이 엄밀히 따져 동일한 것으로 계시된다. "… 대지는 이곳의 대지와 비슷했고, 풀의 새싹들은 이곳 초원과 흡사했다."[288]

동일한 방식으로, 캄푸스노부스의 민족지학자가 다음과 같이 자문했을 때, "나의 경력을 보충적 이점들과 더불어 재통합시키는 것은 술수인가, 능수능란한 우회인가."[289] 그 연극 작품은 단호하게 다음과 같이 단언한다. "시나는 문명에 맞선 길을 선택했으나, 그는 사실상 그 문명에 다시 돌아가는 복잡한 수단을 사용했다는 점을 발견한다."[290]

3) 자아 탐구: 자연과 문명사회 사이에서

유년기 시절부터 죽마고우였던 아우구스투스와 시나는 각자의 상이한 인생 경력에 있어 결정적인 순간에 다시 만난다. 한 명은 탄생부터 사회생활과 그의 명예로 두각을 드러낸다. 다른 한 명은 문명사회에 맞서는 삶을 살기로 마음먹은 바 있으나,

---

288 p.408(p.456), 번역본 684쪽.

289 p.403(p.450), 번역본 674-675쪽.

290 p.405(p.453), 번역본 679쪽.

그가 자리 잡았다고 생각한 양자 선택의 의미와 가치를 붕괴시키는 방법을 통해서 사회에 진입하는 복잡한 수단을 사용했음을 발견한다. 과거에 시나는 사회에 맞서 자연에서 살기를 선호했는데, 그것은 아우구스투스를 제국에 이르게 했던 길과는 정반대의 선택이다. "그리고 그들 둘 모두는 서로에 의한 서로의 파괴 속에서, 심지어 죽음의 대가를 치르면서까지, 그들 과거의 의미를 구하려고 애를 썼다."[291]

레비스트로스가 구상한 작품에서 아우구스투스와, 시나의 마음을 사로잡은 그의 여동생 카미유Camille가 문명사회에 소속되었다는 것은 분명히 부각된다. 풀어 말해 카미유는 시나에게 있어 그 자신과 사회 사이에 가능한 유일한 연결고리의 상징이다. 시나는 '자연 쪽에 놓여 있고' 그 전날 신성화된 황제가 자연과 사회 모두를 결집시킬 수 있다는 생각을 참을 수 없는 것이라고 생각한다. 시나가 보기에 아우구스투스는 사회를 포기하는 대가로 자연을 획득하는 것이 아니라, 사회를 덤으로 취하고 자연을 획득하려는 탐욕을 드러낸다. 이어서 우리는 왜

---

291 pp.405-406(p.453), 번역본 679쪽.

시나가 신성과 자연을 동일시하는가를 이해할 수 있게 된다. 시나가 자신의 선택의 불가피성을 증언하기 위해 아우구스투스를 암살하게 된다는 설명이 제시되어 있기 때문이다.

그런데 평범한 인간의 상식에서 벗어나 나중에 나타날 여러 이유로 인해, 아우구스투스는 시나에게 그를 암살시켜 줄 것을 제안한다. "각자는 자신이 꿈꾼 불멸성을 얻게 될 것이다. 아우구스투스는 책과, 부조물과 우상들의 공인을 통해서, 시나는 황제 시해의 검은 불멸성을 통해 사회에 맞서면서도 사회와 다시 결합하게 될 것이다."[292] 그렇지만, 카미유는 그녀의 오빠로 하여금 시나가 신들의 메신저임을 설득시킨다. 그때부터 아우구스투스는 정치적 해결책을 염두에 둔다. 만약 그가 시나를 속일 수 있다면, 동시에 신들도 기만당할 것이다. 그들이 동의했던 것과는 정반대로 그는 비밀리에 황제의 경호 수비대를 2배로 강화시킨다. 시나는 심지어 그에게 도달할 수 없게 된다. 그들 각자의 인생 경력의 흐름을 확인하면서 아우구스투스는 그의 마지막 시도를 성공하게 된다. 그는 인간들 사이에서 신

---

292 p.409(p.457), 번역본 685쪽.

성화되고, 시나를 용서한다. 시나에게는 또 하나의 실패일 뿐이다.

『슬픈 열대』의 저자가 역사의 인물 가운데서 그가 사회의 상징과 대립할 수 있는 인물을 찾으려 했을 때, 그는 야만인의 존재, 아마존의 열대 원시림, 광야, 대양의 인간을 발견한 것이 아니다. 물론 그는 사회에 대립한 황제 시해자를 찾았으나, 그것은 사회 세계 내부에 전적으로 등록된 수순을 통해서이다. 코르네유가 사랑 때문에 국왕을 시해하게 만든 영웅의 반골적 성격을 부각시키기 위해, 그는 심지어 사회적 규칙들과 통념들에 대한 비판적 사색가의 역할을 강조해야 했다. 레비스트로스가 그에게 부여한 그 같은 도전의 무대는 그것이 상징적 요청에 대한 복종이었음을 일러 준다. 그는 시나가 카미유와 결혼하게 하는 구도를 만들었으나, 사회의 규범 때문에 그녀를 아내로 얻는 것은 불가능했다. 그렇다면 기존 질서에 맞서야만 한다는 점에서 질서와 무질서라는 다소 상투적인 대결 구도가 형성된다. 질서를 중시하는 아우구스투스의 사회적 경력에서, 시나는 무질서의 요소를 도입했을 뿐이다.

그렇지만 브라질의 마투그로수고원에서 완전히 고립되어 가였은 저자를 강박하는 반명제는 아우구스투스와 시나 사이의 대결에서 표현되는 얼핏 보면 역사적으로 보이는 각색이 시사하는 반명제와는 상이하다. 레비스트로스의 고민은 인간적 연약함, 보다 심하게 말하자면, 다소의 속물근성과 열등감을 드러내고 있다. 그것은 사회를 대표하는 사람들을 공격함으로써 사회를 변화시키려는 욕망이 아니라, 자신이 사회로부터 배제되고, 자연 속에 내팽개쳐질 수 있다는 두려움이다. 두 명의 행위자들이 그를 번민케 만든 문제들을 떠맡게 만들기 위해서는 시나가 아우구스투스에 의해 체현되는 사회의 상징과 대립하여 아우구스투스의 부정, 즉 반사회를 표상하는 것이 아닌, 자연을 표상해야 한다. 그의 역할은 따라서 이 같은 방향에서 굴절된다. 그는 미지의 대지들의 탐험가, 민족학자의 반열에 등극하고, 저자의 또 다른 에고alter ego가 되는데, 저자 레비스트로스는 그 같은 간극을 메우기 위해, 시나의 편에서 폭력의 개입에 대해 약간은 억지춘향 격으로 서사를 꾸미게 된다.

그 결과, 아우구스투스에 의해 제시되는 한 치의 틈도 없는 이미지에 맞서, 시나는 때로는 사회적 질서를 부정하는 자를 표상하거나, 또는 이와는 정반대로 자연을 표상하는 이중적 기능 속에서 두 갈래로 갈라진 인물로서 묘사된다. 이때 자연은 그 자체로서는 그 무엇과도 대립하지 않고 그 무엇도 부정하지 않는다. 독자는 자신의 존재의 분열과 분화 속에서, 일체의 구조적 구성을 그 뿌리부터 무효로 만들어 버리는 중의성을 경이롭게 표상하면서, 하나의 기능에서 다른 기능으로 끊임없이 이동하는 시나를 보게 된다. 반면, 일종의 정신분열적인 이 같은 분리를 명령했던 사람은 자신의 계산을 위해 또 다른 극심한 고통을 스스로 야기시키는데, 그것은 이 두 개의 기능을 단 하나의 유일한 기능으로 용해시키고 동시에, 줄거리의 요청에 의해 양자를 분리하려는 시도를 할 수밖에 없기 때문이다.

이 두 개의 사용법 사이에서 이루어지는 시나의 주저는, 그것들을 통일시키려는 저자의 노력처럼, 그 줄거리에 어떤 신비의 깊이와 밀도를 부여한다.

레비스트로스가 쓴 희곡 작품 1막의 마지막 부분에는 매우 생경한 장면이 묘사되고 있는데, 그것은 아우구스투스가 한 마리의 독수리와 머리를 맞대고 대화를 나누는 모습이다. 그 독수리의 논지는 자연과 사회 사이에 존재하는 관계들의 문제에 대해 아우구스투스에게 깨달음을 주었다고 기술되어 있다. 심리극의 분위기를 통해 극작품의 저자는 민족학에 이르기까지 그의 진리의 계기를 찾게 된다. 그가 출현시킨 독수리는, 신성의 속성을 갖고 있는 상투적 동물이 아니라, 진정한 신화적 창조이다. 사회에 반명제인 것을 인정하는 방향으로 결정적인 한 발자국을 내딛게 된 것이다. 아우구스투스가 전율에 휩싸여 독수리의 논지를 인정한다는 것, 성스러움과 신성함의 내재적 불순함이 사회적 규칙들을 무시하면서, "이단적 명예"와 상동 관계를 이룬다는 것은 무엇을 의미하는 것인가? 지금까지 자연과 사회의 관계들의 문제들에 각성된 적이 없는 아우구스투스는, 태어날 때부터 사회생활과 명예에 대한 동기부여로 두각을 나타내었다는 점에서, 그의 관심을 끄는 독수리의 담론에 마음을 연다.

이 같은 신성함은 비천함의 성격을 띠고 있고, 썩은 시체, 부패, 분비물, 곤충들과 피를 흘리게 만드는 가시들과 동일시되어, 사회 쪽에 위치하지 않고, 사회를 위반하고 부정하는 것 쪽에 놓이게 된다. 이 같은 신선함은 아우구스투스에게 적합할 수 없는데, 그는 자신이 표상하는 상징을 변질시키는 것을 목격하기보다는 차라리 시해당해 죽는 편을 선호하기 때문이다.

시나의 경우는 전혀 다르다. 그는 오직 야만인들 사이에서만 행복해하는 무모한 사람이다. 그는 10년 동안 머나먼 대지에서 방랑을 했다. 그는 잎들과 꽃들의 무한성을 명상했고, 도마뱀, 메뚜기, 뱀들을 잡아먹고 살았으며, 두려움, 추위, 배고픔, 피곤이 야기하는 고통의 감정들을 체험하고 살았다. 이런 느낌들은 안전하고 안락한 집에서, 풍요로운 곳간을 둔 집에서 살고 있는 사람들은 영원히 알 수 없는 것들이다. 끝없는 나날들의 텅 빔을 메우기 위해 시나는 고대 그리스의 비극 작품들의 구절들을 낭송하는데, 그 내용은 자신의 삶을 잘 요약해 주기 때문이다. 그의 생각은 그가 떠난 사회, 그의 고향과 그의 동향인들인 아우구스투스와 시나가 살고 있는 사회로 향한다. 사실상 그 사회는 모든 인간 사회를 상징하게 되고, 나머지는 도처에서 그를 에워싸고 있는 자연 속에서 용해된다.

그 연극 작품의 규약에 따라, 아우구스투스가 들려주는 독수리의 논지 가운데, 시나는 자신의 경험이 예민하게 만든 것, 당시 그의 상황에서 관심을 끌었던 것만을 취하게 된다. 독수리가 들려주는 신성은 사회와 대립된다. 따라서 신성은 사회의 밖에서, 즉 자연에서 그가 알고 있는 것과 상동화된다. 그때부터 아우구스투스에게 제공되는 신성과, 그가 자신이 유일한 주인이라고 간주하는 자연이 수립할 등가 관계를 파악하게 된다. 아울러 우리는 이 같은 등가 관계가 그에게는 감수할 수 없는 것이라는 점을 이해하게 된다. 왜냐하면, 시나는 사회와 자연의 통합은 아우구스투스가 아닌 자신에 의해서만 가능하다고 확신하기 때문이다.

아우구스투스가 여동생 카미유의 담론을 통해, 신성을 표상하는 것은 독수리가 아니라 신들의 참된 메신저인 시나라는 점을 설득당할 때, 그는 사회, 자연, 신성함과 종교에 대한 두 개의 인간학적 개념화 사이에서 하나의 선택을 선호한다. 시나 편에 서서 독수리를 제거하는 것은 모두를 구원하면서, 곧 그가 갇힌 딜레마에서 벗어남을 의미한다. 즉, 그가 표상하는 상징, 그가 더 이상 거부할 이유가 없는 신성화를 말한다. 왜냐하면, 그는 자연과 사회를 대립시키는 데 골몰해야 할 필요가 없기 때문이다. 그와는 정반대로, 자연을 지배함으로써 사회를 보다 더 잘 상징화할 수 있기 때문이다. 더구나, 그의 선택을 통해, 그는 자신의 생명과 친구의 생명을 보존할 수 있을 것이며, 그의 여동생의 행복도 간직할 수 있을 것이다. 왜냐하면, 그는 기꺼이 시나를 독수리의 공포스러운 쪽이 아닌, 자신 편에서 다시 발견하면서 용서할 것이기 때문이다. 사회의 신이며 아울러 자연의 신인 아우구스투스는 인간들 사이에서 신이 될 것이나, 이것은 진짜 신, 또는 반사회적 존재의 신은 아닐 것이다. 아우구스투스에게 있어 신성한 것은 자연적 동물과 사회적 인간의 융합에 있다. 그러나 황제는 거기서 딜레마를 해소할 수 없다. 시나가 인간들 사이에서 만족하고, 신성화를 포기할 것을 권면할 때, 아우구스투스는 이 모든 담론이 자신에게는 도통 이해될 수 없는 판독 불가능성의 불가사의한 영역이라고 고백한다. 그는 신들의 요청에 복종하는 데 싫은 기색을 보여 줄 뿐만 아니라, 그의 불안정한 위상으로 인해 혼미해져서 현실의 핵심 사안들을 파악할 능력이 결여되어 있음을 드러낸다.

6장
현대 문명 비판과 생태학적 사유

1. 레비스트로스의 세계관

1) 문화의 보편성과 상대성

레비스트로스의 세계관은 크게 두 개의 명제로 구성된다고 볼 수 있다. 첫째, 인간이라는 존재는 자연의 일부분이며, 인간과 자연의 분간은 인위적이고 공허한 작위에 불과하다. 둘째, 문화의 다양성은 모든 창조와 진보의 기원에 놓여 있다. 무엇보다 인간은 생명체로서 몸의 신진대사에 기초한 유기체이고, 따라서 생물학의 법칙에 의존하며 자연은 인간에게 생명을 유지할 수 있는 자양분을 제공한다.[293] 레비스트로스는 더 나아가, '정신과 사유' 역시 자연의 일부분이라고 말한다. "나의 사고, 그 자체는 하나의 객체이다. 이 세계에서 비롯된다는 점에서 나의 사고는 세계와 동일한 자연에 참여한다."[294]

그 주장의 핵심 테제에 의하면 인간과 그의 정신이 자연의 일부분이기 때문에, 이 둘은 자연을 사유할 수 있고 인식할 수 있다. 이렇듯 정신, 몸, 사물들 사이에서는, 자연의 완벽한 공동체 원리에 기초한 엄밀한 연속성이 수립된다. 또한 문화의 다양성은 인간종의 존재를 위해 필수 불가결하며, 인간 본성과 불가분의 관계를 맺고 공존한다.

그런데 문화 다양성 테제는 두 방향에서 날라오는 비판의 화살에 직면한다. 가혹했던 식민주의 정복 및 통치와 고삐 풀린 서구의 팽창이 수많은 문화의 소멸을 가져왔다는 점은 부정할 수 없는 사실이다. 일부 문화들은 자신들의 토양으로서 그것들의 보존과 전승을 가능케 했던, 그들 정체성의 뿌리였던 사회들이 초토화됨으로써 사멸하고, 이들 사회의 구성원들은 절멸

---

293 이 점에 대해서는 다음 연구 참조. Emmanuel Terray, "La vision du monde de Claude Lévi-Strauss", *L'Homme*, 193, 2010, pp.23-44.

294 pp.38-49(pp.52-64), 번역본 160-175쪽.

되거나 무참하게 살해되었다. 또는 수천만 명의 아메리카 대륙의 원주민들의 인명을 앗아간, 신대륙의 발견 이후 유럽으로부터 정복자들이 창궐하게 만든 전염병들에 압도당해 궤멸되었다. 이들 원주민의 절멸이 없었던 곳이라 하더라도 온갖 억압과 착취가 이들 피지배 사회를 마비시키고, 질식시킨 나머지, 폐허 상태의 문화들이 가까스로 명맥을 유지할 수 있었을 뿐이다.

> "우리가 오늘날 연구할 수 있는 사회들은… 무기력한 집단들과 절단된 형태들에 불과하다. … 이들 사회는, 인류가 간직해 왔던 그처럼 순진무구한 부분에 있어 서구 문명의 발전이라는 이 같은 괴물, 불가사의한 대재앙에 의해 철퇴를 맞았다."[295]

레비스트로스는 이른바 미개발 사회라고 불리는 사회들을 서구 사회 발전의 외부에 놓여 있거나, 서구 사회와 무관한 것으로 파악하는 서구 중심적 판단과 우월주의를 노출하는 사고방식은 서구인들이 갖고 있는 크게 잘못된 시각임을 환기시킨

295 p.149(pp.183-184), 번역본 326-327쪽.

다. 이들 사회는 16세기와 19세기 사이에 이루어진 그것들의 직간접적인 파괴를 감수하며, 즉 엄청난 희생을 치르며 서구 세계의 발전을 가능케 했다. 따라서 이들 저(미)개발 사회와 서구 사이에는 상보성의 관계가 존재한다. 따라서 서구가 자신의 역사적 성공에 대해 교만한 태도를 갖는 것은 근본적으로 그릇된 시각이다.

두 번째 명제, 즉 문화의 다양성은 인류의 존재 자체를 위해 필수 불가결하다. 문화 다양성은 인간 본성과 몇몇 양상에 있어 인류의 문화적 공헌에 함께 참여하고 실천한다. 문화의 다양성은 하나의 보편적 기정사실이며, 최소한 고대 그리스의 역사가 헤로도토스와 아랍의 지질학자이며 탐험가인 이븐 칼둔 이후로, 역사학, 지질학, 민족학을 통해 시공을 횡단하며 일관적으로 관찰되어 왔다. 그런데 동시에 그 같은 문화적 다양성을 인정하는 것은, 인류의 통일성과 문화의 다양성을 어떻게 조화롭게 화해시킬 것인가라는 미묘한 문제를 제기한다. 극단적 문화 상대성을 주창하는 몇몇 급진적 문화이론가들이 문화의 통일성과 보편성에 이의를 제기하는 것은 사실이나, 인류의 통일성의 이론은 대부분의 경우에서 언제나 집단적 의식을 지배해 왔고, 최근에 들어와서는 진화생물학과 선사고고학 등의 과학적 성취에 의해 확인되었다. 이를테면 현재의 대략 80억 명의 인구는 모두 30만 년 전 북아프리카에서 창발한 현생 인류의 단일종인 호모 사피엔스의 직계 자손들이다. 따라서, 총칭적이며 보편적인 존재로서의 인간들에게 특수한 것은 무엇이며, 무엇이 문화의 다양성으로부터 탄생한 것인가라는 물음을 던져야 할 것이다. 또한 문화 층위에서 종들의 특수성의 통일성을 실현한 공통적인 문화적 핵심은 무엇인가라는 근본적 물음도 남는다.

그렇다면 문화적 차이를 넘어 심층에 존재하는 이 같은 문화적 보편소들은 무엇일까? 많은 목록이 제안된 바 있다. 18세기 이탈리아 철학자 비코는 종교, 결혼, 장례를 손꼽은 바 있다. 레비스트로스가 인간 문화의 보편적 특질로서 근친상간의 금기에 부여한 역할은 널리 알려져 있다. 그는 그것의 보편적 성격을 인간 본성(자연)에 갖다 놓는다. 그런데, 이미 그의 처녀작인 『친족의 기본 구조들』에서 근친상간의 금기는 자연으로부터 문화에로의 전이를 쉽게 만들어 주는 문화적 원리로서 논증된 바 있다.

이 같은 인류 문화의 보편소들의 본질이 무엇이건, 그 숫자가 얼마이건, 그것들은 다양성에 의해 점유되는 제각기 다른 문화가 발산하는 상이한 빛깔과 향기가 펼쳐지는 특이한 공간을 제약하지 않는다. 문화적 다양성들이 빚어내는 창조적 미덕은 『신화와 의미』에서 분명하게 단언된다. "차이들은 극도로 풍요롭다. 오직 차이를 통해서만 진보가 이루어졌다."[296] 유네스코의 요청을 받아 집필한 짧은 소책자인 『인종과 역사』는 문화의 다양성 확보에서 상이한 인종들 사이에서 필요한 선의의 긴장과 경쟁을 옹호하며, 당시 문화정책 담당 관료들과 학자들 사이에서 파문을 불러온 바 있는데, 어쨌거나 그는 상식적인 다소의 교훈적인 메시지를 기대했던 관료들의 실망에도 아랑곳하지 않고, 그들의 비위를 맞추거나 타협하는 것을 단호히 거부하고, 상식적 통념을 깰 수 있는 이 같은 테제를 논리적으로 설득하는 데 공력을 기울였다. 또한 레비스트로스는 모든 문화에서 발견되는 놀이들의 사례에 기초해, 그것이 특별한 결과를 성취하는 경우, 놀이 주체들이 연대할 확률이 높을수록 고립된

---

296 Claude Lévi-Strauss, *Myth and Meaning*, London: Routledge, 1978, p.16.

경우보다 성공 확률이 더 높다는 점을 강조하고 있다.[297]

역사의 가장 축적적인 형태들을 성취했던 다양한 문화들의 상황도 이와 흡사하다. 그 같은 역사는 결코 고립된 문화들에 의해 생산된 바 없으며, 그들의 놀이를, 이주, 차용, 교역, 전쟁 등 다양한 수단들과 더불어 조합해 왔던 문화들에 의해서 생산되었다. "어떤 단일 문화도 혼자서 존재할 수 없다. 그것은 언제나 다른 문화들을 포함하는 연합의 한 부분이다. 바로 그런 이유에서 축적적인 시리즈를 건설할 수 있다. 특정 문화가 우리가 문명이라고 기술하는 온갖 종류의 발명들의 복잡한 골격을 통일시킬 수 있는 경우는 그 문화가 작동시킬 수 있는 다른 문화들의 숫자와 다양성에 달려 있다. 그것은 일반적으로 일방적 의지를 갖고 이루어지는 것이 아닌 공통적 전략이다."[298]

레비스트로스는 이렇게 수려하게 결론을 맺는다. "정말로 재앙을 안겨 주는 것, 일정 무리의 사람들에게 고통을 주고, 그들로 하여금 자기실현을 못하도록 막는 치명적 결점은 홀로 존재

---

297 Claude Lévi-Strauss, *Race et histoire*, U.N.E.S.C.O., Paris: Gallimard, 1952, rééd. 2007, pp.41-42.

298 *Ibid.*, p.43.

하는 것이다."[299]

레비스트로스가 수립한 두 개의 공리, 즉 인간은 자연에 속한다는 점과 문화의 다양성 옹호 사이에는 어떤 종류의 관계가 설정될 수 있는가라는 물음을 위해, 학계에서는 두 개의 가설을 제안한 바 있다.

첫 번째 가설에 의하면 인종은 인류의 태초부터 여러 개의 하위 종으로 분할되었다는 것이다. 즉, 인종들의 다양성이 뿌리를 갖는 것은 자연에서이며, 인간종들의 본성에서 비롯되었다는 것이다. 그렇지만, 레비스트로스의 견해에서 본다면, 하위 종들의 다원성은 검증될 수 없는 순수한 추측일 뿐이다. 왜냐하면, 인간의 기원들은 시간의 안개 속에서 상실되었기 때문이며, 아마도 영원히 확정할 수 없는 수수께끼로 남을 수 있다.

두 번째 가설에 의하면 모든 인종과 인간은 단일한 최초의 계보를 갖고 있으며 다양한 인종들로 분화된 가지들은 상이한 자연환경들에서 각자의 문화적 정체성을 수립하게 되면서 다양화되었다. 그런데 어떤 경우이건, 문화들의 다양성을 창조

299 *Ibid*.

한 것은 다름 아닌 자연이라는 사실은 확고부동하다. 이 점에서 자연환경들과 서식지들의 다양성을 인식해야 할 것이다. 여기서 애매모호함이 있어선 안 될 것이다. 인간들은 그들이 점유하는 환경들을 변형시킬 수 있다는 점에서, 이를테면 모호한 지리적 결정주의가 들어설 여지를 남겨 둬서는 안 될 것이다. 그런데 자연과 인간 사이에서 이루어지는 이 같은 상호 작용 활동의 과정 동안, 개별 문화마다 특수한 관계가 수립되어, 제각기 다른 특별한 경험을 생산했다. 문화의 다양성으로 유도되는 것은 다름 아닌 이처럼 우호적으로 생산된 경험들의 다양성이라고 할 수 있다.

요컨대, 인류는 자신이 겪어 왔던 기나긴 시간 동안, 레비스트로스가 제시한 두 개의 공리와 보조를 맞추어, 자신의 한 부분을 형성하는 자연을 존중했고, 문화의 다양성을 유지해 왔다고 말할 수 있다.

2) 민족 중심주의 비판: 야만과 문명의 이분법 해체

모든 문화는 다른 문화들과의 차이와 대립함으로써만, 그리고 이들 몇몇 문화의 풍속들과 스스로를 대립시킴으로써만 자신의 정체성을 사유할 수 있는 것으로 보인다. "모든 문화는 야만을 필요로 한다, 만약 이 야만성이 최소한 타자의 인간성의 부분적 부정으로서 정의된다면 말이다." 그리고 사실상, 각각의 문화는 어느 정도 자신의 역사와 가치들에 따라 다른 문화들에 대한 자신의 의미를 확대시켜 나간다.[300]

이 점에서 레비스트로스는 인종차별주의에 대한 섣부른 통박을 자제한다. 보다 정확히 말하면 그가 염두에 두는 것은 각 문화의 차이와 고유성을 유지하기 위해서는 상이한 인종들 사이의 긴장과 차별화가 필요하다는 것이다. 실제로, 타자들을 그들의 차이 속에서 어떻게 수용할 것인가, 동시에 인간 존재들의 동일성을 상정하는 우리의 인본주의적 이상형들의 비교될 수 없는 보편적 가치를 어떻게 인정할 것인가? 레비스트로스는 민족 중심주의와 부끄러움을 모르는 휴머니즘을 동시에 비난한다. 민족 중심주의는 특정 민족이나 문화를, 다른 문화들을 평가하기 위한 궁극적인 준거의 중심으로서 삼는 데 있다. 사람들은 이 문화들을 보다 우수한 문화에 견주어서 분류

300 *Ibid.*, p.21.

한다. 스스로를 문명의 준거점 또는 표준으로서 삼으려는 이유들은 다양하고 다수이다. 신이 아끼는 민족 또는 문명, 우수한 인종에 소속한다거나, 특정 민족이 과학 기술을 발전시킴에 있어 우수성을 입증했다는 등의 주장을 말한다. 레비스트로스는 이렇게 말하고 있다.

> "돈의 가치는 따라서 그것의 금속 가치에 기인하는 것이 아니라 오직 그것의 교환 가치에 있다. 돈은 교환된 재화들의 가치의 매체이며 동시에 척도이다. 사물들의 경제적 가치는 사물들의 희소성에 있지도 않고 유용성에 있지도 않으며 사물들 사이의 비교 관계에 있다."[301]

문화적 우월주의에 빠진 사람들은 자신들이 인정할 수 없는 문화를 갖고 있는 사람들을 자연 상태와 야만성으로 귀결시킨다. 그렇지만 다른 한편, 이 같은 차이들을 유사성으로 변형시키고, 이타성을 동일성으로 변형시키는 안일하고 교만한 휴머

---

301 *Ibid.*, pp.21-22.

니즘은 수용될 수 없다. 도처에 그리고 늘 동등한 인간성이 존재한다는 관념은 그것의 보편적이고 필연적인 특질들 속에 있으며, 이 같은 관념은 유대교·기독교 유산과 계몽철학을 통일시키는 데 성공한 바로 그 같은 특정 문명의 산물이다. 사실, 그것은 백인의 배타적이고 간접적인 가치 부여이며, 백인은 자연스럽게 더 순수하고 다른 사람들보다 더 현명하다는 생각이다. 이 같은 교만한 휴머니즘은 자아를 의식하는 주체성이 숭고한 것이고, 의식은 자아의 제어이며, 자신의 사유의 제어이고, 그의 행위의 제어이다.[302] 그 같은 주체성은 모든 피조물 가운데 그를 최고의 반열에 갖다 놓는, 신과 근접시키는 절대적 힘, 지배권이다.

레비스트로스는 따라서 다음과 같은 논증을 통해 우리를 조심스럽게 문화 상대주의로 유도한다.

첫째, 착한 야만인의 신화를 믿고, 디드로가 했던 것처럼 자연적 인간을 이상화시키는 것은 우스꽝스럽고 그릇된 것이다.

---

302 다음 문헌 참조. Jean-Pierre Bourdon, "Deux leçons sur le *Tristes tropiques* de Lévi-Strauss(Cours sur *Tristes tropiques* de Lévi-Strauss)", 온라인 게시일자 2021년 1월 18일.

반면, "루소는 자연적 인간을 이상화시키려 했던 디드로의 오류를 범하지 않았다. 그는 자연 상태와 사회 상태를 혼동하는 위험을 감행하지 않는다. 루소는 사회 상태가 인간에게 귀속된 것임을 알고 있었으며, 바로 인간을 속박하는 사회 상태가 악들을 유발시킨다는 점 역시 알고 있었다. 그렇다면 유일한 물음은 이 같은 악들 그 자체가 사회 상태에 귀속된 것인가를 아는데 있다. 따라서 우리는 온갖 남용과 범죄들의 이면에서 인간 사회의 확고부동한 기반을 찾아야 할 것이다. 이 같은 추구에 있어 민족지학적 비교는 두 개의 방식으로 기여할 수 있다. 그 같은 비교는 이 같은 인간 사회의 기반이 현재의 인류 문명 양식에서는 찾아볼 수 없다는 점을 보여 줄 것이다. 관찰될 수 있는 모든 사회 가운데 현 문명은 그 같은 기반으로부터 가장 동떨어진 사회라 할 수 있다. 다른 한편, 인간 사회들의 대다수에 공통적인 성격을 추출하면서 그 같은 비교는 일정한 유형을 구성하는 것을 도와줄 테지만, 그 어떤 사회도 그 모델을 충실하게 복제하지는 않겠으나, 그럼에도 불구하고 바람직한 사회에 관한 연구의 나침판이 향해야 할 방향을 정확히 일러 줄 것이다. 루소는 우리가 오늘날 신석기 혁명이라고 부르는 삶의 장르가 그 같은 이상 사회와 가장 가까운 실험적 이미지를 제공할 것이라는 생각을 품고 있었다. 그의 견해에 찬반 여부가 갈릴 수 있을 것이다. 나는 그의 생각이 옳았다는 믿음이 든다."[303]

둘째, 레비스트로스는 어떤 사회도 절대적 미덕을 구비하지 않고 있음을 거의 반복적으로 강조하고 있다. "어떤 사회도 완벽하지 않다. 모든 사회는 본성상, 그것이 주창하는 규범들과 양립될 수 없는 불순성을 포함한다. 그리고 그 같은 불순성은 일정량의 부당함, 몰감각성과 잔혹성을 통해 반영된다."[304] "몇몇 점에 있어서는 우리에게 잔혹무도하게 보이는 사회들도 그 사회들을 다른 측면에서 참작해 볼 때는 인간성과 호의성을 실천하는 법을 알고 있음을 깨닫게 된다."[305] 특히, 레비스트로스는 타 문화에 대한 바람직한 태도를 형성하는 데 있어 인류학의 연구 성과들이 기여할 수 있는 바를 다음과 같이 정확히 설파하고 있다. "솔직하고 또한 치밀하게 수행된 그 같은 분석들은 두 개의 결과를 낳는다. 그 같은 분석들은 우리의 관습과 가

303 p.419(p.469), 번역본 701쪽.

304 p.414(pp.462-463), 번역본 694쪽.

305 pp.415-416(p.464), 번역본 696쪽.

장 동떨어진 관습들과 삶의 양식들을 평가하는 데 있어, 이들 사회에 대해 그 어떤 인간 사회도 구비하고 있지 않은 절대적 미덕들을 부여하지 않으면서도, 분별력, 성실함과 선의의 덕목을 사람들의 마음속에 불어넣어 줄 것이다. 아울러, 그 같은 분석들은 우리가 다른 곳의 사회적 관례들을 전혀 모른다는 —또는 부분적이거나 편향적인 지식을 갖고 있다는— 사실만으로 그들 사회에 투사하기에 족하다는 자명성을 제거함으로써 우리의 습관들을 쇄신시킬 것이다. 따라서 사실상 민족학적 분석은 상이한 사회들의 위상을 드높이고, 관찰자가 속한 사회의 권위를 감소시킨다. 이런 의미에서 그 같은 분석은 모순적이다. 그러나 그 상황에 대해 성찰한다면, 그 같은 모순은 실재적이라기보다는 외면적일 뿐이다."[306]

특정 사회가 그릇된 것이나 어느 정도 야만적인 것으로 나타나는 것은 언제나 우리가 세워 놓은 기준들에 견주어서이다. 마치, 원시사회들과 문명인들의 사회들 속에서 범죄자들에 견주어, 인간들의 상이한 태도의 비교가 우리를 설득시키는 것처

---

306 p.416(p.465), 번역본 698쪽.

럼 말이다. 사람들이 문명이라고 부르는 것의 상대성은 결정적이다. 이는 레비스트로스로 하여금 다음과 같은 비교를 전개시킬 수 있도록 해 주는 바이기도 하다.

> "또 다른 이미지를 빌려서 말한다면, 제반 문화들은 어느 정도 각자 자신의 고유한 노선에서 상이한 방향으로, 상이한 속도로 달리는 기차들과 닮아 있다고 말할 수 있을 것이다."[307]

셋째, 모든 인간 문화와 인간 사회는 가치가 있다. 그러나, 자연으로부터 문화로 이동하는 양태성들 속에서 한 문화에서 다른 문화로 이동할 때 다양화가 존재한다. "우리의 입장은 이렇게 말하는 데 있다. 인간들은 언제나 그리고 도처에서 동일한 대상을 스스로에게 할당시키면서 동일한 과제를 시도했다. 그것들의 생성 과정 동안 수단들에 있어서만 차이가 생겨났을 뿐이다."[308]

---

307 Claude Lévi-Strauss, *Race et Histoire*, *op. cit.*, p.30.

308 p.421(p.470), 번역본 705쪽.

목표는 언제나 동일하다. 즉, 그 핵심은 자연적 힘들의 임의성과, 이 같은 힘들의 예측 불가능한 폭력들로부터 스스로를 보호하는 데 있다. 목표를 달성하기 위한 수단들만이 차이가 있을 뿐이다. 야생적 사유는 과학적 유형의 사유와는 전혀 다른 관찰과 분류 유형에 기초한다. 한편으로는 인간을 둘러싸고 있는 구체적 대상들 속에 현존하는 감각적 성질들 사이에서 관찰된 대비들과 차이들로부터 구축된 논리를 갖고 있다. 다른 한편으로는 우리는 실재들 사이에서의 형식적·추상적 대비들에 기초한 논리를 갖고 있다. 많고 적음, 크고 작음, 긍정과 부정, 참과 거짓, 하나와 다수 등. 야생적 사유의 원형은 지각 단계에서 자신의 접맥들과 조합들을 펼치는 브리콜라주이다. 과학적 사유의 원형은 수학적 사유로서, 대상들을 사유 속에서 구축하고, 숫자, 선들, 더하기와 곱하기와 같은 이상적 대상들을 구축한다. 두 가지 경우 모두에 있어, 관찰과 이성이 작동되며, 문명사회와 원시사회 모두에서 유의미한 담론들과 발명들을 생산한다.

따라서 레비스트로스의 논점을 풀어 보면 다음과 같이 압축될 수 있을 것이다. 상이한 문화들을 판단하고 분류할 수 있도록 해 줄 수 있는 보편적 가치들은 존재하지 않는다. 가치 체계들의 동등한 가치가 존재한다는 결론을 내릴 수밖에 없고, 각각의 문화에 대해 그것의 문화적 특수성을 간직할 수 있는 권리를 부여해야 한다. 이 같은 문화 상대주의는 관용의 미덕을 상찬하게끔 만든다. 즉, 우리의 존재 방식과 우리의 가치 체계를 놀라게 만드는 태도들과 가치들을 수용하는 법을 배우고, 관용의 정신을 발휘하는 법을 학습해야 할 것이다.

2. 자연관과 생태학적 사유

자연과의 친화성에 바탕을 둔 자연 존중이라는 측면에서 레비스트로스는,[309] 근대의 서구 산업 혁명에 의해 구상되고 전 세계에 부과된 경제 개발 방식에 저항하도록 이끌었던 비서구 문화권의 주요 특징 가운데 하나로서, 소위 원시사회들의 경제 활동 사례를 사용한다. 이 같은 자연 존중을 중시하는 사회는 스스로를 무엇보다 생태적 실천 속에서 발현한다. 주지하는 바

309 Claude Lévi-Strauss, *Anthropologie structurale deux*, Paris: Plon, 1973, p.374.

와 같이 '신석기 혁명'(농업의 발명과 도기의 발명, 동물들의 사육) 이후에조차도, 인간들은 그들이 매우 피상적인 방식으로 점유했던 자연환경을 변질시켰다. 그들은 단지 적은 분량의 에너지(근육의 힘, 동물 에너지, 화력과 수력)를 사용했을 뿐이다. 예컨대 토지를 경작하기 위해 그들은 화전식 방법에 의존했다. 농경인들에게서 목격될 수 있는 이 같은 사실은 수렵인들과 채집인들에게서도 발견된다. 이 점에 있어, 이미 신석기 경제학의 전문가였던 살린스는 남아프리카의 부시맨Bushmen에게서 채집한 데이터에 기초해, 그들이 매일 생존을 위한 최소 식량을 찾기 위해 일정 분량의 시간만을 쓴다는 점을 주목한 바 있다. 왜냐하면, 그들은 식량과 잉여분을 비축하는 문제에 대해 전혀 고민하지 않았기 때문이며, 그 같은 예비 식량들의 무게와 부피가 그들의 이동에 방해가 되었기 때문이다.[310]

이와 마찬가지로, 레비스트로스 자신도 아마존 부족들에 대해서 비슷한 언급을 한 바 있다. 그의 관찰에 의하면 원주민 부

---

310 Marshall Sahlins, "La première société d'abondance", *Les Temps Modernes*, n.268, 1968, p.641-680; 마셜 살린스 지음, 박충환 옮김, 『석기시대 경제학: 인간의 경제를 향한 인류학적 상상력』, 한울아카데미, 2014.

족들은 생존하기 위해서 방대한 지역을 필요로 하나 수십 년 동안 그들의 생명의 풍요로움과 중요성에 대한 그들의 생태학적 태도는 인간이 자연 질서를 교란시켜서는 안 된다는 교훈을 제시했다.

이와 대조적으로 농경인들이 환경에 대해서 행하는 통제는 분명히 보다 더 강력한 것이다. 그러나 그들 역시 축적에는 큰 관심이 없으며, 생산력과 수익성보다는 자연에 대한 배려와 생태학적 안정과 안전을 우선시한다는 점은 분명하다. 그들에게 주된 생각은 자연 자원의 고갈의 위험에 직면해, 토양이 갱신될 수 있는 생태 조건을 확보하는 일이며, 토지의 상이한 성질들을 사용할 수 있는 대책들과 플롯들을 수립해, 변화가 심한 기후 조건들로부터 스스로를 보호하는 것이 관건이다.

이 같은 특징들은 특히 소위 원시사회들로 하여금 자연과 밀접하게 유대 관계를 형성하도록 만들었다. 원시사회의 구성원들은 자연에 대한 이 같은 의존을 의식하고 있고, 이 점은 그들의 이데올로기에 반영된다. 이들 원주민은 일차적으로 스스로를 자연의 주인이나 소유자가 아닌, 자연의 손님 또는 임차인으로 간주한다. 그들은 다양한 종류들의 의례들을 통해, 자연으로부터 받은 수혜들에 대해 그들의 감사를 표시하고 충성을 증언한다. 그러나 자연은 결코 토지에 자양분을 제공하는 공리적 수준의 틀로 국한될 수 없음을 이들은 정확히 인식하고 있다. 무엇보다, 레비스트로스가 우리에게 환기시켜 주는 것처럼, "인간이 조상들과, 정령들과, 신들과 접촉할 수 있기를 희망할 수 있는 곳은 대지 위에서이다."[311] 이 점에 대해, 원시사회들과 현대 서구 사회들을 분리시키는 차이를 설명하기 위해, 레비스트로스는 "좋은 매너들"(선량한 예의)이라고 불리는 것의 사례를 취한다. "존재들과 사물들의 외재적 불순함에 맞서 주체의 내재적 불순성을 보호하는 대신, 주체의 불순함에 맞서 존재들과 사물들의 순수성을 보존하기 위해, 원시 부족들에 의해 좋은 매너들이 사용된다."[312]

원시인에게 있어, 자연은 계산과 협상의 대상이기 이전에, 그 앞에서 경건한 마음으로 예의를 표현해야 할 어떤 가공할 힘을 표상한다. 그런데 인간들은 단지 생물학과 생리학 차원에서만

---

311 Claude Lévi-Strauss, *Anthropologie structurale deux*, *op. cit.*, p.374.

312 Claude Lévi-Strauss, *L'Origine des manières de table*, Paris: Plon, 1968, p.419.

자연에 의존하는 것이 아니다. 자연에 대한 인간의 지적 의존 또한 존재한다. 여기서 우리는 레비스트로스 작업의 가장 가치 있는 공헌을 발견한다. 레비스트로스는 식물군과 동물군에 대한 비범할 정도로 세부적이고 정밀한 지식을 통해, 소위 말하는 원시사회들이 '감각적인 것의 논리' 또는 '구체적인 것의 논리'를 구축해 왔다는 점을 꿰뚫는다. 이 같은 감각적 논리는 감각적 성질들(상하, 따뜻함과 차가움, 좌우, 향과 냄새 등), 우리들 주변에 있는 현실들을 분류하기 위해, 유추들 또는 대립들을 수립하기 위해, 요컨대 우주에 대해 사유하기 위해, 우주의 방식들을 이해하기 위해, 우주를 일련의 범주들로 변형시킨다.[313] 물론, 이런 경우에 있어 감각적 성질들이 정신에 봉사하는 효과적 도구들임은 당연한 이치다. 레비스트로스가 말하고 있는 것처럼[314] 원주민들이 개발한 그 같은 논리는 감각적인 것과 지성적인 것 사이의 대립을 넘어선다. 또는 달리 말한다면 그 같은 원리는 감각적인 것을, 그것의 속성들을 상실하지 않으면서도,

---

313 Claude Lévi-Strauss, *Anthropologie structurale deux*, *op. cit.*, p.83; Claude Lévi-Strauss, *De près et de loin*, *op. cit.*, p.155.

314 Claude Lévi-Strauss, *De près et de loin*, *op. cit.*, p.155.

이성적인 것에 통합시키는 데 있다.

그의 주저인 『오늘날의 토테미즘』과 『야생의 사고』에서 제공된 모든 분석이 이 같은 시각에서 탐구될 수 있을 것이다. 4권으로 이루어진 그의 대작 『신화지』 역시 레비스트로스의 생태학적 사유를 읽어 낼 수 있는 핵심적 전언들을 담고 있다는 점에서, 그 방대한 저작의 현재적 의의는 거듭 강조될 필요가 있다. 레비스트로스가 말하고 있는 것처럼, "신화들은 주체적 상태들과, 우주의 속성들 사이에서 분명한 선으로 구별될 수 없는 촉지 가능한 성질들을 아우르는 일정한 논리성에 기초하여 구성되기 때문이다."[315] 이 점이 중요한 이유는 인간이 자연의 부분이기 때문이다. 두 개의 항 사이에서 중간적인 매개로서 작용하는 것은 촉지 가능한 성질들의 이 같은 논리성이며, 그 두 개의 항을 분리시키는 불연속성을 소거함으로써 그들의 결합을 확실하게 만들어 주는 것 역시 그 같은 통합의 논리이다.

자연에의 소속감 표시와, 자연에 헌정된 존중은, 묘한 향수를 통해, 궁극적으로 신화들 속에서 표현된다. 사실, 신화들은 동

---

315 Claude Lévi-Strauss, *L'Origine des manières de table*, *op. cit.*, p.240.

물들이 말을 하고, 변신한 것들이 일상에서 통상적으로 만나는 오래전에 이미 지나가 버린 시대를 지시한다. 그곳에서는 인간 왕국과 동물 왕국, 식물 왕국들 사이의 교차와 가로지르기가 실현된다.[316] 달리 말해, 신화적 시절에서 인간과 자연은 보다 내밀하게 합일되어 있으며, 많은 원시사회들은 이 같은 황금시대의 제거를 인류의 쇠락의 첫 단계로서 경험한다.

현시점에서 인류 문화의 다양성에 대한 종합적 평가는 어떻게 내릴 수 있을까라는 본원적인 물음을 던져 볼 수 있을 것이다. 비교적 최근에 들어와서야 근대 인류학의 수립에 힘입어, 우리는 세계의 문화들에 대한 대략적인 목록체를 갖게 되었다는 점에서, 수천 년 인류 역사의 긴 기간 동안 문화의 다양성이 어떻게 진화되어 왔는가에 대해서는 상세한 지식을 갖고 있지 못한 상태이다. 서양은 15세기와 16세기의 신대륙 발견 동안, 처음으로 다양성의 정도를 추정했다. 그런데 그때부터, 그 같은 문화적 다양성은 증가했는가, 아니면 그 다양성은 수준이 낮은 상태로 최소한의 것으로 축소되었는가? 그 답을 알기

---

316 Claude Lévi-Strauss, *Du miel aux cendres*, Paris: Plon, 1967, p.59.

는 불가능하다. 그렇지만 우리는 최소한 이른바 원시사회들의 세계에서는 분화와 이주의 효과 아래, 그것이 지속적인 상태로 남아 있다고 생각할 이유들을 갖고 있다.

이 같은 이유 가운데 첫 번째 것은 인류의 낮은 인구 밀도인데, 이것은 각각의 사회가 그것이 필요로 한 공간을 갖고 있었기 때문이며, 그 같은 적정 인구 밀도가 임계점을 넘어설 경우, 어디서라도 다른 생활 공간으로 이동하거나 이주할 수 있었기 때문이다. 하나 더 첨언한다면, 이 사회들은 스스로를 고립시킬 수 있었으며, 다른 문화들과 접촉과 교환을 막지 않은 상태에서 그러했다. 그들의 다양성을 유지하기 위해 필요했던 타 문화 공동체와 그들 구성원에 대한 최소한의 소통과 접촉만을 허락한 채 일종의 의도된 무관심의 태도를 견지해 왔던 것이다.

개별 문화의 고유성과 차이들을 보존하고 발전시키기 위해서, 아울러 하나의 문화를 다른 이웃 문화들과 구별시킬 수 있도록 하는 경계선들이 보다 선명하게 인식되기 위해서 그 같은 문화적 차이화를 유지시킬 수 있는 조건들은 대략적으로 인간 무리들 사이의 생물학적 차이화를 증진시키는 조건들과 동일하다. 장시간 동안의 상대적 고립은, 문화적·유전적 교환에 한계를 가져온다. 이 점에 있어 문화적 장벽들은 거의 생물학적 장벽들과 동일한 본질에 속한다. 이 같은 본질적 사실은 인간들이 자연에 속한다는 명백한 증거임을 일러 준다. 풀어 말해, 낮은 인구 밀도와 여유로운 공간의 풍요로움은 각각의 공동체가 적정 거리와 다양성을 평등하게 실현하는 것을 가능케 했다.

두 번째 이유는, 소위 말하는 원시사회들의 세계는 그 어떤 최종적 해결책으로서 인간 무리의 과도한 흥분과 열기도 수용하지 않았으며, 타 공동체와의 어설픈 융합도 정당화하지 않았기 때문이다. 알다시피, 많은 사회는 '인간들'을 의미하는 단어를 가지고 그들의 구성원을 지시한다. 그 같은 사회들은 그들 스스로를 위한 완전한 인간 본질을 저장하고 있고, 따라서 이들 사회는 이 같은 본질을 완전히 공유하지 않는, 다른 공동체들에 개방하거나 그들을 흡수할 생각을 하지 못한다. 이와 대조적으로, 지나친 집중화는 그들의 환경을 개발함에 있어 보다 강렬하고 보다 생산적인 방법들을 채택하기 위해, 그들의 삶의 방식을 포기할 것을 요구한다.

불교에 대한 남다른 취향, 즉 생명의 일체의 형식들 아래서 생명을 존중하는 문명, 아울러 친숙한 거의 모성적 관능성을 위해 성의 차이를 무너뜨리는 문명에 대한 취향 역시 생태학적 시각에서 주목할 가치가 있다. 또한 광물, 초목, 동물들 등 자연의 피조물에 대한 남다른 취향도 언급되어야 할 것이다. 사람들은 그 같은 자연의 피조물들과 더불어 말없이도 소통할 수 있다. 이 점에서, 『슬픈 열대』의 마지막 단어들을 상기할 필요가 있다.

> "우리가 만든 모든 작품보다 더 아름다운 하나의 광물을 명상하면서, 우리의 책들보다 더 유식한 향기 속에서, … 의도가 없는 어떤 화해가 한 마리의 고양이와 더불어 교환할 수 있도록 해 주는 인내, 청명함, 그리고 상호 용서의 눈 깜짝임 속에서…."[317]

레비스트로스는 다른 생명종들을 무시하고 인간에 대해 과도한 가치를 부여하며, 다른 모든 것에 견주어 우리들에게 더 월등한 가치를 부여하는 산업 문명의 부끄러움을 모르는 휴머

317 p.497(p.497), 번역본 745쪽.

니즘을 비판한다. 이로부터, 모든 생명종과 특히 인간종의 불안정함을 인정하는 데 있어 새로운 휴머니즘을 맹세하고 찬양하게 된다. 따라서, 모든 생명 형식에 대해 유일무이한 연민의 정을 갖기 위해, 지배적이고 정복적인 이성에 기초한 데카르트식의 코기토가 노출하는 교만을 포기해야 한다. 왜냐하면, 생명은 으뜸가는 사실이고, 최고의 가치이기 때문이다. 『슬픈 열대』에서는 '생명 권리, 생명종들의 자유로운 펼침에 대한 권리'가 절대적이고 신성 불가침한 영역임을 강조하고 있다. 그 이유는 간단하다. 어떤 살아 있는 생명체 종의 소멸은 창조의 시스템에서 복원되거나 수리될 수 없는 공허함의 상태를 만들어내기 때문이다. 그는 다른 대담록인 『가까이서 그리고 멀리서』에서 인간은 자신이 창조의 세계에서 미미한 자리를 차지하고 있다는 점을 확실히 인식해야 하고, 문화의 풍요로움은 인간보다 훨씬 압도적 가치를 가지며, 인간의 미학적 발명 가운데 그 어떤 것도 하나의 광물, 한 마리의 곤충, 한 송이의 꽃이 제공하는 심미적 발명들과 경쟁할 수 없다는 점을 힘주어 말한 바 있다. 따라서 우리가 너무나 오랫동안 무시해 왔고, 심지어 파괴했던 것을 찬탄하고, 존중하는 법을 다시 배워야 할 것이다. 그 결과, 레비스트로스는 다른 생명체들에 견주어 우월한 도덕적 존재로서 인간을 정의하는 것보다는 우주의 생명 공동체의 한 일원으로서 간주하는 보다 겸손한 인식과 태도를 선호한다.

이 같은 맥락에서 레비스트로스가 보여 주는 자연과의 친화적 태도와 세심한 관찰력, 이를테면 그의 독특한 자연 미학과 감각 미학을 가늠해 볼 수 있다. 이 점에서 필자는 『슬픈 열대』에서 그가 보여 주는 기후, 식물군, 자연 풍경, 주거 환경, 미각과 후각에 대한 생동감 넘치는 묘사를 감상할 수 있는 몇 구절 인용해 보도록 하겠다. 먼저 기상 변화에 대한 묘사이다.

"오후 3시경, 천둥소리가 요란하게 울리고, 하늘이 어두컴컴해지고, 비가 내릴 듯 큰 폭의 수직 줄무늬를 그으며 하늘의 절반을 가리고 있다. 비는 과연 쏟아질 것인가? 그 수직 빗장은 줄무늬를 이루고 흩어졌고, 다른 쪽에서는 먼저는 금빛을 띠고 나중에는 엷게 바랜 푸른색을 머금은 희미한 빛이 모습을 드러낸다. 지평선의 중앙에서만 여전히 빗줄기가 내리고 있다. 그런데 구름은 용해되고, 비가 내리는 면도 오른쪽 그리고 다시 왼쪽부터 줄어들다가 마침내 자취를 감춘다. 남아 있는 것은 오직 파랗고 하얀 바탕에 포개어 얹힌 검푸른 덩어리들로 형성되고 혼합된 하늘 뿐이다."[318]

자연 풍경 및 생태계에 대한 묘사도 빈번하게 나타나는데, 그의 수려한 문학적 필치를 보여 주는 몇 구절을 읽어 보자.

"우리는 나흘 동안이나 강을 거슬러 올라갔다. 강에는 급류가 너무 많아, 같은 한나절에도 짐을 내리고, 옮기고, 다시 싣는 작업을 다섯 번씩이나 반복해야 했다. 강물은 강줄기를 여러 지류들로 갈라놓는 암석 지층들 사이를 흘러가고 있었다. 그 한가운데 있는 암초들에는 모든 가지와 함께 표류하던, 나무들, 흙, 숱한 식물 꾸러미들이 매달려 있었다. … 나무들은 사방으로 자라나고 있었으며, 꽃들은 폭포들의 옆 자락에서 만개하고 있었다. 과연 강은 이 경이로운 정원에 물을 대주는 데 쓸모가 있는 것인지, 아니면 그 초목들과 칡들로 메우려 하는지 더 이상 알 수가 없었으나, 땅과 물 사이에 그어 놓은 습관적 구별들을 허물고서

318 p.344(p.390), 번역본 594-595쪽.

야 그 초목들과 칡들의 수직적 차원뿐만 아니라 그 공간의 모든 차원에 접근할 수 있었던 것처럼 보였다. 그곳에는 더 이상 딱히 강이라 할 것도 강둑도 없었으며, 오직 강물의 흐름으로 신선해진 꽃다발의 뒤얽힘만이 있었을 뿐이었던 반면, 흙은 거품을 내뿜고 있었다."[319]

자연의 향기, 음식 등에 대한 후각과 미각 차원의 묘사 역시 일품이다.

"열대의 사바나를 지나, 향기를 분비하는 큰 수목들인 밤나무들(이것은 프랑스의 밤나무가 아니라 브라질의 그것으로서 그 이름은 '베르톨레시아 엑셀사Bertholletia excelsa'이다)과 코파이바나무들이 들어찬 건조한 숲 지대를 가로지르기 시작한다. 맑은 시냇물은 노란빛의 썩은 물과 함께 진창으로 변했다. 도처에서 침하가 목격되었다. 부식으로 갉아먹힌 언덕들을 볼 수 있었으며, 그 밑으로는 '사페잘sapezals'(키 큰 초본들)과 '부리티잘buritizals'(종려나무

---

319 p.346(p.391), 번역본 598-599쪽.

숲)들로 가득한 늪지들이 만들어졌다. 그 늪지의 둑길을 따라 노새들은 야생 파인애플 들판 길을 가로질러 땅을 쿵쿵 밟으며 걸어간다. 그 야생 파인애플은 오렌지 빛깔의 노란색을 띤 작은 열매로서 큼지막하고 까만 씨들이 흩뿌려져 있는 과육으로 이뤄졌는데, 그 맛은 재배종 파일애플 맛과 가장 풍성한 나무딸기 맛의 중간 정도이다.

땅속으로부터 지난 몇 달 동안 잊고 있었던, 초콜릿 맛이 나는 따뜻한 허브티 냄새가 스며 올라오는데, 그것은 다름 아닌 열대 식물의 냄새이고, 유기물이 분해되고 부패될 때 나는 냄새이다. 그 냄새는 어떻게 이 땅이 코코아를 탄생시킬 수 있는 토양인가를 느닷없이 깨닫게 해 준다. 그것과 마찬가지로 남프랑스의 프로방스 고지대에서, 때때로 반쯤 시들어 버린 라벤더 들판에서 나는 향기가 바로 동일한 그 대지에서 송로버섯을 생산해 낼 수 있음을 설명해 준다."[320]

마지막으로 자신이 시식했던 아마존 음식 조리법에 대한 홍

320 pp.337-338(pp.382-383), 번역본 583-584쪽.

미로운 사례를 인용해 본다.

“우리는 음식과 식사에 대한 열광에 사로잡혔다. 이를테면 사흘 동안 우리는 음식만 했고 먹기만 했다. 그때는 모자란 것은 아무것도 없었다. 그러다 소중하게 아껴 먹던 설탕과 술의 비축분이 급격히 줄어들었던 때와 동시에 우리는 아마존식 먹거리를 시식해 보았다. 특히 ‘토카리tocari’ 또는 브라질 호두를 맛보았는데, 그것을 갈아 만든 과육은 백색의 기름진 크림 맛을 보태 그 소스에 농도를 높였다.

여기 당시 기록해 놓은 내 노트에서 다시 찾은 당시의 식도락 실습의 세부 사항을 소개한다.

- 꼬챙이에 꿰어 굽고, 위스키를 발라 불에 그슬린 벌새[포르투갈어로는 베이자플로르beija-flor(꽃에 입맞춤하기)라 명명한다].
- 석쇠로 구운 중남미산 카이만악어의 꼬리.
- 굽고 위스키를 발라 불에 그슬린 앵무새.
- 아사이açai 종려나무 열매를 설탕 절임 속에 넣고 만든 구운 자쿠새jacu 스튜.
- 토카리 소스와 후추를 뿌려 만든 무툼mutum(야생 칠면조의 일

종)과 종려나무의 싹을 섞어 만든 스튜.

- 캐러멜을 발라 불에 구운 자쿠새."[321]

3. 현대 문명 비판

1) 서구 문명의 부도덕성과 반생태성 비판

레비스트로스의 여행기는 빼어난 산문 형식을 통해 현대 문명의 성격에 대한 철학적, 도덕적, 생태적 성찰들로 화려한 수를 놓고 있다. 이 점에 있어 이 책은 저자가 빈번하게 원용하는 몽테뉴, 루소, 샤토브리앙의 저술들을 중심으로 형성된 프랑스 사상사의 계보 속에 각인될 수 있다. 세계의 산업화와 서구화가 파생시킨 도덕적, 생태적 난관과 딜레마를 목격하면서 그는 타 문화에 열린 마음을 주문하는 유연한 문화 상대주의와, 자연과의 합일을 주창하기 위한 발판으로서 생태학적 사유의 방향을 제시하는 자신의 핵심 논리를 개진한다. 이 같은 맥락에서 『인종과 역사』(1952) 출간 3년 후에 발표된 이 책 『슬픈 열대』

---

321 p.338(p.383), 번역본 584-585쪽.

는 제3세계주의 물결, 특히 알제리 전쟁 초기와 탈식민화의 흐름이 반식민주의자들에게서 질풍노도같이 최고조에 다다랐던 이르렀던 시기에 집필되었다는 시대적 맥락도 기억할 필요가 있다. 이 점에서 저자가 제시한 문화 상대주의는 서구의 우월성을 비판하고 그것의 도덕적 일탈을 고발하고 있다. 특히, 이 명저의 생태학적 미덕을 상찬해야 할 터인데, 그 이유는 자연과 문화는 분리될 수 없다는 점을 천명하고 있기 때문이다. 이런 의미에서 『슬픈 열대』는 20세기 인류가 자연에 끼친 부정적 재해와 유린에 대한 저자의 근심과 두려움을 반영한다.

이 점에 대해 저자는 이 책의 초반부에서 작심을 한 듯 이 같은 현대 문명의 재앙적 양상에 대해 통렬한 비판을 가하고 있다. 문명의 오지를 탐험한 여행기들이 우리에게 알려 주는 첫 번째 것은 불편한 진실로서, 청정무구한 현대 세계가 아니라 현대 문명의 이기심과 비윤리성으로 얼룩진 최악의 양상들의 노출임을 힐난한다. 그런 상황에서 서구의 여행가는 미개인에게서 자신의 사회의 거울 이미지를 볼 수 있을 뿐이다.

레비스트로스는 서구 문명의 어두운 그늘을 다음과 같이 쓴소리로 설파한다.

"세계의 다른 지역에서도 그와 마찬가지로 도덕을 타락시키는 여러 상황과 사태가 내게 결정적으로 알려 준 것을, 처음으로 스스로 깨닫게 된 것이 바로 그때였던가? 온갖 여행들이여, 꿈같은 약속들을 담고 있는 마법의 상자들이여, 그대는 이제부터 더 이상 그대의 보물들을 흠결이 없는 상태로 넘겨줄 수 없을 것이다."[322]

"이 위대한 서구문명이 지금 우리들이 향유하고 있는 경이로운 것들을 창조하기는 했으나, 그런 훌륭한 것들에 뒤따르는 반대급부와 부작용을 막는 데는 확실히 성공했다고 볼 수 없다. 이제까지 알려지지 않았던 복잡성을 지닌 구조물이 정교하게 구축된, 서양 문명 최고의 유명한 작품인 원자로의 경우처럼, 서구의 질서와 조화는 오늘날 이 지구를 오염시키고 있는 막대한 양의 해로운 부산물의 제거를 요구한다. 온갖 여행들이여, 이제 그대가 우리에게 무엇보다 먼저 보여 주는 것은 바로 인류의 면전에 투하된 우리 자신의 오물이다."[323]

---

322 p.25(p.36), 번역본 139쪽.

"문명이라는 것은, 이제 생명력이 강한 종자들이 풍부한 향토의 잘 보호된 구석에서, 엄청난 수고를 통해 가꾼 그런 연약한 꽃이 아니다. 생명력이 강한 시골의 종자는 그 활발함 때문에 위협적이긴 해도 그 반면에 다양한 파종들을 만들어 내고 그것들에 활력을 불어넣을 수 있다. 인류는 현재 단일 재배에 안주하고 있다. 인류는 마치 사탕무를 재배해 내듯 문명을 대량생산할 채비를 하고 있다. 인류의 일상 식단에는 이 음식말고는 더 이상 다른 것을 가져다주지 못할 것이다."[324]

"기계 문명이라는 덫에 걸려든 가엾은 사냥감인 아마존 숲속의 야만인들이여, 부드럽고 다정다감하나 무기력한 희생자들이여, 나는 당신들을 절멸시킨 운명을 관대하게 납득하는 것까지는 감수할 수 있을지언정, 그러나 결코 탐욕스런 대중 앞에서, 당신들의 파괴된 가면들을 대체하는 총천연색 사진 앨범들을 관심을 끌기 위해 흔들어대는, 당신들의 요술에 비해 더 초라한 이따위

---

323 p.26(p.36), 번역본 139-140쪽.

324 p.26(p.37), 번역본 140쪽.

마술을 부리는 자들의 속임수에 넘어간다는 것은 도저히 참을 수 없다."[325]

2) 인간 문명의 쇠락과 소멸: 비관주의와 구원 사이에서

『슬픈 열대』의 결론부를 마무리하는 부분은 인간 문명에 대해 매우 비관적인 전망을 개진하고 있다는 점에서 다양한 연구자들의 주목을 받은 바 있다.

"세계는 인간 없이 시작했고, 인간 없이 완수될 것이다. 내가 평생 동안 목록을 수립하고 이해하는 데 시간을 바친 제도들, 풍속들, 관습들은 모종의 창조의 스쳐 지나가는 개화이며, 그 같은 창조에 견주어, 그것들은 그 어떤 의미도 갖지 않는다. 다만, 인류로 하여금 그 개화에서 자신의 역할을 맡도록 허락하는 정도일 것이다. 이 같은 역할은 인류에게 독립적인 자리를 표시하는 것과는 거리가 멀고, 인간의 노력이 —설사 그렇게 운명 지어져 있다 하더라도— 모종의 보편적인 쇠락에 공허하게 맞서는 것과는

325 pp.29-30(pp.40-41), 번역본 145쪽.

거리가 멀게, 그의 역할은 최초의 원초적 질서의 해체를 작업하면서, 또한 강력하게 조직화된 질료를 언제나 더 커져 가는 그리고 언젠가는 결정적이게 될 불활성으로 다급하게 향하게 만드는, 다른 어떤 것보다도 완벽해진 기계처럼 보인다."[326]

그런데 여기서 주목할 만한 사실은 이 같은 비관주의에 대해 그가 명시적으로 나름대로의 과학적 토대를 제시하고 있다는 점이다. 보다 구체적으로 그의 비전은 엔트로피 개념에 기초한 해석이라 할 수 있다. 엔트로피는 열역학의 제2원리를 수학적으로 표현한 함수를 말한다. 하나의 열 기계는 뜨거운 원천의 열이 차가운 열의 원천으로 이동하지 않고는 작동할 수 없다. 따라서 온도의 하강 없이는 작업 중인 열의 변형이 존재할 수 없다. 이것은 기계적 작업 또는 에너지의 교환에 의해 분산된 열의 일부분이 일정한 작업의 형태 아래 다시 복원될 수 없다는 것을 말한다.

즉, 엔트로피란 에너지의 총량 가운데 더 이상 유용한 작업work

326 p.443(pp.495-496), 번역본 742쪽.

으로 전환시킬 수 없는 잠재적 에너지의 수량을 말한다. 엔트로피가 증가한다는 것의 의미는 인간이 자연계에서 획득하는 에너지는 일정한데, 에너지는 고립된 시스템 속에서 시간과 같이 일정한 방향으로 흐르면서 에너지의 쇠락 상태 또는 평형 상실의 회복 불능 상태가 발생한다는 것을 뜻한다. 짧게 말해 이 같은 평형 상실은 엔트로피의 증가이다. 그 결과, 우주는 가장 개연성이 낮은 상태들로부터 가장 차이가 적은 단계들로 진화한다. 이 같은 탈차이화는 정확히 하나의 퇴화이다. 이처럼 물리학에서 엔트로피는 특정 시스템의 무질서의 정도를 표현하는 척도라 할 수 있다.

반면, 정보 이론에서 엔트로피는 하나의 메시지 속에 포함된 정보의 척도(비트bits로 표현됨)이다. 한 사람이 그가 수신할 메시지에 대해 미리 많은 것을 알고 있을 때 그는 의심할 것이 적어지며, 엔트로피가 줄어들고, 정보량이 적어진다.

엔트로피 개념의 유추를 통해, 레비스트로스는 제 문화의 엔트로피를 언급하고 있다. 즉, 제 문화의 불가피한 획일화를 시사하고 있는 것이다. 이런 맥락에서 그는 인류학anthropologie은 다름 아닌 엔트로피학enthropoligie이라고 주장하고 있다. 그는 다른 대담들에서도, 인간들 사이의 관계라는 차원에서, 여러 근대 사회는 많은 엔트로피, 즉 무질서를 생산했다고 주장하고 있는데, 이 같은 생각은 그의 말년까지도 계속된다. 예컨대, 프랑스의 언론인이자 철학자인 에리봉Didier Éribon 교수와의 대담에서도 이 같은 그의 생각을 다시 발견하게 된다. 그는 각각의 사회의 내재적 기능 작동에 대해서가 아니라, 상이한 사회들이 수립하는 접촉을 통해, 그들 사이에서 수립되는 교환들의 장기적인 결과물에 대해서 논하고 있다. "『인종과 역사』에서 나는 모종의 역설을 강조한 바 있습니다. 문화들의 만남을 풍요롭게 만드는 것은 문화들 사이의 차이입니다. 그런데 이 같은 공통적 놀이는 그 진화에 있어 그 문화들의 점차적인 획일화를 유발시켰으며, 제 문화는 그것들의 혼합에서 비롯된 증가하는 엔트로피를 향합니다."[327]

20세기 중반기부터 상당수의 생물학자들은 열역학에서 차용된 엔트로피 개념이 생명체와 그것의 변형, 더 나아가 인간 사회들에 적용될 수 있다는 점을 강조한 바 있다. 그런데, 인간 사

327 Claude Lévi-Strauss, *De près et de loin*, *op. cit.*, p.206.

회들의 기능 작동에 대한 열역학적 비전은 레비스트로스의 독특한 작업 방식과 결부되어 있다. 레비스트로스는 먼저 친족, 이어서 신화들의 구조들의 변형 체계들을 분석했는데, 이 같은 구조들이 한 사회에서 다른 사회로 이동하면서 어떻게 변형되는가를 검토하면서 이루어졌다. 그의 방법론적 수순은 인간 정신의 기능 작동을 파악하는 데 있었으며, 특히 인간 정신의 고유한 본성과 그것의 환경이라는 이중적 결정주의에 맞서 이루어졌다. 특히, 그가 개별 사회의 기능 작동을 그것의 포괄성과 전체성 속에서 분석하는 데 주력했다는 점에 주목할 필요가 있다. 한 인간 사회의 기능 작동은 외부로부터 발생하는 것에 대한 자기 조직과 그 같은 환경 변화의 통합 현상들과 함께, 생명체의 기능 작동과 기계들의 기능 작동과 결부되어 사유되었다는 점을 강조할 필요가 있다.

레비스트로스의 이 같은 통합적 사유 방식은 그가 사이버네틱스의 패러다임으로부터 받은 상당한 영향력을 노출한다고 말할 수 있다.[328] 풀어 말해, 제 사회의 생명은 일체의 인간 행

---

328 레비스트로스의 사상 형성에서 사이버네틱스의 수용 양상에 대해서는 다

동이 수반하는 무질서의 위험에 영속적으로 직면한다. 그 같은 행동에는 인구학적 불균형, 생태학적 위험들, 개인들과 무리들 사이 이해관계에서의 긴장 등을 손꼽을 수 있다. 그런데 강조할 것은 인간 사회들은 자신들의 항구성을 확보하기 위해 사회적 질서를 재창조하려는 노력을 경주한다는 점이다. 근대 사회이건 전근대 사회이건, 제 사회는 예측할 수 없는 갑작스러운 사건에 직면하게 되고, 엔트로피의 증가에 맞서 투쟁해야 한다. 근대 사회에서 기술 변화, 커뮤니케이션의 신속성, 특히 점차적으로 제고되는 개인주의의 중요성에 기인하여 전체성에 대한 의식 상실 등은 자기 조직의 작업을 더 어렵고 더 복잡하게 만들고 있다.

여기서 생물학에서 사용되는 용어 '네겐트로피negentropy'(부정엔트로피) 개념을 차용할 필요가 있다. 개방된 '네겐트로피'의 시스템은 그것의 상대적 지속성, 즉 그것의 유한성으로 특징지어진다. 네겐트로피에 속하는 것은 인간의 언어, 도구, 제도, 시장

음 논문 참조. Ronan Le Roux, "Lévi-Strauss, une réception paradoxale de la cybernétique", *L'Homme*, 189, 2009, pp.165-190.

등과 같은 것들로서, 이것들 역시 그것들의 불가피한 쇠락의 시간 속에서만 존재할 수 있다.

레비스트로스는 결론부에서 "세계는 인간 없이 시작했고 인간 없이 완수될 것이다"라는 점을 상기시킨 후에, 곧이어서 인간은 본래 질서의 쇠락에 맞서 나름대로 생존을 위해 애를 쓰며 노력한다고 언급하고 있다. 그러나 간략하게 조직화된 질료를 갈수록 커져 가는 불활성으로 다급하게 몰고 가는 인류를 목격하면서 그는 이렇게 적고 있다. "호흡을 하기 시작하고, 스스로 영양분을 얻기 시작한 이후부터 불을 발견한 시대를 거쳐서 원자 엔진 및 핵융합 엔진을 발명해 내기까지 인간은 —스스로를 번식시키는 경우를 제외한다면— 수백억 개의 구조들을 경쾌하게 분해하여, 그 구조물들이 통합될 수 없는 상태로까지 환원시키게 된다."[329]

레비스트로스는 여기서 다소 안정된 존재가 없는 생성(되어감)devenir의 문제를 다소 상당히 급진적으로 제기하고 있다. 즉, 우주의 총체성이 보여 주는 덧없는 찰나적 성격을 암시하고 있

329 p.443(p.496), 번역본 742쪽.

는 것이다. 레비스트로스가 다분히 허무주의적 정신 속에서 기술하고 있는 구절을 액면 그대로 해석한다면, 인류는 이제 시간의 종언이 멀지 않았다는 것이다. 이 시간은 무無로 환원될 것이며, 초토화되고 절멸되어야 할 그 무엇이며, 앞서 언급한 부정 엔트로피는 말소될 수밖에 없다. 인간, 그리고 인류가 축적한 문명은 덧없고 매우 일시적이라는 이유에서, 그 어떤 미래avenir도 없을 것이라는 비관적 예언으로 읽힌다.

프랑스의 기술철학자 스티글러Bernard Stiegler는 두 개의 논거를 앞세워 이 같은 허무주의적 미래관에 대해 반박한 바 있다. 첫째, 부정 엔트로피로서의 생명 일반은 그 자체가 언제나 엔트로피를 생산하고 불가피하게 엔트로피로 유도된다. 둘째, 테크닉에 기초한 생명은 부정 엔트로피의 증식된 형식이다. 즉, 인간이 항구적으로 엔트로피적 본질을 머금고 있다는 전제는 그릇된 것이며, 부정 엔트로피적 본질에 속하는 창조물을 인간 스스로가 파괴시킬 것이라고 사유하는 시각 또한 잘못되었다는 것이다. 이 같은 의미에서 레비스트로스의 주장과 달리, '의미의 상실로 향하는 일반적 경향'이 있다고 단정할 수는 없다. 신화적 구성의 작업은 계속될 것이며, 의례적 활동 역시 새로운 형식들 아래서 계속될 것이기 때문이다. 카오스는 그것이 태곳적부터 모든 인간 사회를 엄습한 것처럼 앞으로도 우리를 습격할 것이다. 그렇지만 질서를 인위적으로 부과시킬 수는 없으며, 사회 전체가 생명체와 자연 사이에 존재하는 관계들 전체로부터 질서를 구축해야 할 것이다. 레비스트로스의 허무주의와 달리, 인류의 미래는 부정 엔트로피에 의한 새로운 질서 창조와 엔트로피에 의한 무질서와 카오스 사이의 긴장이 계속될 것이며 제러미 리프킨이 말한 것처럼, 인류의 당면 과제는 인류세 시대의 도래와 함께 날로 증가하고 있는 카오스의 엔트로피를 제어할 수 있는 질서의 에너지인 부정 엔트로피를 창조하는 데 명운을 걸어야 할 것이다.

시간이라는 화살은 에너지의 고갈, 구조의 해체, 아름다움의 소멸, 즉 이들 요소의 분산을 향하고 있다. 그렇다면 이 같은 불가피한 절멸의 우주적 원근법 앞에서, 구원은 불가능한 것인가? 레비스트로스의 겉으로 보이는 이 같은 비관주의의 미로 속에서, 한 줄기 구원의 서광을 분별하는 것이 가능하다. 그러나 그 구원은 철저히 개인적인 것이며 집단적인 것이 아니라는 점을 기억할 필요가 있다.[330] 앞서 보았듯이 레비스트로스는 오랜 기간 동안 부처의 가르침을 찬탄해 왔다. 비록 역사가 모종의 의미를 갖지도 않고, 인류가 빛나는 미래를 약속받지도 못할지라도, 개인의 구원은 존재의 총체적 용해를 깨닫는 해방적인 앎에 도달하는 사람이라면 누구에게라도 열려 있다. 존재의 유한성과 소멸성에 대한 그 같은 깨달음과 앎은 자연과 화해하기 위한 최고의 방책이다. 이 점에서 레비스트로스가 동양의 지혜, 즉 불교에 버금가는 고차원의 수준에 이른, 구원에 대한 흡사한 개념을 발견하는 서양 철학은 다름 아닌 스토아학파이다. 불교와 스토아철학 양자 모두에서, 추구하고자 하는 효과는 모든 것이 비어 있다는 공空, vacuité에 대한 감정을 갖는 것이며, 인간사의 사소함과 부질없음이라는 감정을 획득하는 데 있다. 스토아주의자들에 의하면 이것은 현자만이 갖는 위대함의 징표이다. 그렇지만, 레비스트로스에 의하면 이같이 '나'를 멸하고자 하는 꿈은 무엇보다도 불교를 특징짓는 것이다. 그것은 제 문화의 스펙트럼을 명상하기 위해 인류학자 레비스트로스가

---

330 레비스트로스의 인류학에서 구원의 문제에 대해서는 다음 논문 참조. Wiktor Stoczkowski, "L'anthropologie rédemptrice de Claude Lévi-Strauss", *Études*, Tome.4124, Avril 2010, pp.485-495.

필요로 하는 거리 두기의 시선으로서, 시간과 공간을 초월해 그 위에 자리 잡은 정신에 의해 관찰되는 인류의 운명에 대해 명상하는 데 도달한다. 이 같은 불교적 영감을 수용한다면, 레비스트로스는 인간이라는 종의 운명의 숙명을 그대로 받아들이지 않을 것이라는 가설이 가능하다. 즉, 비-의미non-sens와 보편적 해체에 대한 명상은 악의 존재론적 성격의 앎을 수용하는 사람에게 청명한 생명을 제공하는 유일한 실존적 자세가 될 것이다. 근대 사회의 인류에 대한 비관주의적 비전이, 개인의 구원을 약속하는 체념의 지혜와 결부된다고 말할 수 있을 것이다.

인간과 세계의 종언에 대한 레비스트로스의 성찰에서 우리는 절묘한 애매모호함을 발견하게 된다.[331] 다른 모든 생명체와 마찬가지로, 인간이라는 종은 점점 커져 가는 엔트로피의 우주에 속하고, 이 같은 감소는 인간종을 불기피한 소멸로 이끌고 간다. 그는 자신의 가장 중요한 저작물인 『신화지』 4권에서도 비슷한 비관적 증언을 남긴 바 있다.

---

331 *Ibid.*, pp.488-493.

"확실한 것이 있다면 이것이다. 생명의 모든 발현, 새들, 나비들, 조가비들, 그리고 다른 동물들, 식물과 그 꽃들, 이 모든 것의 진화는 다양한 형태들을 발달시키고 다양화시킨다. … 언어들, 사회적 제도들, 관습들, 미술의 걸작품들, 신화들, 이 모든 것은 생각할 수조차 없는 미래에, 엔트로피가 그것의 최고점에 도달했을 때, 그 어떤 것도 남아 있지 않을 것이다."[332]

이때 역설은 이런 것이다. 엔트로피에 의한 용해는 불가피한 것이라도, 인간은 여전히 그 같은 과정에 기여를 하고 있는 것이며, 창조의 풍요로움을 감퇴시키는 데 일조한다. 따라서 그는 물리적 숙명성의 의도치 않은 작업자이며, 동시에 세계의 흐름에 대한 공동 책임을 져야 하는 도덕적 주체인 것이다. 레비스트로스는 두 개의 모순적인 자명성 속에 우리를 위치시키는데, 어느 하나를 선택하도록 강요하지 않는다. 인간은 스스로가 점증적인 궁극적 소멸로 운명지어졌다는 사실을 알아야

332 Claude Lévi-Strauss, *L'Homme nu*, *Mythologie IV*, Paris: Plon, 1971, pp.620-621.

한다. 그 같은 소멸은 그의 모든 소산과 업적들을 집어삼킬 것이다. 그렇지만 그럼에도 불구하고, 인간은 용기를 간직해야 할 터인데, 그 이유는 "살아 내고, 투쟁하고, 사유하고, 믿어야 할" 과제가 맡겨져 있기 때문이다.[333] 인간 조건을 정초하는 이 같은 모순은 우주적 질서 속에 통합되어야 할 뿐만 아니라, 겉으로는 숙명적으로 보이는 힘들이 우리에게 던지는 도전을 제기한다. 이 같은 맥락에서, 간헐적으로나마, 예기치 못한 낙관주의가 레비스트로스의 펜에서 쓰인다. "아무것도 결정된 것은 없다. 우리는 모든 것을 다시 시작할 수 있다."[334]

인류는 이기주의와 교만감에 가득 찬 휴머니즘이라는 오류를 포기해야만 희망이 있으며, 인류학의 목적은 바로 그 같은 의식을 각성시키는 데 있다. 그 결과 엔트로피의 퇴행에 맞서, 현대인의 도덕적 쇄신과 전진이 맞설 수 있는 것이다. 이 같은 운동은 생명 세계, 더 나아가 자연 전체에 대한 박애 정신의 의무로 재무장한 공동체를 확산시키는 데 있다. 이때 필요한 것

---

333 *Ibid.*, p.621.

334 p.421(p.471), 번역본 705-706쪽.

은 생태적 의식에 기초한 포용적 휴머니즘으로서, 이를 통해 인간들 사이의 갈등을 치유하고, 더 나아가 인류와 자연을 화해시킬 수 있을 것이다.

4. 아시아 문명에 대한 성찰과 역사철학

1) 아시아, 우리들의 어머니: 형이상학적 명상과 민족학자의 깨달음

쇼팽, 코르네유, 루소 등을 호명한 것에 이어서 제4부 "대지와 인간들"에서는 카라치, 인도 탁실라의 고고학적 유적지, 파키스탄과 미얀마의 국경에서 레비스트로스가 행했던 여행에 대한 회고가 묘사된다(본서 부록 참조). 그의 놀라운 마법의 융단에서, 민족학자의 사상, 마침내 세속적 연연함으로부터 자유로워진 그의 사고는 세계 위를 비상한다. 그 생생한 묘사는 자연스럽게 그의 존재의 주름들 그 자체이며, 다시 주름들의 기억이 수놓고 있는바, 그것이고, 다름 아닌 그가 여행을 통해 그의 두 눈으로 적나라하게 목격하고 체험했던 1950년대의 세계에 관한 것이다. 레비스트로스가 자신의 경험과 사고에 대한 '자기 검사'를 통해 이 여행 기간 동안 과연 무엇을 보았고, 무엇을 느꼈으며, 무엇을 사유했는가라는 근본적 물음을 던져 볼 수 있을 것이다.

그 사유의 피날레가 이 책의 마지막 부 "귀환"의 마지막 두 장, "탁실라"와 "불교 사원 치옹 방문"에서 소상하면서도 화려하게 펼쳐진다. 자신의 여행기를 마무리하는 절정부에서 그는 서양과 동양, 그리고 그 사이에서 형성된, 기독교, 이슬람, 불교를 호출한다. 이 세 개의 종교는 서로 공유되는 세 종교의 상징 시스템들이자, 인류의 물리적, 지적, 영성적 우주이다. 앞서 언급한 것처럼, 이 부분은 의외로 상당히 놀라운 내용을 담고 있는 부분으로서, 알제리 전쟁이 발발했던 순간, 즉 프랑스의 정치 지도자들과 지식인들 모두 각기 다른 시각에서 여전히 마그레브의 이슬람교도들의 정치적 위상에 대해 근원적 의문을 던졌던 시기에 집필되었다는 점을 기억할 필요가 있다. 보다 구체적으로, 알제리 독립을 허용해 그들을 완전한 권리를 갖는 프랑스 시민들로서 인정할 경우, 이들이 갖게 될 새로운 정체성의 본질과 그 향방에 대한 물음을 제기하던 1950년대 중반이었다. 참고로, 알제리는 프랑스 식민 통치로부터 벗어나기 위해 1954년부터 무려 8년 동안 100만 명의 희생자를 내는 전쟁을 치르며 1964년, 독립을 쟁취한다. 그런데 '이슬람교도 프랑스'에 대한 이 같은 성찰에도 불구하고, 그가 제공한 주석의 하나는 다분히 시대착오적인 성격을 띤다. 레비스트로스는 일종의 정신적·철학적 지질학을 전개시키고 있다. 그의 이 같은 다소 생경한 시각에 따르면, 이슬람은 뒤늦게 율법서의 최초의 종교들을 분화시키고, 서양을 동양과 분리시키기 위해 도래했으며, 그것의 중간적 위치를 통해, 그것의 경쟁적 성격을 과시하며, 두 종교의 접맥을 방해했다는 것이다.

인류의 미래를 투시하는 마치 현자의 모습과도 같은 레비스트로스는 두 개의 열대 가운데 아시아의 남회귀선을 통과하며, 이제는 스스로의 무게와 매스에 압도되어 깊은 수렁에 빠져 있는 인류를 서글픈 분위기에서 명상한다. 예컨대 그는, 민족지학 탐사를 위해 머물렀던 브라질의 마투그로수에서 소멸 중에 있는 부족들을 고독하게 만드는 비천함과 쇠락에 대해 비관적으로 관조한다. 그런가 하면 미얀마의 국경선 언저리, 그곳의 시골에 있는 불교 사원인 치옹Kyong에서 인류가 부처의 태곳적 지혜를 영원히 망각한 것이라는 상념에 빠진다. 1950년 9월, 그가 이 사원 '치옹'을 방문했던 것을 상기하면서, 민족학자 레비스트로스는 불교에 함축된 이 같은 지혜를 상기시키고나서, 그가 "인류 문명의 시초들에 배태된 정의될 수 없는 그 어떤 위대함"이라고 불렀던 것을 환기시킨다.

이 같은 시초들은 물론, 1789년, 1871년, 1917년 등 혁명의 서광을 열었던 시초들과는 거리가 멀다. 고독한 여행자의 몽상들 속에서, 실제로 예기치 못한 물리학과 공학의 개념인, '엔트로피'라는 용어가 다소 쌩뚱맞게 등장한다. 이 같은 직관에 의하면, 인류 최초의 성찰은 좋은 것이고, 그것은 먼저 다른 모든 것을 폐기시킨다. 서구의 추론들과, 무거운 변증법들에 앞서, 나무 아래의 현자는 단숨에 앎과 모름 사이의 모순들을 사유했고, 작위와 무위의 모순들을 사유했으며, 세계의 모든 대상과 사물들 사이에서 신성의 개념을 확산시켰다. 그 현자는 알고 있는 사람과 모르는 사람 사이의 모든 교환은 앎의 수준을 하향시킨다는 점을 파악했다.

정확한 방향을 수립한 인류학에 의하면, 즉 하나의 '엔트로피'로 용해된 인류학에 의하면, 민족학자의 개인적 잘못과 부족함은, 일체의 에너지의 상실, 즉 진리와 가치에서 상실들의 계속으로서 이해되는 인류 역사의 치사성 속에서 소멸되지 않은 채, 용해된다.

그렇지만, 서양 사상의 모든 지식 가운데 단 하나의 지식, 즉 민족학자의 지식은, 최소한 이 같은 지식들이 무효화되는 것을 그가 지각할 수 있도록 해 준 세계의 다양한 지점들로 그를 데리고 간다는 이점을 갖는다. 이 같은 발견은 그로 하여금 지식에 대해 작업하는 것을 막지는 못하나, 이제부터는 각각의 지식이 분산되기 이전에 존재하고 또한 그 같은 분산을 모두 아우르는 완결된 원을 알고 있는 그 누구인가로서 작업할 수 있다.

"따라서 나는 민족학자로서 모종의 모순으로 고통받는 유일한 사람이 되는 것을 멈추거니와, 그 모순은 전 인류의 그것이며 그 자체에 그것의 이유도 담지하고 있다. 그 모순은 내가 양극단을 분리시킬 때만 비로소 모순인 채로 남을 뿐이다. 행동을 안내하는 사유가 의미의 부재를 발견하는 것으로 이끌고 간다면, 일체의 작위agir라는 것이 무슨 쓸모가 있단 말인가? 그렇지만 이런 발견은 즉각적으로 접근될 수 있는 것은 아니다. 내가 그 발견을 반드시 사유해야 하나, 나는 그것을 단번에 사유할 수는 없는 법이다. 보살처럼 열두 개의 단계들이 필요할 수도 있다. 그 단계들의 숫자가 이보다 더 많건 또는 적건, 그 단계들은 모두 함께 존재하며, 최종 종결점에 이르기 위해서 나는 제반 상황들을 체험하도록 끊임없이 부름을 받거니와, 이때 각각의 상황은 자아의 그 무엇인가를 요구한다. 이를테면, 나는 여러 지식에 신세를 지고 있는 것과 마찬가지로, 인류의 모든 구성원에게도 신세를 지고 있다. 역사, 정치, 경제계, 사회계, 물리계 그리고 하늘조차도 모두 동심원을 형성하며 나를 감싸고 있다. 나는 이 동심원들 각각에 대해 나의 자아의 작은 조각을 양도하지 않고서는 사유를 통해 이 동심원들부터 벗어날 길이 없다. 수면을 가로지르면서 곱슬거리는 모양을 만들며 물결 파동을 일으키는 조약돌처럼, 그 밑바닥에 다다르기 위해서라면 나는 물속에 몸을 던져야 한다."[335]

굳이 민족학자의 과오를 따진다면, 그것은 인간 사고에 귀

335 pp.442-443(p.495), 번역본 741-742쪽.

속된 모순에 있다. 요컨대 한편에서는 의미의 부재를 주장하고, 다른 한편에서는 반드시 의미가 있어야 한다는 요구 사이의 모순 속에 있는 것이다. 민족학자 레비스트로스는 그 자신으로 하여금 그 같은 모순을 부정하지 않고, 있는 그대로 그것과 대면하게 만든다. 새로운 삶, 새로운 의무들, 스스로를 조약돌로 만들어, 물속에 빠뜨리는 것이다. 중력을 거슬러, 단번에 가로지르는 것, 그러나 하나씩 모든 지식을 가로지르는 것을 시사한다. 이렇듯 다른 이차 문헌이나 해설서, 또는 몇 개의 인용문을 읽고서 마치 이 책의 메시지를 훤히 알고 있다고 생각하는 사람들의 통념을 깨려는 듯 레비스트로스는 절망적인 몸짓으로서 책의 마무리를 짓고 있다. 그 결과, 역설적으로 민족학자는 구원되고, 그의 길을 통해, 그의 내면에서 세계에 관한 그리고 세계에서 상실된 의미를 발견한다. 그가 구사하는 시적인 글쓰기, 그가 사용하는 수려한 은유들을 통해, 그는 의미의 상실을 체험한다. 왜냐하면 최소한, 민족학은, 다소 모호하나 모종의 숙명적인 부름, 즉 직업적 소명을 통해, 서구식 삶과 철학에 실망한 한 인간을 사로잡았기 때문이다. 모든 것이 결여된 남비콰라족에게서, 민족학은 젊은 시절의 청년 레비스트로스로 하여금 인간적 연민의 정의 순간을 허락했을 것이다.

"관목림에서 이들 원주민과 함께 처음으로 야영을 하게 되는 방문객은 아무것도 가진 것이 없는 가운데서도 이들의 인간미가 자아내는 광경 앞에서 번민과 연민의 정에 사로잡힌다. 이들 원주민은 모종의 무자비한 대재앙으로 인해 적대적인 대지의 흙에 맞서 으스러지고, 꺼져 가는 불 곁에서 벌거벗은 채 벌벌 떨고 있다. 이런 상황에서 방문객은 희미한 불빛으로 반사된 온기를 짐작해 볼 수 있는, 어느 손, 어느 팔, 어느 상반신과 부딪치는 것을 피하기 위해 덤불숲을 암중모색 더듬으며 돌아다닌다. 그러나 이러한 비천함은 속삭임과 웃음들로 생동한다. 남녀 쌍들은 잃어버린 결합에 대한 향수에 빠진 것처럼 서로 포옹한다. 그들의 애무는 이방인이 지나가도 아랑곳하지 않고 중단할 줄 모른다. 이들 모두에게서 방문객은 모종의 어마어마한 친절함을, 어떤 심오한 무사태평함을, 어떤 소박하고도 매력적인 동물적인 만족을 감지할 수 있거니와, 이 모든 다양한 감정을 하나로 결집시키면, 인간적 부드러움의 가장 감동적이고 가장 진실한 표현과 같은 그 특별한 무엇인가를 느끼게 된다."[336]

이렇듯 레비스트로스는 그의 정신적 스승인 루소가 그 존재를 부정했던 바로 그 같은 이상적 상태를 남비콰라족에서 찾아냈던 것이다.

"다른 형식에서 표명된 것이기는 하나, 라이프니츠가 아메리카 대륙의 야민인들에 대해 '기적'으로서 상기한 바 있는, 옛날 항해자들이 추적했던 이들의 풍속은 그로 하여금 '정치철학의 가설을 절대로 증명된 것으로 여겨서는 안 될 것'임을 일러 주었다. 나의 경우는 루소가 '태초의 거의 감지될 수 없는 진보'라고 부른 것을 찾아 세계의 끝까지 가 보았다. 카두베오족과 보로로족의 과도할 정도의 복잡한 법칙들의 베일 이면에서 나는, 루소가 말하기를, '더 이상 존재하지 않고, 아마도 과거에 결코 존재하지 않았으며, 십중팔구 미래에도 결코 존재하지 않을 테지만, 그래도 우리의 현 상태를 제대로 판단하기 위해서는 적확한 개념들을 갖는

336 p.293(pp.345-346), 번역본 535-536쪽.

것이 필요한', 그 어떤 상태에 대한 나의 추구를 계속해 왔다. 나는 루소보다 더 행운이 좋아, 거의 임종을 고하는 한 사회에서 그런 상태를 발견했다고 생각했으나, 그 사회가 과연 그런 원시사회 상태의 자취를 표상하는 것인가라고 자문해 보는 것은 쓸모없는 일이었다. 어쨌거나, 그 사회는 그것이 전통적이건 퇴행한 것이건, 상상해 볼 수 있는 가장 빈곤한 사회적·정치적 조직 형태 가운데 하나를 나의 눈앞에 갖다 놓았다. 나는 그 사회를 이 같은 기본적 조건 속에서 유지시켰거나, 또는 보다 개연성이 높겠으나, 그 사회를 그런 조건으로 귀결시킨 특수한 역사를 본격적으로 연구할 필요성은 없었다. 내가 보는 앞에서 펼쳐졌던 사회학적 경험을 고려하는 것으로 충분했다. 그런데 바로 그 같은 경험은 내가 그것을 파악할 수 없게끔 빠져나갔다.

나는 가장 단순한 표현으로 축소된 사회를 찾으려 모색해 왔다. 그런데 바로 남비콰라족의 사회야말로, 참으로 그 정도로 단순했고, 그곳에서 내가 발견한 것은 다름 아닌 개별 인간들뿐이었다."[337]

---

337 p.320(p.377), 번역본 577쪽.

2) 비교종교문명론: 이슬람교와 기독교 비판 그리고 불교 예찬

『슬픈 열대』의 말미 부분을 읽는 독자는 그를 당혹감에 빠뜨릴 수 있는 상당한 폭발성을 머금고 있는 대목을 접하게 된다. 레비스트로스는 아시아 여행을 회고하는 와중에 불현듯, 불교와 이슬람교를 대비시키면서, 과도하다시피 할 정도로, 불교에 대한 극찬과 대비하여, 이슬람교에 대한 가혹한 비판을 거침없이 쏟아붓고 있다. 물론, 레비스트로스의 주장은 특정 학술적 이론과 실증적 연구 결과에 기초한 것이 아니라, 자신의 종교관과 가치관에 근거하여 표출된 일종의 '비교종교문명론'이라 할 수 있는데, 사실, 이 부분은 이슬람 문화권의 지식인들은 물론, 프랑스 비평계에서도 이슬람 혐오감을 야기할 수 있다는 점에서 신랄한 비판을 촉발시켰던 부분이다. 이를테면, 레비스트로스는 상이한 문명의 비교 척도 가운데 하나에 불과할 뿐만 아니라, 다소 주관적 기준이라 할 수 있는 평화라는 관점에서 불교의 여성성과 이슬람의 남성 중심주의를 극명하게 대비시키고 있다. 뿐만 아니라 무함마드에 대한 부정적 인식 등 상이한 종교의 우위와 관련된 종교 간 갈등을 부채질할 수 있는 민감한 주제라는 점에서, 여기서는 그 같은 레비스트로스의 입장을 경청하는 것으로 만족하고, 보다 치밀한 논쟁과 논증은 독자 개인의 몫에 남겨 두고, 필자는 여기서, 몇 개의 대표적 구절을 인용하고 간략한 논평을 제시하는 것으로 논의의 범위를 국한시키고자 한다.

"설사, 불교가, 이슬람교와 마찬가지로, 여러 원시적 숭배들과 종교 의식들의 과도함을 억누르려는 모색을 했다 하더라도, 그것은 어머니의 가슴으로 다시 돌아가려는 귀환의 약속이 그런 과도함 속에 내포하고 있는, 모든 것을 하나로 아우르는 평정함 덕분이다. 이런 완곡한 방법을 통해, 불교는 관능성과 성애érotisme를 광란과 불안으로부터 해방시킨 이후에 그것의 위상을 회복시켜 준다. 이와는 정반대로, 이슬람교는 남성적 방향 결정에 따라 전개되었다. 여성들을 감금함으로써 모태에로의 접근로에 빗장을 질러 잠그고 말았다. 그 결과, 남성은 여성들의 세계를 하나의 닫힌 세계로 만들어 버렸다. 아마도 이런 수단을 통해, 이슬람교는 평온을 획득하기를 희망할 것이다. 그렇지만 이슬람교는 두 개의 배제라는 담보를 통해서 그 같은 평온을 보증할 수 있다. 여성들을 사회생활의 밖으로 내모는 배제와, 이교도들을 영성 공동체의 밖으로 내쫓는 배제가 그것이다. 반면, 불교는 이 같은 무념무상(평온)을 하나의 융화fusion, 즉 여성과의 융화, 인류와의 융화로서, 그리고 신성의 무성적인 표상 속에서 착상한다."[338]

"오늘날, 나는 이슬람교를 넘어서 인도를 명상하고 있다. 그런데 그것은 무함마드 이전에 존재했던 부처의 인도이다. 무함마드는, 나 같은 유럽인에겐, 아울러 내가 유럽인이라는 이유에서일지는 몰라도, 우리 유럽인의 성찰과, 그것과 가장 근접한 불교 교리들 사이에서, 동양과 서양이 한데 어우러져 춤출 수 있는 한 편의 원무圓舞의 투박한 훼방꾼으로서 꼿꼿이 자신을 일으켜 세우고는 고개를 쳐들었는데, 그 원무에서 동양과 서양의 서로 결합되도록 운명 지어졌던 손들이 그의 이간질로 인해 분열되고 말았다."[339]

---

338 p.436(p.488), 번역본 731-732쪽.

339 p.438(p.490), 번역본 734쪽.

특히, 레비스트로스가 서양의 파열의 근원으로서 서양 문명과 불교의 만남을 훼방한 이슬람을 힐난할 때 독자는 소스라치게 놀랄 것이다.

"서양은 자신의 파열과 고통의 근원들로 거슬러 올라가 봐야 할 것이다. 이슬람은 불교와 기독교 사이에 끼어들면서, 우리를 이슬람화시켰는데, 그때는 바로 서양이 십자군에 의해 이슬람에 맞서려는 것에 끌려다닌 나머지 이슬람과 닮아 가는 데 휩쓸려 갔던 시기이다. 그런데 만약, 이슬람이 존재하지 않았었더라면, 서양은 불교와의 완만한 상호 간의 스밈에 참여했을 터인데, 그 같은 상호 영향은 우리 유럽인들을 더욱더 기독교화시켰을 것이며, 아마 우리가 기독교 자체의 근원 쪽으로 거슬러 올라갔을 때 파악할 수 있는 보다 기독교적인 의미에서 그렇게 되었을 것이다. 바로 다름 아닌 그때, 서양은 여성적으로 남을 수 있는 자신의 기회를 상실했던 것이다."[340]

---

340 p.438(p.490), 번역본 734-735쪽.

레비스트로스가 표현하는 불교에 대한 애착과 가치 부여는, 자신에게 심오한 감동을 선사한 미얀마 국경에 소재한 시골의 사람과 기원전 2세기에 제작된 바르후트Bharhut의 석주에 대한 추억을 묘사하면서 서술하고 있는 불교 미술에 대한 상찬에서도 목격된다. 예컨대, 이집트 문명과 르네상스 문명의 중간에 위치하고 3천 년 예술사의 결정체를 증언하고 있는 인도의 불교 미술에 대해 그는 이렇게 서술하고 있다.

"만약 영원한 예술이 존재한다면, 그것은 다름 아닌 이런 것일 것이다. 그것은 5천 년 전으로 거슬러 올라가는 것이라도 어제 만든 것이라고 말할 수 있을 것이다. 누가 알겠는가. 그것은 피라미드에 속하고 또 우리가 살고 있는 집에 속한다. 촘촘한 알맹이들로 이루어진 장밋빛 돌에 새겨진 사람의 형태들이 분리되어 우리가 살고 있는 사회와 하나로 혼융될 수 있을 것 같아 보인다. 다른 어떤 입상도 이보다 더 심오한 평화와 친근감의 감정을 선사할 수 없을 것이다."[341]

---

341 p.436(pp.487-488), 번역본 731쪽.

한편, 『슬픈 열대』에서 나타나는 이슬람에 대한 레비스트로스의 태도는 다분히 양가적이다. 한편으로는 이슬람의 박애 정신을 높이 평가하면서도 잠시 후에는 이슬람이 그것의 불관용으로 인해 근본적으로 타자의 존재를 인정하는 데 인색하다고 힐난하고 있다.

"이슬람의 박애는 문화적·종교적 기반 위에 기초한다. 그것은 그 어떤 경제적·사회적 성격을 갖고 있지 않다. 동일한 신을 모시고 있기 때문에 선량한 이슬람교도는 자기의 후카hooka를 청소부와 함께라도 나눌 수 있는 사람이다. 실제로 거지도 나의 형제다. 이런 의미에서 특히 우리가 우리를 갈라놓는 이 불평등에 대해 똑같이 승복하고 있다는 점을 형제애 차원에서 공유하고 있는 것이다. … 모종의 계시의 증거에 정초하기보다는 외부 세계와 유대 관계를 맺을 수 없다는 무기력에 기초해 구축된 위대한 종교, 불교의 보편적 호의, 대화에 대한 기독교의 욕망에 맞서, 이슬람의 불관용은 그것으로부터 유죄인 사람들 사이에서는 무의식적인 형식을 채택한다. 왜냐하면, 투박한 방식으로, 타자가 그들의 진리를 공유하게끔 유도하려는 노력을 늘 경주한 것은 아니라 할지라도, 그들은 타자의 존재를 타자로서 감수할 수 없기 때문이다. (이것은 더욱더 심각한 것이다.)"[342]

레비스트로스가 구축한 일종의 거시역사macro-history에서 제시된 핵심적 전환점은 종교적 표상의 역할과 기능이라는 점에서 그 본질에 있어 이데올로기적이라 할 수 있다. 비록 기독교에 대한 언급이 양적으로는 소수이나, 레비스트로스는 서구 정신의 진화에 있어 결정적 역할을 기독교에 부여하고 있다. 즉, 우주에 대한 기독교 개념성은 자연을 억압한 표상 체계의 한 종류라는 점에서 그 책임을 져야 한다는 것이다. 자연과 문화 사이에 근본적 분리가 없는 '야생의 정신savage mind'과 달리 기독교 사상은 인류가 초자연적인 것 또는 신과 맺는 관계를 특권시하면서 자연 세계와 맺는 관계를 소홀히 하게 만들었다. 자연과 인류 사이에서 야기된 이 같은 단절은 자연 세계에서 초자연적인 것을 보려는 시각을 가로막는 도구주의, 즉 자연을 천연자원의 채취 대상, 곧 한낱 도구로 인식하는 반생태학적

---

342 pp.432-433(pp.483-484), 번역본 724-725쪽.

태도에서 반영된다.

역사적으로 기독교의 사상과 종교는 서구 문명으로 하여금 자연의 고유성과 자율성을 부정하기 위해 세계에 자신의 표식을 각인시키기 위해 기계 문명이라는 단일 재배로 직진하게 만드는 여정에 갖다 놓았다. 그런데 주목할 점은 『슬픈 열대』에서 기독교는 다시 한번 커다란 역사적 전환점의 소용돌이에 놓이게 되었다고 그가 주장하고 있다는 사실이다. 그러나 그 같은 전환점은 이번에는 또 다른 유일신 종교인 이슬람교와의 대립과 결합에 기인한 것이다. 바로 여기서 그는 일종의 가상의 역사, 즉 가정법을 사용해 "만약 이슬람이라는 남성 중심적 종교의 개입이 없었다면" 기독교는 동양의 위대한 종교들, 특히 불교와의 대화를 수립할 수 있었을 것이라는 아쉬움을 토로하고 있는 것이다. 그 같은 상이한 종교 간의 대화는 역사의 흐름을 바꾸어 놓았을 것이라는 것이 그의 독특한 생각이다. 그러나 이 두 개의 유일신주의, 종교 전쟁으로 인한 미메시스적 폭력은 아이러니하게도 기독교, 이슬람교를 서로 대립함에도 불구하고 서로 닮게 만들었다. 그리고 이 같은 이데올로기적 갈등을 통해 서구는 '여성적'으로 남을 수 있는 기회를 상실한 것이다. 또한, 비록 기독교와 이슬람교와 같은 유일신의 위세가 '산산조각난 세계', '남성화된 세계'를 물려주었으나, 그가 꿈꾸었던 기독교와 불교의 가상의 결합은 인류의 미래에 영감을 주었을 것이라는 것이 레비스트로스 종교문명론의 요체이다.

3) 남아시아에 대한 트라우마와 현대 문명의 파국들

과거를 회상하려는 이 같은 그의 노력에서 하나의 일화가 본질적 역할을 맡는다. 유네스코의 임무 수행을 위해 1950년 8월 3일부터 10월 23일까지 인도와 파키스탄에 체류한 경험이 그것이다. 한참 탈식민화가 진행되는 동안 수행한 남아시아에서의 이 같은 체류 동안 그가 겪은 일련의 충격은, 레비스트로스에게 절대적인, 즉 도저히 망각될 수 없는 정신적 외상을 유발한다. 주지하는 바와 같이, 2차 대전 이후 급속하게 확산된 탈식민화의 시기는 아프리카 및 아시아의 여러 민족의 독립 주창들과, 종교적 개종주의, 대학살과 인구의 대규모 이동 등이 조합되던 혼돈의 시간으로 점철되고 있었다. 그 같은 정신적 상흔은 레비스트로스로 하여금 단순한 자전적 회고의 차원을 뛰어넘어, 근대성을 특징짓는 일련의 재앙들 속에 그 자신의 탐험과 지적 여정을 통합시키는 방향으로 유도하는데, 그것은 곧 서구 문명에 대한 비판적 의식의 발현이며, 한 걸음 더 나아가 역사의식의 적극적 표출이라 할 수 있다. 그는 그때부터 한 번도 포기하지 않은 집요함을 갖고, 그 같은 파국들의 근원적 원인을 르네상스의 유산으로부터 물려받은 서구의 휴머니즘으로 귀결시키게 된다. 레비스트로스에게 있어 탈주와 망명의 경험들이 펼쳐지는 계기는 다름 아닌 1950년 남아시아로의 귀환을 통하여 이루어진다. 남아시아에서의 여행을 다루는 이 책의 제 4부는 한편으로는 사람들로 득실거리는 인도의 시골 시장들과 불결한 도시 공간들을 생생하게 묘사하고 있는 단락들을 싣고 있고, 다른 한편으로는 1941년 2월, 그가 미국 망명길에 오를 때 승선했던 폴르메를르 선장호 선상에서 "가스 수용소의 먹잇감"으로부터의 탈주를 환기시키는 단락들과의 비교가 계시되고 있다. 실제로, 그 묘사에서 발견하는 것은 우글거림, 감염, 동물화라는 동일한 유기체적 은유들이다. 그는 매우 불결하고 사람들로 득실거리는 선상에서의 탈주와 캘커타 교외의 하층 막노동꾼들 앞에서 느끼는 전율을 말해 주고 있다. 그가 목격한 캘커타에서의 건축은 인간 생명을 그것의 배설 기능들의 행사로만 귀결시키는 착상에 기반한다. 캘커타의 근대적 여행자 쉼터에 대한 그 같은 유추는 다음 인용문에서 확인할 수 있듯이 너무나도 생생하고 노골적이게 된다.

"그 많은 순례자들로 이루어진 인간 화물이 아침에 눈을 뜨자마자, 그리고 그들을 암, 종양, 궤양, 진물, 상처 등의 치유를 간청하면서 무릎 꿇고 기도하기 위해 내보내자마자, 그곳을 급하게 엄청난 물을 사용해 세척한다. 그리고 시원해진 마치 정육점의 도마와도 같은 진열대는 새로운 인간 화물을 맞이할 채비를 한다."[343]

그 결과, 유럽이 그보다 몇 년 앞서 경험했던 야만성은 특정 민족, 특정 교리 또는 특정 무리의 사람들의 일탈의 결과로 환원될 수 없을 것이다.

"나는 그곳에서 종료된 세계로 향하는 어떤 진화를 예고하는

343 p.116(pp.143-144), 번역본 274-275쪽.

징조를 보게 된다. 남아시아는 우리보다 1천 년 또는 2천 년 앞서 그 같은 경험을 한 것이다."[344]

아울러 바로 이 시대에 레비스트로스는 민족학자를 나사렛의 인물과 비교한다. 나사렛의 부활한 인간은 1950년대에 집단 수용소와 절멸 수용소에서 귀환한 생존자의 형상을 상기하기 위한 주요 알레고리이다.

또한 열역학의 제2법칙인 엔트로피에 대해 『슬픈 열대』의 최종 성찰들에 의해 설명되는 역사적 비관주의는 인류의 역사를 독해할 수 있도록 해 주는 일종의 방향타 역할을 맡고 있는 독창적인 알레고리로서 엔트로피 개념에 기초한다.

이 같은 열역학 원칙에 따라 그 자체로 방치된 모든 고립된 시스템은 그것이 최대치로 향하는 무질서의 정도를 목격함과 동시에 균형으로 향하는 경향이 있다. 닫힌 지구 시스템은 그 이면에서 해체와 에너지 상실을 갖는 내재적인 균등화에 종속된다. 그 결과, 열대가 슬프다면, 그것은 그곳이 오염되고 그곳

---

344 p.140(p.171), 번역본 311쪽.

의 문화들이 쇠락했기 때문만은 아니다. 보다 심원한 이유는 그들의 원이 어떤 세계의 울타리를 형상화하고 있기 때문이다. 그 세계의 한복판에서는 늘, 그 세계를 균등화시키고 평등화시키는, 보다 많은 교환이 폭증한다. "본래의 질서의 해체를 작업하고, 강력하게 조직화된 물질을 언제나 보다 큰 불활성으로 조급하게 향하게 만들면서 말이다."[345]

『슬픈 열대』의 글쓰기에 의해 실현된 작동은 감각적 지식의 영역과 인류를 그것의 상실에 이르도록 하는 이 같은 엔트로피 역사의 흐름을 분간하는 데 있다. 그 같은 역사의 흐름을 사회학적 사유 또는 정치학적 성찰을 통해 그 방향을 잡을 수 있다고 주장하는 것은 환상일 것이다. 인류학자가 그때부터 설명하려는 데 연연하는 심층 역사의 논리적 질서는 기존 서구 중심적 역사관에 맞서, 최소한 산업적 근대성의 전 지구적 층위에서 현재 이루어지는 바대로의 파괴적 역사에 맞서, 지속 가능성을 구비한 생태학적 자각을 가능케 할 수 있는 윤리적 정초와 새로운 문명 논리를 다시 찾아내는 일이다. 이 같은 차원에

345 p.443(p.496), 번역본 742쪽,

서 이 책의 성공은 서구 문명에 대한 가차 없는 비판에 결정적 신세를 졌다고 말할 수 있을 것이다. 제3차 세계대전의 위협이 어슬렁거리고, 히로시마 원폭 투하가 발생한 지 10년 후에 발표된 『슬픈 열대』는 현시대의 가장 초조하며 긴박한 물음들의 심장부를 파고들고 있다. 그리고 곧이어, 이 책은 국제적 무대에서 탈식민화와 제3세계의 창발과 더불어 공명하게 된다. 인류세에 접어든 21세기 현재, 독자의 관심을 끄는 것은 생태학적 의식이라고 말할 수 있다. 이 책이 보여 주는 이 같은 초조와 번뇌의 힘은 이 책을 20세기 최고의 고전의 반열에 등극하게 만들면서, 그 상시적 현재성을 이 책에 부여하게 만든다. 끝으로, 레비스트로스의 아시아 문명관은 두 개의 양극단을 거부한다는 점을 강조할 필요가 있다. 무엇보다 아시아 대륙과 그 문화에 대한 신비화, 즉 오리엔탈리즘을 경계하고 있으며, 동시에 민주주의와 진보라는 근대 유럽에서 구축된 문명의 기준들을 척도로 삼는 유럽 중심주의의 덫에 빠지는 것을 경계하고 있다. 아시아 문명의 중심적 요람으로서 수천 년의 지속성을 보여 준 인도 문명과 중국 문명을 파악하고 있으나 그의 구조 인류학에서 관심을 갖고 있던 문제는 안정적인 문명의 요람보다는 아시아 문명 내부에 존재하는 다양한 민족 및 사회의 갈등과 제 문화의 역동적 변화 과정이었다.[346]

4) 레비스트로스의 역사철학

『슬픈 열대』에서 레비스트로스가 독자에게 전해 주고 싶은 메시지에 의하면 인류가 성취한 참된 위대함은 태초에 이룩했던 위대함이며, 따라서 인류 역사는 일종의 '엔트로피', 즉 점증적 퇴행과 쇠락의 과정을 겪을 수밖에 없다. 그의 또 다른 명저 『인종과 역사』에서 옹호했던 문화의 다양성은 이미 『슬픈 열대』에서 그가 안타까운 심정으로 속수무책으로 바라보아야만 했던 전 지구적인 단일 재배monoculture, 즉 동질적이며 획일화된 단일 문화로 치닫고 있었다. 이 점이 바로 이 책의 제목에 사용된 '슬픈'이라는 형용사가 머금고 있는 함축적 의미 가운데 하나인데, 그것은 제 문화의 분산과 소멸, 문화 다양성의 상실 등으로 인해 앞으로 닥칠 인류 문명 그 자체의 비극적 말로 또

---

346 레비스트로스의 아시아 문명에 대한 성찰에 대해서는 다음 논문 참조. Frédéric Keck, "Lévi-Strauss et l'Asie. L'anthropologie structurale «out of Africa»", *EchoGéo*, vol.7, 2008.

는 그 치사성에 대한 우울한 느낌을 서정적으로 표현한 것이라 할 수 있다. 특히, 독자가 눈여겨볼 대목은 그가 인류 역사를 조망하는 관점의 특이성이다. 요컨대, 그는 예술의 측면에서 모든 창조는 최초에 이루어지고 그 이후로는 퇴행의 길을 걷는다는, 상식에서 상당히 벗어난 주장을 남기고 있다.

"인간이 진정으로 위대한 것을 창조할 때는 오직 그 시초에서이다. 어떤 영역에서이건, 최초의 방식과 과정만이 전체적으로 유효하다. 나중에 사용되는 방식들은 주저하고, 후회하고, 한물간 토양의 공간을 조금씩 복원해 나가는 데 주력할 뿐이다. 뉴욕을 먼저 방문하고 나서 내가 나중에 방문했던 피렌체는 첫눈에 나를 사로잡을 만큼의 놀라움을 선사하지 못했다. 피렌체의 건축들과 조형예술에서 나는 15세기의 월스트리트를 알아보고 있었던 것이다. … 후대의 인간들이 한 것이라곤, 반드시 하지 말했어야 하는 것을 한 것을 빼고는 무엇을 했단 말인가? 그럼에도 불구하고 15세기 르네상스 예술가들의 작품은 여전히 찬탄할 대상으로 남아 있다. 새로운 예술 사조의 창시에 결부된 위대함은 사람들의 정신 속에 너무나 확고부동하게 각인되어, 심지어 그 오류들조차도 참신하다는 조건을 단다면 그것들의 아름다움으로 우리를 압도하는 것이다."[347]

다른 한편, 레비스트로스의 역사철학에서 짚어 내야 할 또 다른 특징은 역사적 과정을 단순히 '덧없음'과 쇠락으로 보는 것에 머물지 않고 일련의 전환점들로 간주한다는 데 있다.[348] 레비스트로스의 원근법에 의하면 인류의 역사는 다양한 방식으로, 그리고 여러 문명의 장소들에서, 근본적으로 잘못된 길을 밟았다. 그는 매 전환점과 분기점에서, 일부 영역에서는 역사적 발전이 진보를 표상할 수 있으나, 인류 전체의 역사를 본다면, 본질적인 그 무엇인가를 도둑맞았다고 보고 있다. 특히, 그가 이 책을 출간했던 20세기 중반기의 상황에 국한해 주목하더라도 모든 것이 근본적으로 잘못된 방향으로 흘러가고 있다고 본 것이다. 짧게 말해 이것은 곧 현대 문명의 심각한 병리적 측

---

347 pp.437-438(pp.489-490), 번역본 733-734쪽.

348 레비스트로스의 역사철학에 대한 이 섹션은 다음 논문을 참조. Christopher Johnson, "All played out?: Lévi-Strauss's philosophy of History", *New Left Rview*, 79, Jan-Feb 2013, pp.55-70.

면을 표상한다. 레비스트로스의 인류학 사상 체계에 내재하는 그의 역사철학을 심층 탐구했던 존슨 교수는 레비스트로스의 저술에서 분절된 역사적 전환점의 세 유형을, 과학과 기술, 종교, 사상으로 파악한 바 있다. 종교 부분은 앞 절에서 언급했으므로, 여기서는 과학·기술 분야에 국한해서 그의 독특한 역사관을 파악해 본다. 레비스트로스가 파악하는 과학·기술의 발전에서 주목할 사항은 그가 문자 발명 이전에 성취된 신석기 혁명에 부여한 중요성이다.[349] 그의 주장에 의하면 신석기 시대 동안 이루어진 다양한 개선과 성취는 인류의 기본 욕구를 충족시키기에 충분하다. 특히 주목할 점은 그가 문자의 부재가 결점도 결핍도 아니라는 다소 도발적인 주장을 내놓고 있다는 것이다. 『슬픈 열대』의 27장에서 그가 상세히 기술한 바 있듯이, 레비스트로스는 지적 차원에서 문자가 가져다준 기여를 인정하면서도 문자 발명이 중앙집권화된 국가 체계

349 레비스트로스가 신석기 혁명에 대해 부여한 중요성에 대한 심층 분석은 다음 논문 참조. Albert Doja, "From Neolithic Naturalness to *Tristes Tropiques*: The Emergence of Lévi-Strauss's New Humanism", *Theory, Culture & Society* Vol.25(1), 2008(Los Angeles, London, New Delhi, & Singapore: SAGE), pp.77-100.

의 수립과 사회의 위계화를 가능케 함으로써, 인간에 대한 착취를 위한 도구였다는 점에서 개인의 소외를 가져왔다고 보고 있다.

특히, 그는 서양 문명의 우월성에 대해 신중함과 경계심을 권면하고 있는데, 그 이유는 인류 문화의 역사를 꼼꼼히 검토해 보면, 서양 문명은 다양한 문화들의 조합 또는 연대의 결과물이기 때문이다. 특히, 그는 서양 문명이 신석기의 선사 시대에 결정적인 신세를 지고 있다는 점을 환기시키고 있다. 물론, 문자의 지적 기여보다는 사회학적 사용에 우선권을 부여하는 맥락에서, 신석기 시대부터 서구의 근대 과학 사이 놓여 있는 수천 년의 기간을 인류 문명의 정체기로 보는 그의 독특한 역사철학에 대한 엄밀한 객관적·실증적 평가는 별도의 중요한 연구 과제일 것이다.[350] 여기서 본질적인 사항은 그의 이 같은 역사적 비전의 의도는 과학과 기술의 역사에서 서구가 이룩한 근대 과학 혁명과 기술의 성취를 과도하게 주장하는 대신, 그것을 상대화시킬 필요성을 주창한 데 있다. 특히, 기계 문명의 지

350 이 점에 대해서는 다음 문헌 참조. 자크 데리다 지음, 김성도 옮김, 앞의 책.

배와 인간 문화의 다양성에 내재하는 명백한 불평등에 직면하여 그는 서양 문명이 현재 누리는 지적·문화적·도덕적·정치적·경제적 헤게모니의 정당성을 탐탁지 않게 여기고 통박하고 있는 것이다.

호모사피엔스가 발명한 언어라는 비밀병기부터, 정착 생활, 농업, 동물 사육 등의 신석기 시대의 혁신들에 이르기까지, 인류가 거쳐 왔던 경로는 계속해서 위를 향하는 상승의 경로였다. 신석기 혁명은 환경에 대한 통제력을 제고시켰으나, 그 같은 통제력에는 한계가 있었고, 신석기 시대의 인간들로 하여금 마음 내키는 대로 자연을 변형시킬 수 있는 무제한의 힘을 부여하지는 않았다. 레비스트로스의 시각에 의하면 그 같은 한계 덕분에 신석기 시대에는 자연과 인류, 자연과 문화 사이에 일정한 평형성이 존재할 수 있었다. 신석기 시대의 인류는 민족학자들이 연구하는 이국적인 원주민과 야만인의 사회들과 마찬가지로 무문자 사회였다. 신석기 혁명 이후 대략 6천-7천 년이 경과한 기원전 3500년경에 이르러 비로소 문자 발명이라는 두 번째 언어 혁명이 발생했는데 바로 이런 관점에서 레비스트로스의 역사 독법은 '파국적catastrophic' 성격을 띠게 된다.[351] 레비스트로스의 파국적 역사 이론의 핵심 요소에 의하면 각각의 전환점, 즉 분기점에서, 역사의 그늘이 존재한다는 것인데, 즉 이 그늘은 결코 존재한 적이 없었으나 존재할 수도 있었던 것의 유령을 말한다. 우리가 살았던 역사는 결코 불가피했던 것이 아니며, 그것의 필연성은 단지 결과에서 원인을 분석해 들어가는 귀납적 방식일 뿐이다. 역사적 가상성이라는 사실(즉, '만약 누가 무엇을 했더라면'식의 과거의 조건법)은 우리가 물려받은 역사의 비환원성과 불가역성에 영향을 미치지 못한다. 그러나 레비스트로스가 무엇보다 인간 경험의 사유에 관심을 가졌다는 점을 상기할 때, 그 문제는 보다 더 미묘하고 복잡해진다. 즉, 그는 인간 경험의 구조뿐만 아니라, 인간 정신의 역사에 대해서도 관심을 갖고 있다. 레비스트로스에 의하면 역사의 게임에 관여하는 것, 즉 결정적인 전환점에서 작용하는 요인들에는 집단적 무의식을 아우르는 집단적 표상을 포함시켜야 한다. 보통의 역사 서술에서 특정 사건이 발생하고 나면 그것은 곧 필연성으로 설명된다. 그러나 그 사건의 이면에서 작동했던 그러나

351 Albert Doja, *op. cit.*, p.63.

충분히 천착하지 못했던 공동체 구성원들의 다양한 태도들, 정신적 구조와 성격, 세계관은 그대로 남아 있다.[352]

다시 말해 집단적 표상의 역사적 창조에서 억압된 것은 완전히 소멸되는 것이 아니라 잠복적인 가상적 상태에서 잔존할 수 있는 것이다. 바로 이런 의미에서 역사적 과정에는 일정한 가역성이 존재할 수 있다는 새로운 역사적 상상력과 사유가 가능하다.

요컨대 인간 정신의 진보에 대한 실증주의적 서사와 달리, 레비스트로스의 설명 방식에서는 일련의 부정적 전환점들을 취했던 역사를 제시한다. 이 같은 광범위한 시각에 입각한 거시적 심층 역사의 관점에서, 이 같은 잠복적 상태로 침윤되어 있던 계열적 요소들은, 아직 우리가 그 문법을 제대로 파악 못 한 복잡한 법칙에 의해 조합되고 축적되어, 20세기 중반기의 세계에서 나타난 바대로의 세계를 생산하는 데 이른 것이다.[353] 바로 이런 맥락에서 『슬픈 열대』의 20세기 현대 문명에 대해 그가

---

352 *Ibid.*, p.65.

353 *Ibid.*, pp.63-64.

4장에서 표현하는 비장한 탄식의 사연을 깨달을 수 있을 것이다. "팽창적이고 과도하게 흥분한 어떤 문명이 바다의 침묵을 영원히 동요시키리라."[354]

354 p.25(p.36), 번역본 139쪽.

레비스트로스의 여행 동선과 주요 연표

상파울루대학 사회학과 교수로 발령받아 브라질로 향하는 여행[355]

1935년 2월. 마르세유에서 출발하는 멘도사(Mendoza)호 승선

파리 〉 마르세유 〉 바르셀로나 〉 타라고나 〉 발렌시아 〉 알리칸테 〉 말라가 〉 카디고 〉 알제리 〉 오랑 〉 지브롤터 〉 카사블랑카 〉 다카르 〉 카보르데군도, 북위 7도 적도 무풍대 〉 남회귀선, 리우데자네이루 〉 산투스, 보투카투산맥, 마투그로수산맥 〉 상파울루

3월. 상파울루에서 강의 시작

여름. 론드리나 남쪽에 있는 산제르니모의 유적지의 카잉강족 원주민들에 대해서 10일 정도 현장 조사

11월. 카두베오족, 보로로족에 대해서 최초의 민족지학적 탐사 개시

---

355 아래에 작성한 브라질 탐사의 동선 및 연표는 다음 문헌을 참조하여 작성된 것임. Claude Lévi-Strauss, *Œuvres*, *op. cit.*, pp.XLIII-LVIII.

1936년 3월. 상파울루로 귀환

11월 중순. 프랑스 일시 귀국

1937년 1월 21일-2월 3일. "마투그로수 원주민들" 전시회 개최(파리)

3월. 브라질로 돌아가서 3년 차 강의

11월. 프랑스 일시 귀국

1938년 3월 20일. 브라질로 향하는 배에 승선

5월 9일. 쿠이아바 도착(마투그로수를 남북으로 가로지르는 두 번째 탐사의 초반부)

1939년 1월. 상파울루로 귀환

2월 11일. 산투스를 잠시 방문

3월. 프랑스 귀국

1941년 3월 24일. 폴르메를르 선장호 218명 승선

마르세유 〉 1개월 후에 앤틸리스제도(마르티니크섬)

4월 20일. 포르드프랑스(소앤틸리스제도에 있는 프랑스령 마르티니크섬의 주도) 도착

1944년 12월. 문화부가 호출하여 미국 수송기에 승선

1945년 1월. 런던을 경유해 파리 도착

브라질 탐사 경로[356]

0 200km
아마존강
산타렝
마나우스
브라질
볼리비아
리우데 자네이루
파라과이
상파울루
1000km
타파조스강
마데이라강
아리푸아낭강
칼라마
포르투벨류
타바자라
텔리스피리스강
마샤두강
투피 카와이브족
아리케메스
주루에나강
도상계강
구아자라미림
프레지텐테에르메스
문데족
남비콰라족
우티아리티
구아포레강
트레스 부리티스
빌례나
캄푸스노부스
2차 탐사 경로
북서철로
미투그로수-아마존 간 전신선
쿠이아바
보로로족 원주민
파라과이강
보로로족
쿠이아바강
케자라
포르투이스페란사
상로렌수강
포르투 코임브라
미란다
구아이쿠루
1차 탐사 경로
피투코
부두케나산맥
코룽바
날리케
카두베오족
캄푸그란지

인도 및 남아시아 탐사 경로

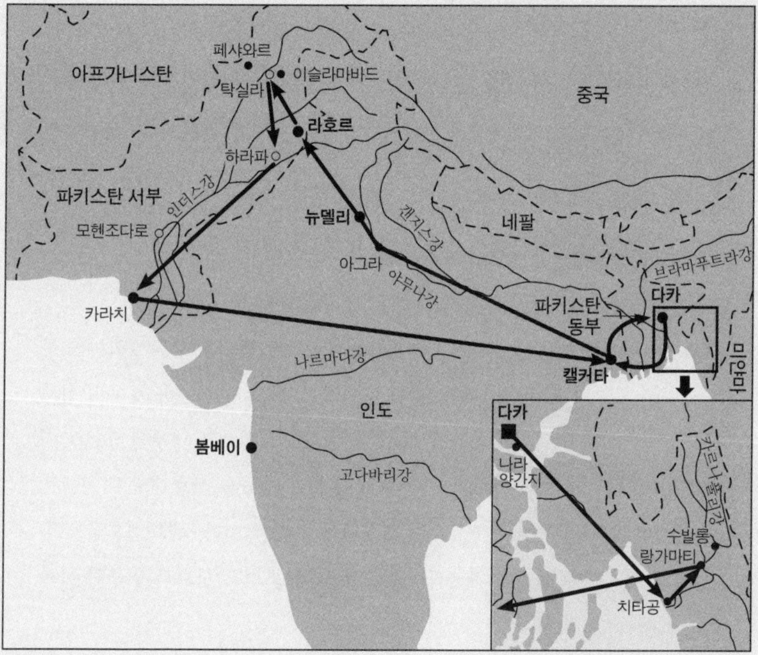

356 다음 문헌에 기초하여 작성되었음. Emmanuelle Loyer, *op. cit.*, p.182.

브라질 탐사[357]

1차 탐사 1935-1936년

1935년 11월 말. 미란다 방문(미란다는 포르투이스페란사로 향하는 철도 노선상에 있는 구아이쿠루에 앞서 위치한 곳임)

12월 초. 1개월 반 동안 플랜테이션, 파젠다프란체스카에 체류(포르투이스페란사로부터 동쪽으로 100㎞ 떨어져 있음)

12월 10일. 최초로 피투코 방문

12월 26일. 날리케 도착

1936년 1월 중순 또는 말. 포르투이스페란사로부터 볼리비아 국경선의 코룽바로 이동. 파라과이강에서 배를 타고 쿠이아바 북쪽 방향으로 거슬러 올라감. 쿠이아바에서 트럭으로 마투그로수의 샤파다를 가로질러 동쪽 방향으로 이동해 상로렌수강 상류에 이름. 베르멜류강과 합류하는 지점에 이름. 베르멜류강을 통해 케자라 마을까지 감. 레비스트로스는 보로로 원주민 마을인 이곳에서 3주 머무름

2차 탐사 1938-1939년

1938년 5월 9일. 비행기로 코룽바로부터 쿠이아바에 도착. 1개월 반 동안

---

357 아래에 작성한 브라질 탐사의 동선 및 연표는 다음 문헌을 참조하여 작성된 것임. Claude Lévi-Strauss, *Œuvres*, *op. cit.*, pp.1722-1729.

머무르며 탐사 준비를 위한 안내원을 섭외하고 물자 보급 등을 마련함

6월 17일. 우티아리티 도착

6월 17일-7월 21일. 23명의 남비콰라 원주민 곁에서 최초의 민족지학적 관찰

8월 4-18일. 빌레나에 체류. 두 무리의 남비콰라족 관찰

9월 9-15일. 문데 원주민들 마을에 체류

10월 27일-11월 5일. 투피카와이브 원주민 관찰

1939년. 브라질 상파울루 〉 동부 바이아 〉 볼리비아의 산타크루스데라시에라

남아시아 답사[358]

1950년 8월 3일-10월 사이 유네스코의 임명을 받아 파키스탄, 인도 체류하며 치타공의 언덕에서 현장 조사 실시

1950년 8월 3일. 파리 출발

---

358 1950년대 수행한 아시아 여행에 대한 보고는 다음 문헌 참조할 것. Documents relatifs à l'Asie du sud / [Unesco. Département des Sciences sociales]; [avant-propos par Claude Lévi-Strauss], Paris: UNESCO & Bulletin international des sciences sociales, Hiver 1951. Vol.III, N°4(paginé 823-1080; In-8°).

4-19일.	카라치에서 체류
19일.	카라치-다카 동선. 비행기로 인도 비행. 주간 기착지는 델리, 캘커타
19-28일.	다카 체류
24-25일.	나라양간지(동파키스탄의 소도시) 방문
28-31일.	치타공을 향해 출발. 랑가마티를 향해 출발
9월 11일-15일.	캘커타 체류
15-19일.	델리 체류. 아그라 방문
19-22일.	라호르 방문
24-24일.	탁실라 방문
10월 14일.	하라파 유적지 방문
15-23일.	카라치에서의 마지막 체류. 그 밖에 모헨조다로, 하라파 등의 고대 인도 문명 유적지 방문 및 벵골, 타르 사막, 인더스강, 브라마푸트라강 답사

『슬픈 열대』에 명시된 주요 국가(여행 및 방문한 곳)

1. 인도 여행

갠지스강, 나라양간지, 델리, 벵골, 파키스탄, 미얀마, 치타공

2. 브라질 여행

고이아니아, 고이아스, 과라나, 구아나바라, 구아포레강, 날리케, 다스모르테스강, 리우데자네이루, 마투그로수, 산타카타리나, 산타크루스데라시에라, 산토도밍고, 산투스, 상파울루, 아라구아야강, 아마존, 케자라, 코룽바, 쿠이아바, 판타나우, 쿠이아바, 쿠리치바

3. 볼리비아

서인도제도, 앤틸리스제도

4. 남미 국가

멕시코(멕시코시티), 안데스, 파라과이(파라과이강), 콜롬비아, 푸에르토리코

5. 북미 여행

뉴욕, 시카고, 로키산맥

6. 유럽 국가 여행

스페인, 포르투갈

7. 북아프리카 여행

이집트

참고문헌

• 레비스트로스의 주요 저술

La Vie familiale et sociale des Indiens Nambikwara, Paris: Société des américanistes, 1948.

Les Structures élémentaires de la parenté, Paris: PUF, 1949, nouv. éd. revue, Mouton, La Haye-Paris, 1968.

Race et histoire, U.N.E.S.C.O., Paris: Gallimard, 1952, rééd. 2007, "Introduction à l'Œuvre de Marcel Mauss", *in* M. Mauss, *Sociologie et anthropologie*, Paris: PUF, 1950, rééd. 2004.

Tristes Tropiques, Paris: Plon, 1955.

Anthropologie structurale, Paris: Plon, 1958.

Leçon inaugurale: faite le... 5 janvier 1960, Collège de France, Chaire d'anthropologie sociale / par M. Claude Lévi-Strauss, Nogent-le-Rotrou: impr. Daupeley-Gouverneur, 1960.

Entretiens avec Claude Lévi-Strauss, de G. Charbonnier, Paris: Plon & Julliard, 1961, rééd. 1996.

Le Totémisme aujourd'hui, Paris: PUF, 1962, rééd. 2002.

La Pensée sauvage, Paris: Plon, 1962.

Mythologiques, t. I: *Le Cru et le Cuit*, Paris: Plon, 1964, rééd. 1990.
t. II: *Du miel aux cendres*, Paris: Plon, 1966, rééd. 1990.
t. III: *L'Origine des manières de table*, Paris: Plon, 1968, rééd. 1990.
t. IV: *L'Homme nu*, Paris: Plon, 1971, rééd. 1990.

Anthropologie structurale deux, Paris: Plon, 1973, rééd. 1990.

La Voie des masques, 2vol., Genève: Skira, 1975, éd. "augmentée et rallongée de trois excursions", Paris: Plon, 1988.

Myth and Meaning, London: Routledge & Kegan Paul, 1978, rééd. 2001.

Le Regard éloigné, Paris: Plon, 1983.

Paroles données, Paris: Plon, 1984.

La Potière jalouse, Paris: Plon, 1985.

De près et de loin, entretiens avec C. Lévi-Strauss par D. Eribon, Paris: Odile Jacob, 1988, éd. augm. Paris: Éditions du Seuil, 1991.

Des symboles et leurs doubles, [publ. par le Musée de l'Homme]; [avec la collab. de Jean Guiart et de Martine Reid], Paris: Plon, 1989.

Histoire de Lynx, Paris: France loisirs, 1992.

Regarder écouter lire, Paris: le Grand livre du mois, 1993.

Saudades do Brasil, Paris: Plon, 1994.

Un itinéraire: entretien avec Marcello Massenzio, 26 juin 2000, Paris: l'Échoppe, 2002.

Loin du Brésil: entretien avec Véronique Mortaigne / Claude Lévi-Strauss, Paris:

Chandeigne, cop. 2005.

L'anthropologie face aux problèmes du monde moderne, préface, Maurice Olender, Paris: Éditions du Seuil, 2011.

L'autre face de la lune: écrits sur le Japon, préface par Junzo Kawada, Paris: Éditions du Seuil, 2011.

Introduction à l'œuvres de Marcel Mauss, Paris: PUF, 2012.

Nous sommes tous des cannibales, précédé de Le Père Noël supplicié; avant-propos de Maurice Olender, Paris: Éditions du Seuil, 2013.

De Montaigne à Montaigne, édition établie et présentée par Emmanuel Désveaux, Paris: Éditions EHESS, 2016.

Anthropologie structurale zéro, préfacé et édité par Vincent Debaene, Paris: Éditions du Seuil, 2019.

L'abécédaire de Claude Lévi-Strauss, textes choisis par Monique Lévi-Strauss et Emmanuelle Loyer, Paris: les Éditions de l'Observatoire, 2021.

• 레비스트로스 원저술의 한국어 번역본

강주헌 옮김, 『우리는 모두 식인종이다』, 아르테, 2015.

고봉만·류재화 옮김, 『보다 듣다 읽다』, 이매진, 2005.

김진욱 옮김, 『구조 인류학』, 종로서적, 1983.

류재화 옮김, 『오늘날의 토테미즘』, 문학과지성사, 2012.

______ 옮김, 『달의 이면』, 문학과지성사, 2014.

______ 옮김, 『레비스트로스의 인류학 강의』, 문예출판사, 2018.

박옥줄 옮김, 『슬픈 열대』, 한길사, 1998.
서정철 옮김, 『歷史와 文明』, 서문당, 1979.
안정남 옮김, 『야생의 사고』, 한길사, 1996.
이동호 옮김, 『신화를 찾아서』, 동인, 1994.
임봉길 옮김, 『신화학 1 - 날것과 익힌 것』, 한길사, 2005.
______ 옮김, 『신화학 2 - 꿀에서 재까지』, 한길사, 2008.
______ 옮김, 『신화학 3 - 식사 예절의 기원』, 한길사, 2021.
임옥희 옮김, 『신화와 의미』, 이끌리오, 2000.
클로드 레비스트로스, 조르주 샤르보니에 지음, 류재화 옮김, 『레비스트로스의 말 —원시와 현대 예술에 관한 인터뷰』, 마음산책, 2016.

• 레비스트로스 사상 및 『슬픈 열대』 관련 주요 2차 연구 문헌

Ayes, N. & T. H. Ayes dir., *Claude Lévi-Strauss, the Anthropologist as Hero*, Cambridge, MA: MIT Press, 1970.
Bertholet, Denis, *Claude Lévi-Strauss*, Paris: Plon, 2003.
Campion, Pierre, "De l'anthropologie à la littérature: *Tristes Tropiques* de Claude Lévi-Strauss", pp.325-335, in *La littérature à la recherche de la vérité*, Paris: Éditions du Seuil, 1996.
Cassirer, Ernst, *The Question of Jean-Jacques Rousseau*, New York: Columbia University Press, 1954.
Cazier, Jean-Philippe (sous la dir. de), *Abécédaire de Claude Lévi-Strauss*, Mons: Sils Maria, 2008

Charvet, John, *The Social Problem in the Philosophy of Rousseau*, Cambridge: Cambridge University Press, 1974.

Clément, Catherine, *Lévi-Strauss ou la Structure et le malheur*, Paris: Seghers, 1974.

________________, *Claude Lévi-Strauss*, coll. "Que sais-je?", Paris: PUF, 2003.

Cressant, Pierre, *Lévi Strauss*, Paris: Éditions universitaires, 1970.

Curat, Hervé, *Lévi-Strauss mot à mot: essai d'idiographie linguistique*, Genève: Librairie Droz, 2007.

Debaene, Vincent, "L'adieu au voyage: A propos de *Tristes Tropiques*", Gradhiva: *Revue d'histoire et d'archives de l'anthropologie*, 32: 13-26, 2002.

Dekens, Olivier, *Lévi-Strauss*, Paris: les Belles lettres, 2010.

Derrida, Jacques, *De la grammatologie*, Paris: Minuit, 1967.(한국어 번역본: 자크 데리다 지음, 김성도 옮김, 『그라마톨로지』, 민음사, 2010.)

Desveaux, Emmanuel, "Un itinéraire de Lévi-Strauss de Rousseau à Montaigne", *Critique: Revue générale des publications françaises et étrangères*, 48(540): 374-390, 1992.

__________________, *Au-delà du structuralisme: six méditations sur Claude Lévi-Strauss*, Paris: Éd. Complexe, 2008.

Doja, Albert, "The Advent of Heroic Anthropology in the History of Ideas", *Journal of the History of Ideas*, 66(4): 633-650, 2005.

__________, "The Shoulders of Our Giants: Claude Lévi-Strauss and His Legacy in Current Anthropology", *Social Science Information*, 45(1): 79-

107, 2006a.

__________, "The Kind of Writing: Anthropology and the Rhetorical Reproduction of Postmodernism", *Critique of Anthropology*, 26(2): 157-180, 2006b.

__________, "The Predicament of Heroic Anthropology", *Anthropology Today*, 22(3): 18-22, 2006c.

Duchet, Michele, "Le Rousseauisme de Claude Lévi-Strauss ou le territoire de l'ethnologue", in *Le partage des savoirs: discours historique, discours ethnologique*, Paris: La Découverte, pp.192-218, 1984.

Durkheim, Emile, "Le Contrat social de Rousseau", in *Montesquieu et Rousseau précurseurs de la sociologie*, Paris: Rivière, pp.115-198, 1953[1918].

Ferry, Luc & Alain Renaut, *La Pensée 68: Essai sur l'anti-humanisme contemporain*, Paris: Gallimard, 1985.

Geertz, Clifford, "The Cerebral Savage: On the Work of Claude Lévi-Strauss", in *The Interpretation of Cultures*, New York: Basic Books, pp.345-359, 1973.

__________, "The World in a Text: How to Read *Tristes Tropiques*", in *Works and Lives: The Anthropologist as Author*, Stanford, CA: Stanford University Press, pp.25-48, 1988.

Goldschmidt, Victor, *Anthropologie et politique: les principes du système de Rousseau*, Paris: Vrin, 1974.

Hénaff, M., *Claude Lévi-Strauss*, Paris: Belfond, 1991, rééd. sous le titre *Claude*

Lévi-Strauss et l'anthropologie structurale, Pocket, Paris: Belfond, 2000.

Honneth, Axel, "A Structuralist Rousseau: On the Anthropology of Claude Lévi-Strauss", *Philosophy and Social Criticism*, 16(2): 143-158, 1990.

Horowitz, Asher, "Laws and Customs Thrust Us Back to Infancy: Rousseau's Historical Anthropology", *Review of Politics*, 52: 215-242, 1990.

Imbert, Claude, *Lévi-Strauss, le passage du Nord-Ouest, Précédé de Indian cosmetics / Claude Levi-Strauss*, Paris: L'Herne, 2008.

Izard, M. & P. S. Mith dir., *La Fonction symbolique*, Paris: Gallimard, 1979.

Izard, M. dir., *Claude Lévi-Strauss*, Paris: Les Cahiers de L'Herne, 2004.

Jeannière, Abel, "L'humanisme de Claude Lévi-Strauss", *Études*, 368(1): 57-67, 1988.

Johnson, Christopher, *Claude Lévi-Strauss: The Formative Years*, Cambridge: Cambridge University Press, 2003.

Joulia, Émilie, *Claude Lévi-Strauss: l'homme derrière l'œuvre*, Paris: J.-C. Lattès, impr. 2008.

Keck, Frédéric, *Lévi-Strauss et la pensée sauvage*, Paris: PUF, 2004.

____________, *Claude Lévi-Strauss, une introduction*, Paris: Pocket-la Découverte, impr. 2005.

Klein, Kerwin L., "In Search of Narrative Mastery: Post-modernism and the People without History", *History and Theory*, 34(4): 275-298, 1995.

Leach, E., *The Structural Study of Myth and Totemism*, London: Tavistock Publ., 1967; *Lévi-Strauss*, Paris: Seghers, 1970.(trad. franç. D. Verguin.)

Luhrmann, Tanya M., "Our Master, Our Brother: Lévi-Strauss's Debt to Rousseau", *Cultural Anthropology*, 5(4): 396-413, 1990.

Marc-Lipiansky, M., *Le Structuralisme de Lévi-Strauss*, Paris: Payot, 1973.

Masters, Roger D., *The Political Philosophy of Rousseau*, Princeton, NJ: Princeton University Press, 1968.

______________, "Jean-Jacques Is Alive and Well: Rousseau and Contemporary Sociobiology", *Daedalus*, 107(3): 93-105, 1978.

Moran, Francis, "Between Primates and Primitives: Natural Man as the Missing Link in Rousseau's Second Discourse", *Journal of the History of Ideas*, 54(1): 37-58, 1993.

Morin, Edgar, *La Nature de la nature*, vol.1(La Méthode), Paris: Éditions du Seuil, 1977.(Eng. translated and introduced by J. L. Roland Bélanger, New York: Peter Lang, 1992.)

O'Hagan, Timothy, "Rousseau: Conservative or Revolutionary? A Critique of Levi-Strauss", *Critique of Anthropology*, 3(11): 19-38, 1978.

Pace, David, *Claude Lévi-Strauss: the bearer of ashes*, Boston & London & Melbourne: Routledge & Kegan Paul, 1983.

Paz, O., *Deux Transparents: Marcel Duchamp et Lévi-Strauss*, Paris: Gallimard, 1970.(trad. franç. R. Marrast.)

Piaget, J., *Le Structuralisme*, coll. "Que sais-je?", Paris: PUF, 1968.

Ricoeur, Paul, *Le Conflit des interprétations: essais d'herméneutique*, Paris: Éditions du Seuil, 1969.

Rousseau, Jean-Jacques, *Du contrat social*, edited by Robert Derathé, Paris: Gallimard, 1964[1762].(Eng. trans. David Lay Williams, Cambridge: Cambridge University Press, 2014.)

__________, *Discours sur l'origine et les fondements de l'inégalité parmi les hommes*, edited by Jean Starobinski, Paris: Gallimard, 1969[1755]. (Eng. translated with an introduction and notes by Maurice Cranston, London: Penguin Books, 1984.)

__________, *Essai sur l'origine des langues*, edited by Jean Starobinski, Paris: Gallimard, 1990[1781].

Ryklin, M., "Rousseau, Rousseauism and the Fundamental Concepts of Structural Anthropology", *International Social Science Journal*, 30(3): 605-617, 1978.

Salman, Gildas, *Les structures de l'esprit: Lévi-Strauss et les mythes*, Paris: PUF, impr. 2013.

Scobie, David, "The Scientist, the Quester, and the Writer: *Tristes Tropiques* and Levi-Strauss", *Journal of the Anthropological Society of Oxford*, 8(3): 142-150, 1977.

Scott, John T. & Robert Zaretsky, "Rousseau and the Revival of Humanism in Contemporary French Political Thought", *History of Political Thought*, 24(4): 599-623, 2003.

Serres, Michel, *Le Contrat naturel*, Paris: Bourin, 1990.(Eng. trans., Ann Arbor, MI: University of Michigan Press, 1995.)

Simonis, Y., *Claude Lévi-Strauss, ou la Passion de l'inceste*, Aubier-Montaigne, 1968, Paris: Flammarion, 1983.

Sperber, D., "Le Structuralisme en anthropologie", *in* O. Ducrot et al., *Qu'est-ce que le structuralisme?*, Paris: Éditions du Seuil, 1968.

Stoczkowski, Wiktor, *Anthropologies rédemptrices: le monde selon Lévi-Strauss*, Paris: Hermann éd., impr. 2008.

Thuilleaux, M., *Autour du structuralisme et de Lévi-Strauss*, Paris: Connaissances et savoirs, 2006.

Todorov, Tzvetan, *Nous et les autres: la réflexion française sur la diversité humaine*, Paris: Éditions du Seuil, 1989.

Whiteside, Kerry H., *Divided Natures: French Contributions to Political Ecology*, Cambridge, MA: MIT Press, 2002.

Wiseman, Boris, *Lévi-Strauss, anthropology and aesthetics*, Cambridge & New York: Cambridge University press, 2007.

____________ ed., *The Cambridge companion to Lévi-Strauss*, Cambridge & New York: Cambridge University Press, 2009.

• **한국어 참고자료**

M. 글룩스만 지음, 정수복 옮김, 『構造主義와 현대 마르크시즘: 구조개념의 사회인식론적 위치: 알뛰세와 레비스트로스를 중심으로』, 한울, 1983.

강신표 엮음, 『레비스트로스의 人類學과 韓國學』, 한국정신문화연구원, 1983.

김광억, 『처음 만나는 문화 인류학』, 일조각, 2003.
김형효, 『구조주의 사유체계와 사상』, 인간사랑, 2008.
아야베 츠네오 편저, 김인호 옮김, 『문화인류학의 명저 50』, 자작나무, 1999.
양자오 지음, 박민호 옮김, 『슬픈 열대를 읽다: 레비스트로스와 인류학을 공부하는 첫걸음』, 유유, 2019.
에드먼드 리치 지음, 신인철 옮김, 『성서의 구조인류학』, 한길사, 1996.
__________ 지음, 이종인 옮김, 『레비스트로스: 지성의 역사, 인간의 탐구』, 시공사, 1998.
우치다 타츠루 지음, 이경덕 옮김, 『푸코, 바르트, 레비스트로스, 라캉 쉽게 읽기: 교양인을 위한 구조주의 강의』, 갈라파고스, 2010(2013).
이광규, 『레비-스트로스: 生涯와 思想』, 대한기독교서회, 1973.
이반 스트렌스키 지음, 이용주 옮김, 『20세기 신화 이론: 카시러 · 말리노프스키 · 엘리아데 · 레비스트로스』, 이학사, 2008.
제리 무어 지음, 김우영 옮김, 『인류학의 거장들: 인물로 읽는 인류학의 역사와 이론』, 한길사, 2002(2016).
조셉 키아리 지음, 이광래 옮김, 『20세기 프랑스사상사: 베르그송에서 레비-스트로스까지』, 종로서적, 1981.
주경복, 『레비스트로스 —슬픈 열대와 구조주의자의 길』, 건국대학교출판부, 1996.
최협, 『부시맨과 레비스트로스』, 풀잎, 1996.
클리퍼드 기어츠 지음, 김병화 옮김, 『저자로서의 인류학자: 레비스트로스,

에번스프리처드, 말리노프스키, 베네딕트』, 문학동네, 2014.
프랑수아 도스 지음, 이봉지 옮김, 『구조주의의 역사 1』, 동문선, 1998.

Claude
LÉVI-STRAUSS

[세창명저산책]

001 들뢰즈의 『니체와 철학』 읽기 · 박찬국
002 칸트의 『판단력비판』 읽기 · 김광명
003 칸트의 『순수이성비판』 읽기 · 서정욱
004 에리히 프롬의 『소유냐 존재냐』 읽기 · 박찬국
005 랑시에르의 『무지한 스승』 읽기 · 주형일
006 『한비자』 읽기 · 황준연
007 칼 바르트의 『교회 교의학』 읽기 · 최종호
008 『논어』 읽기 · 박삼수
009 이오네스코의 『대머리 여가수』 읽기 · 김찬자
010 『만엽집』 읽기 · 강용자
011 미셸 푸코의 『안전, 영토, 인구』 읽기 · 강미라
012 애덤 스미스의 『국부론』 읽기 · 이근식
013 하이데거의 『존재와 시간』 읽기 · 박찬국
014 정약용의 『목민심서』 읽기 · 김봉남
015 이율곡의 『격몽요결』 읽기 · 이동인
016 『맹자』 읽기 · 김세환
017 쇼펜하우어의 『의지와 표상으로서의 세계』 읽기 · 김 진
018 『묵자』 읽기 · 박문현
019 토마스 아퀴나스의 『신학대전』 읽기 · 양명수
020 하이데거의 『형이상학이란 무엇인가』 읽기 · 김종엽
021 원효의 『금강삼매경론』 읽기 · 박태원
022 칸트의 『도덕형이상학 정초』 읽기 · 박찬구
023 왕양명의 『전습록』 읽기 · 김세정
024 『금강경』 · 『반야심경』 읽기 · 최기표
025 아우구스티누스의 『고백록』 읽기 · 문시영
026 네그리 · 하트의 『제국』 · 『다중』 · 『공통체』 읽기 · 윤수종
027 루쉰의 『아큐정전』 읽기 · 고점복
028 칼 포퍼의 『열린사회와 그 적들』 읽기 · 이한구
029 헤르만 헤세의 『유리알 유희』 읽기 · 김선형
030 칼 융의 『심리학과 종교』 읽기 · 김성민
031 존 롤즈의 『정의론』 읽기 · 홍성우
032 아우구스티누스의 『삼위일체론』 읽기 · 문시영
033 『베다』 읽기 · 이정호
034 제임스 조이스의 『젊은 예술가의 초상』 읽기 · 박윤기
035 사르트르의 『구토』 읽기 · 장근상
036 자크 라캉의 『세미나』 읽기 · 강응섭
037 칼 야스퍼스의 『위대한 철학자들』 읽기 · 정영도
038 바움가르텐의 『미학』 읽기 · 박민수
039 마르쿠제의 『일차원적 인간』 읽기 · 임채광
040 메를로-퐁티의 『지각현상학』 읽기 · 류의근
041 루소의 『에밀』 읽기 · 이기범
042 하버마스의 『공론장의 구조변동』 읽기 · 하상복
043 미셸 푸코의 『지식의 고고학』 읽기 · 허 경
044 칼 야스퍼스의 『니체와 기독교』 읽기 · 정영도
045 니체의 『도덕의 계보』 읽기 · 강용수
046 사르트르의 『문학이란 무엇인가』 읽기 · 변광배
047 『대학』 읽기 · 정해왕
048 『중용』 읽기 · 정해왕
049 하이데거의 「"신은 죽었다"는 니체의 말」 읽기 · 박찬국
050 스피노자의 『신학정치론』 읽기 · 최형익

051 폴 리쾨르의 『해석의 갈등』 읽기 · 양명수
052 『삼국사기』 읽기 · 이강래
053 『주역』 읽기 · 임형석
054 키르케고르의 『이것이냐 저것이냐』 읽기 · 이명곤
055 레비나스의 『존재와 다르게 — 본질의 저편』 읽기 · 김연숙
056 헤겔의 『정신현상학』 읽기 · 정미라
057 피터 싱어의 『실천윤리학』 읽기 · 김성동
058 칼뱅의 『기독교 강요』 읽기 · 박찬호
059 박경리의 『토지』 읽기 · 최유찬
060 미셸 푸코의 『광기의 역사』 읽기 · 허 경
061 보드리야르의 『소비의 사회』 읽기 · 배영달
062 셰익스피어의 『햄릿』 읽기 · 백승진
063 앨빈 토플러의 『제3의 물결』 읽기 · 조희원
064 질 들뢰즈의 『감각의 논리』 읽기 · 최영송
065 데리다의 『마르크스의 유령들』 읽기 · 김보현
066 테야르 드 샤르댕의 『인간현상』 읽기 · 김성동
067 스피노자의 『윤리학』 읽기 · 서정욱
068 마르크스의 『자본론』 읽기 · 최형익
069 가르시아 마르께스의 『백년의 고독』 읽기 · 조구호
070 프로이트의 『정신분석 입문 강의』 읽기 · 배학수
071 프로이트의 『꿈의 해석』 읽기 · 이경희
072 토마스 쿤의 『과학혁명의 구조』 읽기 · 곽영직
073 토마스 만의 『마법의 산』 읽기 · 윤순식
074 진수의 『삼국지』 나관중의 『삼국연의』 읽기 · 정지호
075 에리히 프롬의 『건전한 사회』 읽기 · 최흥순
076 아리스토텔레스의 『정치학』 읽기 · 주광순
077 이순신의 『난중일기』 읽기 · 김경수
078 질 들뢰즈의 『마조히즘』 읽기 · 조현수
079 『열국지』 읽기 · 최용철
080 소쉬르의 『일반언어학 강의』 읽기 · 김성도
081 『순자』 읽기 · 김철운
082 미셸 푸코의 『임상의학의 탄생』 읽기 · 허 경
083 세르반테스의 『돈키호테』 읽기 · 박 철
084 미셸 푸코의 『감시와 처벌』 읽기 · 심재원
085 포이어바흐의 『기독교의 본질』 읽기 · 양대종
086 칼 세이건의 『코스모스』 읽기 · 곽영직
087 『삼국유사』 읽기 · 최광식
088 호르크하이머와 아도르노의 『계몽의 변증법』 읽기 · 문병호
089 스티븐 호킹의 『시간의 역사』 읽기 · 곽영직
090 에리히 프롬의 『자유로부터의 도피』 읽기 · 임채광
091 마르크스의 『경제학-철학 초고』 읽기 · 김 현
092 한나 아렌트의 『예루살렘의 아이히만』 읽기 · 윤은주
093 미셸 푸코의 『말과 사물』 읽기 · 심재원
094 하버마스의 『의사소통 행위 이론』 읽기 · 하상복
095 기든스의 『제3의 길』 읽기 · 정태석
096 주디스 버틀러의 『젠더 허물기』 읽기 · 조현준
097 후설의 『데카르트적 성찰』 읽기 · 박인철
098 들뢰즈와 가타리의 『천 개의 고원』, 「서론: 리좀」 읽기 · 조광제
099 레비스트로스의 『슬픈 열대』 읽기 · 김성도
100 에리히 프롬의 『사랑의 기술』 읽기 · 박찬국

· 세창명저산책은 계속 이어집니다.